지식재산금융

IP 비즈니스와 금융의 결합 : 구조와 실제

지식재산연구총서 ④

지식재산금융

IP 비즈니스와 금융의 결합 : 구조와 실제

최 철 · 배동석 · 손수정 · 장원준

한국지식재산연구원 · 新論社

목차

제5장 IP 금융의 동향 - 시장과 참가자

제6장 IP 금융 활성화의 조건 - 인프라

프롤로그
지식재산세계와 금융의 만남 : 그 의미

Statesmen have two responsibilities: one to contemporary society and one to future generations. On the threshold of a new phase in the development of their country, statesmen should be prepared to take the long view, despite the need to deal also with matters of immediate urgency.

[Friedrich List, 1844]

Just as physical assets were used to finance the creation of more physical assets during the industrial age, intangible assets should be used to finance the creation of more intangible assets in the information age.

[Athena Alliance, 2008]

특허, 저작권, 상표권 등 지식재산권과 관련된 제도는 수 세기 전부터 영역별로 발전하여 왔으며 19세기 후반부터는 이미 국제적인 보호체제를 구축하기 위한 노력이 진행되어 왔다.[1] 금융제도 또한 화폐경제가 시작된 이래로 발전하여 왔으며, 최근 금융위기 등 국제경제의 여러 현상에서 보는 바와 같이 글로벌화 되고 네트워크로 연계된 금융시장은 각국의 경제에 직접적으로 심대한 영향을 미치고 있다.

1) 특허제도의 기원은 15세기 베네치아의 특허와 영국의 독점조례(1624년)에서 찾고 있으며, 저작권도 영국의 앤 여왕법(1710년)을 근대적 제도의 기원으로 보고 있다. 지식재산권에 대한 국제적 보호체제는 산업재산권 관련해서는 파리협약(Paris Convention for the Protection of Industrial Property)이 1883년에 성립되었으며 저작권 영역에서도 베른협약(Berne Convention for the Protection of Literary and Artistic Works)이 1886년에 체결되었다.

오랜 시간 동안 독립적으로 서로 다른 논리 구조 하에 성장해온 지식재산의 세계와 금융의 세계가 지식재산(Intellectual Property: IP)금융이라는 형태로 접점을 이루는 가운데, IP 금융이 21세기 경제에서 주목 받는 영역으로 부상하고 있는 현상을 어떻게 볼 것인가라는 것이 이 책을 저술하게 된 출발점이다.

IP 금융에 대한 관심이 국내외에서 고조되고 있는 가운데, 지식재산 관련 업무에 종사해온 전문가 그룹들뿐만 아니라, 기업, 금융기관, 언론매체 및 정부관계 부처 등 다양한 기관에서 IP 금융에 대한 정보와 의견을 제시하고 있다. 우리는 왜 IP 금융을 말하고 있는가?

마이클 포터(Michael Porter)는 국가경쟁전략의 관점에서 국가의 발전과정을 분석하면서 경쟁우위(competitive advantage) 원천과 경쟁형태(mode of competing)에 따라 구분되는 각 단계를 성공적으로 거쳐감으로써 경제단계가 발전한다고 보고 있으며, 혁신주도(innovation-driven) 경제단계로의 진입을 강조하고 있다. 노무라 연구소도 시대적 변화를 분석하면서 농업시대(Agriculture), 공업시대(Industry), 정보시대(Information), 창의와 혁신시대(Creativity and Innovation)의 4단계로 구분하고 있다. 이러한 시대적 단계의 구분은 각 시대의 경제적 가치 창출에 있어 핵심적 가치활동(value activity) 영역의 변화를 보여주고 있으며, 우리시대의 핵심과제가 창의와 혁신임을 말해준다고 하겠다.

세계적인 경제위기 상황을 겪으면서도 한국을 비롯한 미국, EU, 중국, 일본 등 주요 선도경제국은 창의와 혁신 시대에서 미래의 경쟁우위를 확보하기 위하여 지식재산에 대한 투자를 확대하고 있으며, 지식재산에 기반 한 가치형성 및 가치순환 생태계의 구축을 위하여 정책적 노력을 기울이고 있다. 글로벌화 된 경제 환경 속에서 한 국가의 경제 체제가 다음 단계로 도약하고 성장할 수 있는 잠재력을 구축하기 위한 각 국의 관심과 노력은 프리드리히 리스트(Friedrich List)가 19세기에 역설한 바와 같이 현재 사회뿐만 아니라 미래세대에 대한 국가지도자의 책무와 연결되어 있다. 국가지도자(statesmen)는 현 세대가 직면하고 있는 긴박한 당면 과제의 해결뿐만 아니라 다음 세대를 위한 새로운 단계로의 도약을 위해 장기적 비전을 구상하고 이를 실현하기 위한 기반을 구축하여야 한다.

개방형 혁신(Open Innovation)구조의 확산과 혁신의 세계화(Globalization of Innovation) 물결 속에서 각 분야에서 창출되는 혁신성과의 활용체제 형성은 국가 경제가 한 단계 도약함에 있어 중요한 의미를 갖는다. 우리나라의 경우 국내기업, 연구소, 대학 및 개인 창작자 등 다양한 분야에서 지식재산이 창출되고 있으나 많은 노력과 막대한 자원을 투입하여 창출된 지식재산이 적절한 사후관리체제의 미비와 부진한 사업화로 인하여 그 가치를 실현하지 못하고 사장되는 경우가 많다.

지식재산에 내재되어 있는 경제적 가치를 구현하기 위해서는 전문적인 관리와 사업화를 할 수 있는 제도적 기반의 형성과 함께 이러한 사업화에 요구되는 자금을 공급하고 새로운 지식재산을 창출하기 위한 투자를 유도할 수 있는 금융 메커니즘이 필요하다. 지식재산의 활용을 활성화할 수 있는 금융기법의 형성은 지식재산의 경제적 가치를 추출하고 현실화시킬 수 있는 물적 토대를 제공함으로써 지식재산의 창출, 활용, 투자의 선순환 구조를 형성하게 된다.

지식재산의 세계와 금융의 영역은 기본적으로 서로 다른 논리구조에 기초하여 성장하여 왔는데, 특허의 경우를 보면 R&D를 통한 기술개발과 그 결과물의 권리화 및 침해로부터의 보호라는 관점을 중심으로 관련 제도와 환경이 형성되어왔다. 이에 비해 금융의 영역은 위험-수익(risk-return)의 관점에서 투자·융자대상을 평가하고 금융자원을 배분하는 것을 본연의 원칙으로 하여 작동된다. 이렇게 서로 다른 논리구조와 관점에서 형성되어온 두 세계가 어떠한 접점을 통하여 연결되고 있으며, 어떤 형태로 진화하고 있는지 살펴보는 것은 IP 금융의 현재와 미래를 이해하는 데 도움이 될 것이다.

창의와 혁신 기반 경제에서 IP 금융이 IP 생태계의 주요한 인프라로 기능한다는 인식하에 이에 대한 관심이 세계 각국에 확산되고 있다. 특히 IP 금융이 근래 일반의 주목을 받게 된 것은 특허괴물(patent troll)로도 불리는 NPE(Non-Practicing Entity: 특허관리 전문회사, 비실시기업) 활동의 확대에 기인한 바가 크다.[2] IP에 대한 기술적·법률적 지식과 금융자원을 결합한 NPE들의 공격적인 소송전략과 막대한 수익의 창출은 IP 금융에 대한 산업계와 일반의 관심을 불러일으켰으며, 정부도 IP 금융에 대한 정책적 관심을 갖게 되는 계기가 되었다. 제조업체를 대상으로 한 NPE의 공격적인 소송전략은 경영노력을 통하여 성장해 나가는 제조업체에 대한 과도한 공격이라는 비판도 제기되고 있으며, 미국의 경우 최근 NPE의 소송 전략에 규제를 강화하는 움직임이 나타나고 있다. 그러나 IP 금융은 다양한 형태를 갖고 있으며 계속 진화해가는 과정에 있으므로 공격형 NPE와 같은 기존의 일부 IP

---

2) 후술하는 바와 같이 NPE는 개념의 범위에 따라 다양한 성격의 기관과 회사를 포괄하며, 기술·경제·법적 환경 변화에 대응하여 NPE의 모델도 진화하고 있다. 또한 비실시기업(NPE)과 실시기업(Operating Company)의 경계 및 상호간의 관계가 변화하고 있으므로, NPE를 특허괴물(Patent Troll)의 관점에서만 접근하는 것은 한계가 있다.

비즈니스 모델에 기반을 둔 IP 금융의 이해는 제한적 관점의 접근이다. IP 금융의 다양한 기법에 대한 이해와 함께 창의와 혁신기반 경제의 제도적 인프라로서 지식재산의 세계와 경제적 가치의 순환 구조를 형성하는 금융 영역간의 접점으로서 IP 금융을 이해하는 접근이 필요하다.

IP 금융의 다양한 실제거래 사례가 확대되고 이에 대한 각국 정부의 관심도 높아지고 있다. 그럼에도 불구하고, 시장원리에 의해 작동되는 IP 금융 생태계의 형성은 고도화된 금융시장과 다양한 위험성향(risk appetite)을 갖고 있는 금융제공자(financier)들이 존재하며 IP 거래가 활성화되어 있는 미국에서만 이루어지고 있는 것으로 판단된다. 우리나라 뿐 아니라, 프랑스 등 EU국가, 일본, 중국, 대만, 싱가포르 등 다수 국가에서 IP 금융 생태계의 조성을 위해 정책적 노력을 경주하고 있으며, IP 금융의 자생적 성장을 위해서 정책형 모델을 시장형 모델로 어떻게 전환할 것인지를 고민하고 있다.

IP 금융은 이처럼 현재 형성초기과정에 있다. 기술, 금융, 시장, 법제도적 환경에 따라 그 형태가 변화되어 왔으며 앞으로도 지속적인 진화과정을 거쳐갈 것이다. 이 책을 준비하는 과정에도 미국의 NPE에 대한 규제환경이 급격히 변화하고 있다. 따라서 IP 금융을 보는 시각은 한 시점의 단면에 제한되어서는 안되며 이 책에 기술된 내용도 이러한 환경적 변화의 컨텍스트(context) 속에서 파악하여야 한다. 필자들도 IP 금융의 변화 양태를 계속 주시하면서 시간적 제약 속에 담지 못한 내용을 포함하여 IP 금융의 진화과정을 향후 개정 내용에 반영할 예정이다.

이 책에서는 위에서 제시된 바와 같이 서로 다른 논리구조와 작동방식을 갖고 있는 금융의 영역과 지식재산의 세계가 직접적으로 연계되는 과정을 이해하기 위하여 금융의 기초자산(underlying asset)으로서의 지식재산[3]을 살펴보고, 다양한 형태의 IP 비즈니스 모델과 금융 투자구조가 결합된 IP 수익화(monetization) 모델을 중심으로 접근하며, IP 금융에서 일어나고 있는 현상과 이슈를 살펴보기 위하여 IP 금융의 최근 전개과정과 실무적 이슈 등을 검토하고자 한다.[4]

금융사(金融史)로부터의 교훈 (1)

● 네덜란드 · 영국의 부상과 금융의 역할

영국의 역사학자 니얼 퍼거슨(Niall Ferguson)은 인류의 역사에 있어서 화폐의 부상(ascent of money)을 설명하면서 금융의 역할을 강조하였다. 채권 · 주식 등 자금을 조달할 수 있는 다양한 금융수단의 개발은 고대 바빌론으로부터 홍콩에 이르기까지 기술적 진보에 못지않게 중요한 의미를 갖고 있음을 역설하고 있다.

특히 네덜란드의 사례는 많은 시사점을 제공하는데, 국토의 상당부분이 해수면 이하에 위치하고 있고 자원이 풍부하지 않은 17세기의 신생 네덜란드 공화국

---

3) 지식재산(IP)에는 특허 이외에도 상표, 저작권 등 다양한 무체재산권도 포함된다. 현실적으로도 특허 관련 IP 금융 이외에도 게임, 영화 등 문화 콘텐츠와 관련된 저작권을 대상으로 한 금융, 상표권 및 상표라이센스와 관련된 금융도 이루어지고 있으나 여기서는 최근에 주목 받고 있는 특허와 관련된 IP 비즈니스 모델을 중심으로 고찰한다.
특허가 갖고 있는 무효화 위험을 고려할 때 저작권과 상표권 관련한 금융이 현실적으로 실현하기 용이한 점이 있다. 그러나 저작권 관련 금융은 어문저작물 영역, 영화, 드라마 등 영상저작물 영역, 음악저작물 영역, 게임산업과 관련된 저작물 영역 등과 같이 산업의 형태에 따라 수익화 구조, 현금흐름(cash flow) 형태, 위험의 성격이 차이가 있으므로 IP 금융의 적용모델에 있어 면밀한 검토가 필요하다. 저작권 · 상표권 등과 관련된 IP 금융은 향후 별도의 연구로 다루고자 한다.

4) 이 책은 실무적 관점에서 IP 금융 현장의 이슈를 반영하기 위하여 일부 실무용어를 그대로 사용한 부분이 있으며, 책의 편제와 문체도 기존의 교과서적 접근과는 다소 차이가 있다.

이 스페인으로부터 독립하여, 영국, 프랑스 등 우세한 지위에서 있던 주변국을 물리치고 세계무역에 나설 수 있었던 것은 채권·주식 등을 통한 근대적 자금 조달 방식의 도입과 증권거래시장(stock exchange)의 형성이 배경이 되었다. 네덜란드는 1602년에 동인도회사(Dutch East India Company)를 설립하였는데 이는 1613년에 설립된 영국의 동인도회사(English East India Company)를 앞서는 것이었다. 또한 1609년에 Bank of Amsterdam을 설립하였다. 네덜란드는 발전된 금융기법을 통하여 중산층인 시민계급으로부터 보다 낮은 금융비용으로 대규모 자금을 동원할 수 있었으며 이러한 금융시스템은 세계 무역망을 구축할 수 있는 우수한 상선과 함대를 건설할 수 있는 기반이 되었다. 이러한 네덜란드의 금융시스템은 당시 다른 제국의 왕실이 전비(戰費) 조달 및 국가재정에 있어 자금수요가 있을 때 부유한 귀족가문이나 은행가에게 전통적 대출(loan)형태로 자금을 조달한 것과 대비되는 것이었다.

1652년부터 1674년까지 영국과 네덜란드 사이에 3차에 걸쳐 일어난 영란전쟁(Anglo-Dutch War)에서 영국의 인구가 네덜란드에 비해 2.5배에 달하고 영국 경제 규모가 네덜란드보다 큼에도 불구하고 네덜란드가 대등한 전세를 보인 것은 우수한 네덜란드 함대와 전비 조달 시스템에 기인한 측면이 있었다.

영란전쟁의 종결 후 낙후된 금융기법에 의지하여 무리하게 전비를 조달한 영국정부는 파산상태에 이르게 되고 이러한 경제상황은 1688년의 명예혁명(Glorious Revolution)이 일어나게 된 배경 가운데 한 측면이 되었다. 명예혁명에 대해서는 영국 민주주의 시발점으로서의 정치적 의미를 부여하는 것이 일반적이나, 금융사적 측면에서 보면 네덜란드의 선진 금융시스템의 영국으로의 이전으로 볼 수도 있다고 퍼거슨은 해석하고 있다. 명예혁명으로 영국국왕 제임스 2세는 프랑스로 망명하고 네덜란드의 오렌지공 윌리엄이 영국국왕으로 즉위하였는데, 이후 1694년에 런던에 Bank of England가 설립되었고(네덜란드 Bank of Amsterdam 설립보다 85년이 늦음), 네덜란드의 선진 금융시스템이 도입되었다. 이러한 영국의 금융시스템의 정비는 훗날 영국이 프랑스와의 전쟁에서 승리하

고 대영제국을 건설하는 기반을 제공한 것으로 평가되고 있다.[5)]

이러한 관점에서 본다면 지식재산이 현대 기업의 가치창출을 위한 핵심적 자산으로서 부상하고 있으며 혁신기반(innovation-driven) 경제단계로의 이행이 정책적 목표로 제시되고 있는 상황에서, IP 자산에 내재된 가치를 활용할 수 있는 금융구조의 형성은 IP 자산 보유자인 초기창업기업이나 중소기업 및 대기업에게 새로운 차원의 금융자금 공급원의 제공을 가능하게 하며, 미래 국가경쟁력의 원천이 되는 혁신생태계의 진화를 실현하는 인프라가 될 수 있다.

5) Niall Ferguson이 저술한 『Empire』(2003)와 『Ascent of Money』(2008)를 참조.

제1장

IP 금융의 가치

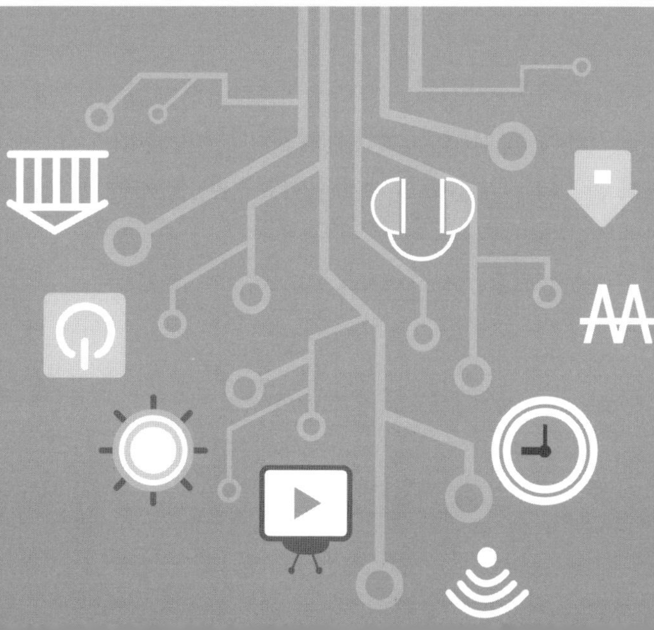

As it is the power of exchanging that gives occasion to the division of labour, so the extent of this division must always be limited by the extent of that power, or, in other words, by the extent of the market. (Adam Smith, 1776)

신석기 농업혁명 이후 수천년 동안 인구의 대부분이 농업에 종사하던 인류문명은 19세기 산업혁명의 시대를 거치면서 석탄이라는 에너지를 이용한 기계적 생산수단을 갖게 되었고 산업사회로의 전환과 함께, 대량생산 대량소비의 개념에 기반한 교환경제 체제로 진입하였다. 아담 스미스는 분업을 가능하게 하는 것은 교환이며 따라서 분업의 정도는 시장의 형성정도[6]에 의하여 제한된다고 하였다.

인류는 산업사회를 거쳐 20세기 정보기술의 발달과 함께 글로벌차원에서의 네트워크가 실시간으로 작동하는 정보화 사회로 진입하였으며, 이제는 창의와 혁신의 사회를 말하고 있다.[7]

창의와 혁신을 강조하는 21세기에 있어서 교환과 시장은 어떤 의미를 갖는가라는 질문에 대한 해답을 구하는 것은, 지식재산이 갖는 의미를 이해하고 지식재산 생태계에서 금융시스템의 역할을 이해하는 출발점이 될 것이다. 창의와 혁신 성과물을 재산적 가치를 갖는 권리로서 구현하지 못한다면 교환이라는 거래 활동이 성립되기 어렵고 시장의 형성을 제한하게 된다. 이는 결국 창의·혁신 성과물의 창출과정에 참여하는 다수 기관(entity)들 간의 개방적 분업구조의 실현과 이를 이전받아 경제적 가치를 실현하는 사업화 활동의 연계를 통해 새로운 혁신 기반 경제체제를 형성하는 데 한계를 가져오게 될 것이다.

이러한 맥락에서 지식재산과 IP 금융이 갖는 의미를 살펴보는 것은 다양

---

6) The extent of market은 시장의 크기뿐만 아니라 효율성 등 시장의 작동정도를 포괄하는 것으로 여기서는 형성정도라고 표현하였다.

7) Nomura Research Institute: Main eras of human civilization – 1) Agricultural, 2) Industrial, 3) Informational, 4) Creativity and Innovation.

한 형태의 IP 비즈니스모델과 금융기법이 결합하고 있는 최근의 현상을 바라보는 관점을 제공할 수 있다. IP 금융을 구현하는 다양한 전략과 구조를 이해하는데 있어 창의 · 혁신 성과물의 이전과 사업화를 위한 시장형성이라는 관점에서 본다면 IP 금융과 관련하여 최근 여러 각도에서 주목받고 있는 NPE(Non-Practicing Entity)[8]의 성격과 역할에 대한 이해를 제고할 수 있다.

1 IP 금융의 단면 - 지형의 변화[9]

창의적인 아이디어로부터 경제적 가치를 창출하는 창의와 혁신경제에 있어서 지식재산에 기반한 가치형성 및 순환 생태계의 형성은 21세기 경제 발전을 위한 핵심인프라가 된다. 세계적인 경제위기 상황에도 불구하고 주요 선진 경제국들은 차세대 성장동력을 확보하기 위하여 지식재산 관련 산업에 대한 투자를 확대하고 있다. 최근 구글(Google)의 다양한 기업인수 사례에서 보는 바와 같이 첨단 산업분야에서의 선도기업 교체에 따른 인수 · 합병 과정에서도 지식재산이 핵심적인 목표자산(target asset)이 됨으로써 지식재산의 중요성이 부각되고 있는 현실이다. 또한 다양한 형태의 NPE의 출현과 활동영역 확대는 그동안 지식재산이 구현된 제품을 생산 · 판매하여 가치실현을 하는 활용 형태에서 지식재산으로부터 현금흐름을 창출하는 직접적인 수익화(monetization) 전략으로 비즈니스 모델의 전환을 초래하고 있으며 지식재산 시장의 구조적 변화를 가져오고 있다. 이러한 상황에서 IP 금융은 지식재산에 기반한 가치창출 메커니즘의 핵심적 영역으로 부상하

8) NPE는 특허와 같은 지식재산을 직접 실시하지 않고 소송, 라이센스 등을 통하여 수익을 창출하는 조직을 의미하며, 특허괴물(Patent Troll)이라고도 불리나, 공격, 방어, 중개 · 컨설팅 등 수익모델과 활동의 성격에 있어 다양한 형태를 갖고 있다. NPE에 대한 상세한 내용은 제2장과 제5장에 기술함.

9) 최철, IP 금융을 보는 전환기적 관점, IP Insight, 2013.

고 있다.

■ 장면 1 – 자산(Asset)

세계 휴대폰 시장의 강자였던 노키아(Nokia)는 스마트폰시대의 경쟁에서 뒤처지면서 마이크로소프트(MS)에 휴대폰 사업을 매각하기로 결정하였다. 이렇게 사업부는 매각하였지만 관련 특허는 양도하지 않았고, 대신 MS는 향후 10년간 21억8천만달러의 특허 사용료를 내고 노키아 특허 3만건과 디자인권 8,500건을 사용하는 데 합의했다.[10)]

휴대폰 사업을 포기함으로써 노키아는 기존의 경쟁관계에 있던 다른 휴대폰 제조사들과 특허분쟁이 벌어질 경우 상대방의 반소(counter-claim)에 대한 방어와 크로스 라이선스의 필요성에 대한 부담으로부터 벗어날 수 있는 상황에 놓이게 되었다. 따라서 노키아가 보유한 모바일 통신 관련 특허를 기반으로 다른 휴대폰 제조사들을 공격하여 수익을 추구하는 NPE 형태의 사업모델을 지향할 것이라는 예상이 제기되고 있으며 이러한 사례가 현실화 되고 있다.[11)]

■ 장면 2 – 금융(Finance)

대표적인 NPE인 인텔렉추얼벤처스(Intellectual Ventures : IV)는 2000년에 설립된 이래로 55억 달러 규모의 특허펀드를 운영하고 있으며, 특허 및 라이센싱 권리 등 자산을 매입하기 위하여 30억 달러규모의 추가 펀드(Invention Investment III) 조성을 추진하고 있다.[12)] 한편, 미국 4대 금융기관 가운데 하나인 Wells Fargo의 보험사업부는 IP 라이센싱과 관련하여 해당 IP에 대한 소

---

10) http://www.zdnet.com/microsoft-nokia-deal-quick-facts-7000020146/

11) http://www.fnnews.com/view?ra=Sent0901m_View&corp=fnnews&arcid=20130905010005124000 2673&cDateYear=2013&cDateMonth=09&cDateDay=04

12) http://www.bloomberg.com/news/2013-08-28/ex-microsoft-cto-to-seek-3-billion-for-patent-fund.html

송으로 로열티수입에 부정적인 영향이 있을 경우 부족한 현금흐름을 보충하는 'revENSURE'라는 보험상품을 출시한 바 있다.[13)]

■ 장면 3 – 인프라와 정책(Infrastructure and Policy)

중국은 지식재산서비스 기관과 금융기관의 협력을 통하여 지식재산담보대출 사업을 실시하여 왔으며(2012년 한화 약 6조 8천억원 규모), 지식산권거래소, 문화산권거래소 등과의 연계를 통하여 IP 거래의 활성화를 추진하고 있다.[14)] 우리나라의 경우도 정부는 창조경제 실현을 위해 관계부처들이 다각적인 IP 금융 활성화 방안을 발표하면서 정책적 방향과 과제를 제시하고 있으며 한국형 IP 금융의 실현을 위해 2010년에 IP큐브 파트너스, 인텔렉츄얼 디스커버리 등 특허관리전문기업을 설립하였으며, IP 가치 평가체제를 개발하고, IP 담보금융의 활성화를 위한 회수펀드를 조성하였다. 프랑스의 경우 정부 주도로 2011년에 설립된 France Brevet는 IP 수익화 프로그램을 실시하면서 미국 법원에서 해외 통신기업들을 상대로 통신기술관련 특허소송을 진행하고 있다. EU는 유럽 단일특허와 통합 특허소송제도의 도입을 통하여 미국에 버금가는 특허시장 형성을 추진하고 있다.

위의 사례들은 IP 금융의 영역에서 진행되고 있는 상황을 자산, 금융, 정책의 측면에서 보여주는 것으로 현재 나타나고 있는 IP 금융의 단면 가운데 일부를 제시하였다. 이러한 현상 속에서 IP 금융을 형성하는 세 가지 구성요소(three pillars)에 대하여 살펴본다.

---

13) http://www.insurancejournal.com/news/national/2013/08/05/300755.htm

14) 중국 국가지식산권국(SIPO)은 2012년 특허담보 대출로 141억 위안(한화 약 2조 4,498억 원), 상표권담보 대출로 214억 6천만 위안(한화 약 3조 9,368억 원), 저작권담보 대출로 27억 5,100만 위안(한화 약 5,046억 원)을 공급하였다고 발표하여 이 분야의 활성화를 위한 정책적 의지를 보여주고 있다. 그러나 이러한 대출자산의 건전성에 대해서는 면밀한 검토가 필요할 것으로 보인다.

2 IP 금융을 형성하는 세 요소(Three Pillars)

■ 거래가능한 자산으로서의 지식재산 : 자산(Asset)

과거 산업경제에서는 기업의 핵심 자산은 생산 공장, 설비 등의 유형 자산이었으나 오늘날에는 기업가치의 80퍼센트 이상이 지식재산으로 대표되는 무형자산에 기반하고 있다는 연구결과는 이미 널리 알려져 있다.[15] 또한 생산기술이 발달하고 보편화되면서 이제는 많은 산업에서 생산단계에서의 차별화영역이 축소되었고, 선 · 후진국 간의 생산기술 격차도 줄어들고 있는 상황이다. 첨단 기술 분야의 선도 기업들은 차별화의 핵심을 생산기술에서 지식재산과 관련된 영역에서 찾고 있으며, 기술개발도 아웃소싱하는 개방혁신(open innovation) 체제를 도입하고 있다. 연구개발을 외부 벤처기업에 아웃소싱하거나 인수합병 또는 지식재산 매입을 통하여 획득하기도 한다.[16] 또한 노텔(Nortel)과 코닥(Kodak) 사례에서 보는 바와 같이 기업은 도산하여도 이들이 보유한 지식재산은 채권회수를 위한 핵심자산으로서 경매를 통하여 매각되고 있다. 노텔(Nortel)의 파산 후 경매에서 통신특허 약 6천 건이 애플과 MSFT 컨소시움으로 인수되는 과정에서 약 45억 불에 거래가 되었다.

또한 노키아의 경우처럼 제품생산 중심의 사업 부문은 매각하면서도 관련 지식재산만을 보유하면서 지식재산에 기반한 새로운 수익모형으로 전환하는 사례도 있다. 즉 지식재산이 이를 창출한 기업과 분리되어 독립적으로 거래될 수 있는 자산(tradable asset)으로서 평가되기 시작했으며, 이러한 자산화된 지식재산을 거래하는 시장이 형성되고 있다. 이러한 변화를 통해

---

15) Ocean Tomo에 의하면, S&P 500기업을 대상으로 분석한 결과 1975년에는 유형자산이 기업가치의 83%를 차지한 것에 비하여 2010년에는 특허 등 지식재산으로 대표되는 무형자산이 기업가치의 80%를 차지하는 것으로 분석하고 있다.

16) 이민화 · 차두원, 창조경제(2013) 참조. 퀄컴사는 스냅드래곤 관련 지식재산을 매입하기 위해 12억 5천만 달러를 지불하였다.

지식재산을 보유한 전통적인 제조기업과 NPE의 경계가 약화되고 있으며, 거래 가능한 IP 자산의 공급이 확대되고 있다.

파산 혹은 지급불능의 상황에서 기업이 보유하고 있던 IP 자산을 매각하고 이를 거래하는 시장이 확대됨으로써 금융공급자(financier)들은 금융구조의 기초자산(underlying asset)으로서 IP 가치의 중요성을 인식하기 시작하였다.

■ IP 금융 모델의 확대 : 금융(Finance)

지식재산권이 독립적으로 거래가능한 자산으로 평가되고 지식재산권을 현금성자산으로 전환(monetization)하는 다양한 모델이 실시되면서, 지식재산에 내재된 경제적 가치에 기반한 자금조달 기법이 확대되고 있다. 근래 NPE의 활동이 확대되면서 특허소송펀드와 같은 형태가 주목을 받고 있으나, 소송기반 라이센스 등을 통하여 현금흐름을 창출하는 NPE는 지식재산 비즈니스 모델 가운데 하나이다.[17)] NPE 모델 이외에도 지식재산이 갖는 자산 가치와 현금흐름에 기초하여 구조화함으로써 자금을 조달하는 IP 유동화(securitization)와 IP에 대한 질권 설정을 통한 담보금융(secured loan), 양도담보의 구조와 유사한 SLB(sale and license-back)형태의 IP 금융 등이 실시되고 있으며, 지식재산금융의 범위를 확대하면 아이디어와 발명에 투자를 하는 발명자본(invention capital)투자 펀드, 인큐베이션 펀드를 포괄하기도 한다. 지식재산금융의 성장을 위해서는 앞에서 제시된 다양한 금융형태가 IP를 보유한 기업의 성장주기와 IP의 성격 및 사업화 정도에 따라 단계별로 적용되어야 한다. 이를 위해서는 금융거래에 있어서 자금의 제공 방식, 기간, 조건 등 상이한 위험 형태(risk profile)를 수용할 수 있는 다양한 성격의 금융기

---

17) NPE는 지식재산을 보유한 기업 또는 대학이나 연구소 등에는 정당한 대가를, 해당 기술을 원하는 기업에게는 핵심 IP를 제공함으로써 IP 거래시장을 활성화하는 기능을 수행하기도 한다.

관의 참여와 금융기법의 개발이 필요하다. 세계 경기 침체 속에서 기존의 전형적인 투·융자 대상 자산에 대한 금융부문의 성장이 제한된 상황에서 IP 금융은 미래의 대체투자 영역으로 한 부분을 담당할 수 있으며, 지식재산에 내재된 가치가 널리 인식되면서 이러한 자산가치를 활용할 수 있는 금융기법이 진화할 것으로 예상되므로 지식재산금융은 금융산업 자체 성장이라는 측면에서도 의미가 있다.

■ IP 금융 환경의 조성 : 인프라와 정책

IP 금융이 활성화되기 위해서는 자산으로서의 지식재산을 거래할 수 있는 IP 자산거래시장이 형성되어야 하며, 이러한 IP 자산의 가치를 이용한 자금공급시장이 발달하여야 한다. 미국의 경우 세계 최대의 IP 시장과 고도로 발달된 금융시장을 결합하여 민간주도로 시장원리에 의한 IP 금융이 작동할 수 있는 환경이 조성되어 있으나 다른 나라의 경우 IP 자산 거래시장의 미성숙과 IP에 대한 금융분야에서의 인식부족으로 초기단계에서는 민간주도의 IP 금융 시스템의 형성이 어려운 현실이다. 이러한 점에서 한국을 비롯하여 일본, 중국, 유럽에서도 정부주도하에 IP 금융 활성화를 위한 정책적 연구와 지원이 전개되고 있다. IP 금융 환경 조성에 있어 가장 기초가 되는 것은 지식재산의 가치가 확보·유지될 수 있도록 지식재산 관련 소송의 효율적 진행과 적정한 손해배상이 이루어질 수 있는 사법제도의 정비가 필요하다. EU에서는 유럽 단일특허제도와 통합특허소송제도를 도입하는 특허패키지 법안이 승인되었는데 이는 유럽특허의 자산적 가치에 영향을 미치는 중요한 제도적 변화이다.[18] 또한 양질의 지식재산이 창출되고 거래가 활성화될 수 있도록 조세지원이 필요하며, IP 자산에 대한 금융거래 당사

---

18) 미국 오바마 행정부가 NPE에 의한 과도한 특허 소송의 확대를 규제하기 위한 입법을 진행하고 있는 가운데, 유럽 특허제도의 정비는 유럽특허시장과 법원이 NPE의 중요한 활동무대로 부상할 가능성을 제시하며, 향후 유럽특허의 전략적 의미에 대한 인식의 전환이 필요하다.

자 간의 정보비대칭성을 극복하기 위한 IP 가치평가 제도의 정착도 요구된다.[19] 거래위험을 완화하고 IP 기반 신용거래의 신용을 보강할 수 있는 제도적 장치의 정비 역시 IP 금융 도입기에 금융기관의 참여를 높일 수 있는 중요한 기반이 된다.[20]

[그림 1-1] IP 금융의 형성

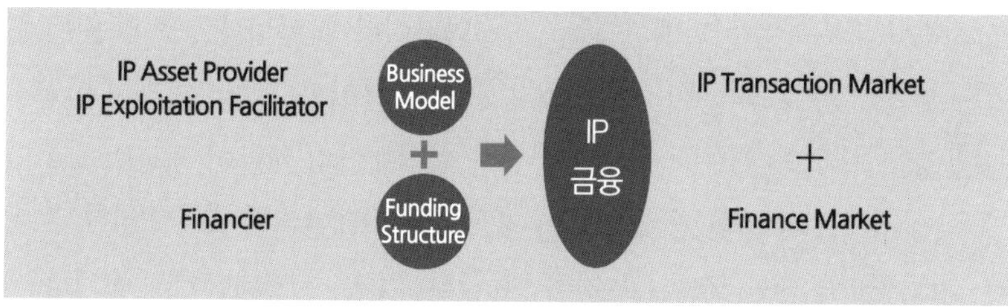

3 가치사슬(Value Chain)의 진화와 지식재산

마이클 포터는 국가경제의 발전과정에서 나타나는 경쟁우위의 원천 및 경쟁방식에 있어 서로 다른 발전단계를 제시하면서, 후진국의 요소 주도형(factor-driven) 경제단계,[21] 중진국의 효율성 주도형(efficiency-driven stage) 경제단계,[22] 선진국의 혁신 주도형(innovation-driven)경제단계를 설명하고 있다. 선진경제국은 기술력과 창의력을 바탕으로 혁신적 상품을 개발하고 시장

---

19) IP 가치평가의 중요성에도 불구하고 IP가 기본적으로 Context-driven Asset 성격을 갖고 있으므로 평가모델의 형성에 있어서 유연성이 필요하다. IP 가치평가는 Science가 아니라 Art의 영역으로 설명되기도 한다.

20) 앞에 제시된 Wells Fargo의 revENSURE도 IP 금융의 신용보강장치 사례로 볼 수 있다.

21) 요소 주도형(factor-driven) 경제단계는 주로 저임금 비숙련 노동력과 천연자원 등 주어진 생산요소에 기반하여 경쟁력을 형성하며, 가격을 중심으로 경쟁하는 단계이다.

22) 효율성 주도형(efficiency-driven stage) 경제단계는 요소 주도형(factor-driven) 경제단계로부터 발전한 개발도상국이 생산과정의 효율성 제고와 기존 출시 제품의 품질 향상에 기초하여 경쟁력을 확보하는 단계이다.

을 개척하며 글로벌 차원에서 전개되는 생산·유통·판매 등 활동을 효과적으로 조정·결합함으로써 가치를 창출하는 혁신 주도형(innovation-driven)의 경제단계에서 경쟁한다.[23] 혁신 주도형 경제단계에서는 연구개발을 통한 혁신과 고객관계 형성에 관련된 가치활동(value activity)에 중점을 두고 있는데 이는 지식재산과 밀접한 관계를 갖는다.

또한 조직의 경계를 넘는 개방형혁신이 확산되고 있는데, 개방형혁신 구조에서는 내부역량 이외에도 외부 혁신역량이나 혁신성과물을 활용할 수 있는 전략이 중요하다. 이러한 전략은 혁신의 분업화와 혁신성과의 이전구조를 강조하게 되며 이를 구현하기 위한 지식재산의 역할이 재검토되고 있다. 따라서 혁신주도형 경제에 있어 지식재산이 활발히 창출·활용될 수 있는 생태계의 형성은 핵심적 조건이 되며, 혁신주도형 경제단계에 있거나 이를 지향하는 세계 각국의 정부는 지식재산생태계 형성에 정책적 노력을 경주하고 있다.[24]

혁신 주도형 경제 단계로의 진입과 함께 주목해야 할 현상은 혁신의 세계화(globalization of innovation)라는 측면이다. 16세기 대항해시대의 개막은 무역을 통한 시장의 세계화를 초래하였으며, 산업화시대를 거치면서 노동 자원 등 생산요소의 상대적 우위에 기초하여 생산활동을 세계 각국에 분산하고 연계하여 효율성을 극대화시키는 생산의 세계화 시대가 도래하였다. 지식기반 경제의 도래와 함께 이제는 혁신의 세계화 시대가 대두되고 있다.[25]

---

23) 이민화·차두원, 「창조경제」, (2013) 참조.

24) 미국의 경우 경제위기 속에서 재정적 부담의 증가에도 불구하고 미국 GDP의 34.8%, 전체 고용의 27.7%를 차지하는 지식재산 집약 산업의 중요성을 고려하여 2013년 연방정부 R&D예산을 5%, 특허심사예산은 9% 증액하였다.

25) 김석관, 글로벌 혁신 네트워크와 한국 제약산업의 추격 전략, 2014.4.9 참조.

〈표 1-1〉 세계화의 진화

구분	시장의 세계화 (global trade network)	생산의 세계화 (globalization of production)	혁신의 세계화 (globalization of innovation)
시작 시기	16세기부터 시작	1950년대부터 시작	1980년대부터 시작
네트워크 성격	global trade network	global production network	global innovation network
경쟁 시장	전지구격 상품 시장	전지구적 노동 시장	전지구적 지식 시장
경쟁력 요소	후진국의 천연자원과 선진국의 공산품	값싼 노동력	- 지식의 우수성 - 저렴한 지식 생산 비용
개도국의 경제발전에 대한 함의	시장의 세계화만으로는 개도국 산업화 전망 불투명	개도국 산업화의 시작	- 개도국 산업화 성공의 증거 - 개도국이 선진국의 경쟁자로 부상할 가능성 보유
시대적 배경	무역의 시대	산업화 시대	지식기반 경제 시대

* 자료 : 김석관, 글로벌 혁신 네트워크와 한국 제약산업의 추격 전략, 2014.4.9 .

혁신의 세계화는 우리나라 경제가 혁신주도형 경제단계로 도약하기 위한 기회와 위협을 동시에 제기하고 있으며, 전자·통신 등 우리가 강점을 갖고 세계시장에서 리드하고 있는 ICT분야 이외에도, 바이오·제약과 같이 고부가가치의 선진국형 산업으로 진입을 통하여 새로운 성장동력을 형성할 수 있는 윈도우를 제공하고 있다. 특히 바이오·제약 산업은 산업구조의 특성상 특허의 확보가 각 기업에 있어 사활적인 의미를 갖고 있는데, 화학제재 중심의 신약개발에서 바이오기술 등에 기반한 신약개발의 비중이 확대되면서 외부 대학, 연구소, 중소규모 기업의 개발단계에 있는 후보물질에 대한 성과가 이전되는 개방형 혁신과 신약개발과정에서의 국경을 넘는 라이선싱(in/out-licensing), 연구개발 활동의 외주 또는 협력(R&D outsourcing/collaboration) 등 혁신분업구조의 형성을 통한 글로벌 혁신 네트워크가 활발히 형성되고 있다.[26)]

---

26) 김석관, 위의 자료 참조.

[그림 1-2] 제조업 가치사슬의 역순으로 진행되고 있는 단계적 세계화

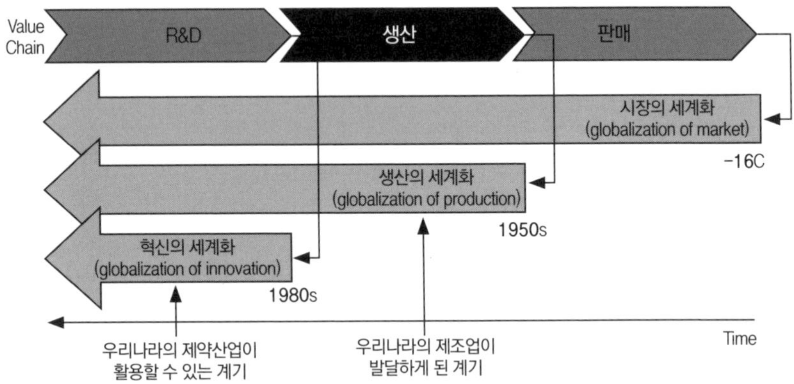

* 자료 : 김석관, 글로벌 혁신 네트워크와 한국 제약산업의 추격 전략, 2014.4.9.

우리나라는 생산의 세계화(globalization of production) 과정 속에서 1960년대 이래로 노동력에 기초한 요소 주도(factor-driven) 경제단계에서 성장의 기반을 형성하고, 이후 효율성 주도(efficiency-driven) 경제단계를 거치면서 고도의 성장을 거듭하여 국제통상 규모에서 세계 10위권의 경제를 이루었다. 그러나 근래 경제성장세의 둔화가 지속되고 있으며, 혁신 주도형(innovation-driven) 경제로의 진입 문턱에서 정체를 보이고 있다. 이러한 상황에서 중국과 같은 후발국의 도약과 선진국의 견제 속에 포지셔닝 트랩(positioning trap)의 우려도 제기되고 있다. 이러한 문제를 극복하고 우리나라 경제가 다음 단계로의 도약을 위하여 경제구조의 혁신이 국가 아젠다로 제시되고 있다.

혁신 주도형 경제로의 전환을 위해서 지식재산은 중요한 역할을 할 수 있는데, 지식재산은 창의적 아이디어의 사업화와 혁신을 실현함에 있어 동기를 부여하는 가장 강력한 도구 가운데 하나다. 혁신과 관련하여 조셉 슘페터는 역동적 경쟁이론을 제시하면서 혁신이란 창조적 파괴 행위로서 자본주의 체제에 있어 핵심적 사안이라고 제시하였다.[27] 혁신 구조의 작동에

27) Joseph Schumpeter, Capitalism, Socialism and Democracy (Haper, 1975)

서 지식재산 시스템은 배타성과 접근성을 역동적으로 변화시키면서 이노베이션 사이클을 가동하는 원동력으로서 기능을 한다.[28)]

우리나라는 양적인 측면에서 특허 출원 세계 5위권을 유지하고 있으며 특허관련 국제협력체제에서 선진 5개 특허청 회의(IP 5)[29)]의 참여 국가로서 세계적인 수준에 있으나, 국내 지식재산 비즈니스 생태계는 아직 형성기 수준에 있으며 IP 금융도 초기 도입단계에 있다. 지식재산 비즈니스 생태계의 형성과 지식재산 집약 산업의 발전은 혁신주도형 경제단계로의 진입에 있어 필수적인 기반이며 IP 금융은 이러한 생태계 조성의 핵심 인프라를 제공한다.

4 혁신주도자에 대한 자원공급원의 다양화

전 세계적으로 무형자산의 가치[30)]에 대한 인식과 그 활용 방안에 대한 관심이 고조되고 있는 가운데, 지식재산의 경제적 가치에 기반을 둔 금융기법의 활용 방안에 대한 논의가 다각도로 진행되어 왔다. 그 일환으로 선진 경제권의 각국 정부와 기업, 금융기관들은 유동화, 담보, 펀드를 이용한 집합투자 등의 금융기법을 활용한 자금조달 방안 모색 및 지식재산의 신규 창출과 활용을 위한 IP 금융에 관심을 가져 왔다.

지식재산의 창출과 활용의 선순환 구조 형성에 있어 중요한 기반을 제공한다는 인식 하에 최근 IP 금융에 대한 논의가 더욱 활발해지고 있으며, 특

---

28) 마이클 콜린, 「글로벌 지식재산전략」, 2012.

29) 전 세계 특허출원의 약 90%를 차지하고 있는 지역의 선진 5개 특허청을 지칭하는 것으로 한국을 비롯해 미국, 일본, 중국, 유럽특허청으로 구성되어 있다.

30) 미국의 특허관리회사인 Ocean Tomo가 2010년 6월에 발표한 무형자산 가치에 대한 연례보고서에 의하면 S&P 500기업의 시장가치와 장부가치가 큰 격차를 보이는 것으로 나타나고 있는데, 이것은 기업가치의 상당 부분이 특허 등 무형자산의 가치이며 대차대조표상 나타나는 유형자산과 금융자산이 실제 기업가치의 20%도 반영하지 못하기 때문에 나타나는 결과로 평가하고 있다.

히 한국의 경우 정부의 4대 국정기조 중 경제부흥과 문화융성을 동시에 달성할 수 있는 분야로 지식산업과 이를 뒷받침할 IP 금융에 대해 많은 관심과 논의가 이루어지고 있는 실정이다.

지식재산권을 보유하거나 창출하려는 기업이 필요한 자금을 조달하기 위해 사용할 수 있는 금융기법은 그 기본적 특성에 따라 주식 또는 출자증권을 발행하여 자금을 조달하는 지분(Equity) 중심의 자금조달과 금융기관으로부터 차입하거나 채권을 발행하여 자금을 조달하는 부채(Debt) 중심의 자금조달 방법으로 대별할 수 있다. 이러한 자금조달 방법 가운데 어떠한 금융기법을 선택할 것인지는 자금 수요자인 기업이 보유한 지식재산권의 성격과 권리화 · 사업화의 단계, 소요자금의 성격과 규모, 자금공급자인 투자자의 성격에 따라 영향을 받게 될 것이다.

개별 기업이나 사업의 수익성 내지 성장 전망은 주력제품의 수명주기상의 단계에 따라 변동하게 되는데 이는 각 수명주기 단계에 따라 당해 상품에 대한 시장의 반응도, 당해 산업 내에서의 경쟁상태, 관련 기술의 성숙도가 변화하기 때문이다. 이와 같이 제품의 수익성과 위험에 미치는 영향을 몇 단계로 나누어 대조적으로 식별하는 분석방법이 제품수명주기(product life cycle: PLC)이론이다.[31] 제품수명주기이론을 지식재산권 보유기업에 적용하면 지식재산권의 권리화 · 사업화 단계에 따라 현금흐름의 변화와 위험의 정도를 반영하여 창출기, 도입기, 성장기, 성숙기의 단계로 구분할 수 있는데, 지식재산권과 관련된 금융기법의 선택도 이러한 수명주기의 단계별 진행에 따라 어떠한 자금조달구조를 취할 것인지 영향을 받게 된다. 지식재산권과 관련한 금융기법으로 많이 거론되어 왔던 증권화(securitization)도 그 구조적 특성에 따른 실현가능성을 제고하고 소기의 경제적 효과를 구현할 수 있기 위해서는 지식재산권의 수명주기와 현금흐름(cash flow)의 창출가능성이라는 측면에서 검토되어야 한다.

---

31) 송지영, 『자본시장-금융투자와 금융투자업』, 2009, 387면.

■ 창조 · 혁신 주도 상생경제의 인프라 – IP 금융의 역할

창조적인 아이디어가 성공적으로 사업화되어 경제적 가치를 창출하기 위해서는 아이디어를 제품으로 구현하고 생산된 제품을 시장에 유통시켜 수익을 발생시켜야 한다. 이러한 과정에서 극복해야 할 단계를 제품화 · 사업화과정에서 나타나는 죽음의 계곡(death valley)과 시장진입 단계에서 나타나는 다윈의 바다(Darwinian sea)로 지칭하기도 한다. 무형의 자산인 지식재산만을 보유한 초기기업이 죽음의 계곡을 건너기 위해서는 이들이 보유한 핵심 자산인 IP에 기초하여 자금을 조달할 수 있어야 하며 이러한 자금조달을 위해서는 벤처캐피털과 같이 전형적인 지분투자 형태 이외에도 경영권을 희석시키지 않고 자금을 조달할 수 있는 다양한 형태의 IP 금융 패키지(financial package)가 제공될 필요가 있다.

또한 근래 대기업과 중소기업 간의 상생에 관한 논의와 제도적 개선에 대한 검토가 활발히 이루어지고 있는데, 이러한 상생의 관계는 법적 체제를 통해 제도적으로 규제하거나 당사자의 의식의 변화에 의해서 일부 개선될 수도 있겠지만 근본적으로는 중소기업이 갖고 있는 좋은 아이디어나 지식재산에 대한 다양한 수요자가 시장에 존재하고 이들 수요자 간에 경쟁구도가 형성됨으로써 해결될 수 있다. 금융과 결합한 IP 자산시장의 형성은 중소기업 보유 IP에 대한 정당한 평가와 경쟁적 수요를 창출함으로써 중소기업이 대기업과 보다 균형 잡힌 관계를 형성하는 데 기여할 수 있다.

제2장

IP 금융기법의 유형과 변화

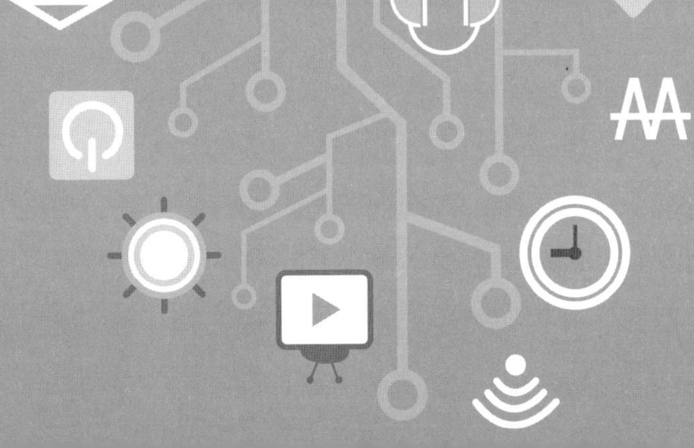

1 IP 금융기법의 유형

■ IP 금융의 개념과 유형

IP 금융은 지식재산을 중심으로 이뤄지는 다양한 금융활동을 포괄하는 것으로, IP 담보금융, 양도담보와 유사한 구조를 갖는 SLB(Sale and License-Back), IP 증권화 등 자산화되고 있는 IP자체의 가치와 기존의 금융기법을 결합한 금융과, 지식재산권 침해자에 대한 소송을 통하여 손해배상 획득과 로열티 수입확대를 목적으로 IP를 매집하고 소송을 수행하여 수익을 추구하는 IP 펀드, 이러한 소송에 대비하기 위하여 특허풀을 형성하고 이에 가입한 기업들로부터 가입비를 받아 수익을 추구하는 방어형 IP 펀드 등 IP 비즈니스 모델을 기반으로 전략적 · 재무적 투자자들이 참여하여 자금을 제공하고 수익을 추구하는 IP 펀드형 금융을 포괄한다. IP 금융의 영역을 확대하면 IP 기반 기술금융도 가장 넓은 의미의 IP 금융에 포함되는 것으로 볼 수 있다. IP 금융을 실현하는 대표적 금융기법을 제시하면 다음과 같다.

[그림 2-1] IP 금융의 지평

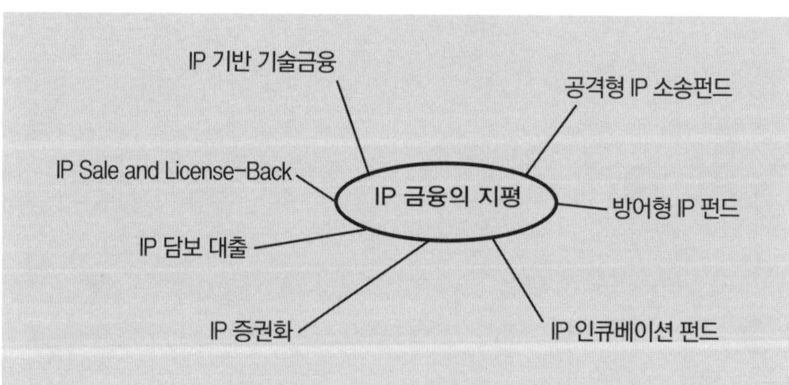

이러한 IP 금융의 기법들은 차입기업의 재무적 신용도에 의존하는 전통적 기업금융(corporate financing)의 성격이 강한 형태부터 IP 자산 자체의 가치에 기반한 금융기법(asset based financing), IP를 대체투자의 대상으로 접근하는 형태(alternative investment)까지 다양한 유형의 금융기법으로 구성된 스펙트럼을 형성하는데, 각 금융기법의 기본적 성격, 운영방식, 특징에 따라 IP 자산화 금융, IP 비즈니스 금융, IP 기반 기술금융 세 가지 형태로 구분할 수 있다.[32)]

● IP 자산화 금융

IP 자산화 금융은 자산으로서의 IP에 대한 평가에 기초하여 전형적인 금융기법을 적용한 것으로 IP 자체의 자산가치에 기반한 자금조달 형태이다.[33)] IP 자산화 금융에는 IP 증권화, IP 담보금융, 양도담보와 유사한 구조를 갖는 IP Sale and License-Back(SLB) 등을 포함한다. 특허, 상표 등 IP는 기업의 대표적 무형자산임에도 재무제표에 그 가치가 충분히 반영되지 못하고 있었는데, IP 자산화 금융은 이러한 IP의 가치를 독립적으로 평가하고 담보금융, 증권화 등 전형적 금융기법을 결합하여 자금을 조달하는 것으로 IP의 자산화와 자금조달 과정이 결합되어 있는 것으로 볼 수 있다. 특히 IP SLB나 IP 증권화는 IP 또는 IP 기반 미래 수익권을 특수목적회사(SPV)에 이전함으로써 IP 자산이 자금을 조달하는 차입기업과 분리되어 IP의 독립자산으로서의 성격이 강화된다.

---

32) IP 금융의 유형과 관련하여 이성상, 지식재산 비즈니스 활성화를 위한 지식재산 생태계 조성에 관한 연구, 2013. 5에서 제시된 IP 금융 분류를 기초로 확대 재해석하여 IP 금융 스펙트럼에 적용하였다.

33) IP의 자산가치를 반영한다는 측면에서는 IP 금융 전반이 이에 해당한다고 볼 수도 있으나, 차입기업의 재무적 신용도에 기초한 기업금융(corporate financing)에 비교하여 IP자체의 가치평가에 기반하여 자금을 조달한다는 점에서 구별한다.

● IP 비즈니스 금융

IP 비즈니스 금융은 헤지펀드, 사모펀드 등 재무적 투자자(Financial Investor: FI)들과 제조기업 등 전략적 투자자(Strategic Investor: SI)들이 집합투자기구(특별자산펀드)를 구성한 뒤 해당 펀드가 지식재산 비즈니스를 직접 영위하거나 IP 전문관리기업에 자금을 공급하는 구조를 취한다. NPE의 IP 비즈니스 모델을 통한 수익창출 활동이 자금공급자로서의 펀드와 결합되면서 차입기업의 자금수요를 전제로 한 기업금융(corporate finance)과는 달리 IP 자체에서 발생 가능한 수익을 목적으로 IP를 독립적 투자대상으로 보는 대체투자 성격이 강화된 금융형태가 된다. 이러한 구조의 금융에서는 펀드투자자(수익권자 또는 주주)에게 배당 또는 수익분배하거나 전략적 투자자로 펀드에 참여한 기업의 이익을 보호(실시권 허여, 소송 방지 등 포함)하고 추가 수익 배분에 참여하는 것을 기본적인 목표로 하고 있다.

● IP 기반 기술금융

IP 기반 기술금융은 기업이 보유한 무형의 지식재산을 중심으로 이루어지는 기업금융이다. 기술금융은 기업이 보유한 기술역량과 전반적인 기술사업화 역량을 평가하여 자금을 조달하는 것으로 기술력 평가를 기반으로 이루어지는 기업금융의 한 분야라고 할 수 있다. 기술금융에서는 기술집약형 기업 등을 대상으로 투자, 융자, 보증 등 다양한 형태로 기술의 개발 및 사업화에 필요한 자금을 공급하게 된다. 이에 반해 IP 금융은 기업이 보유한 지식재산권을 중심으로 이루어지는 금융의 성격을 가지고 있다. IP 자산화 금융과 IP 비즈니스 금융이 IP를 독립적인 자산(asset class)으로 보고 자산가치나 그 자체의 현금창출능력을 기반으로 자금을 조달하는 것에 비하여, IP 기반 기술금융은 기업이 보유한 지식재산권을 중심으로 기업의 기술력, 사업화 역량 등을 전반적으로 평가하여 IP집약기업에 대출 또는 투자를 통해 자금을 공급한다는 의미에서 기술금융의 범주에 포함된다고 할 수 있다.[34] 이러한 IP 기반 기술금융은 일반적으로 지식재산 보유 기업에 대한 지원으로서 IP 및 IP 보유 기업에 대한 가치평가가 함께 이루어지며, 기존의 기술평가기반 금융 모델과 유사하다는 점에서 기업금융의 성격이 강하다.

기업이 보유한 지식재산을 중심으로 기업의 기술력 및 사업화 역량 등을 전반적으로 평가하여 자금을 공급하는 것으로 기술평가보증, 기술평가대출(기술평가인증서부 신용대출), 창업투자조합, 사모투자전문회사 등 집합투자기구를 통한 기업 투자 등이 있다.[35]

[그림 2-2] IP 금융의 변화

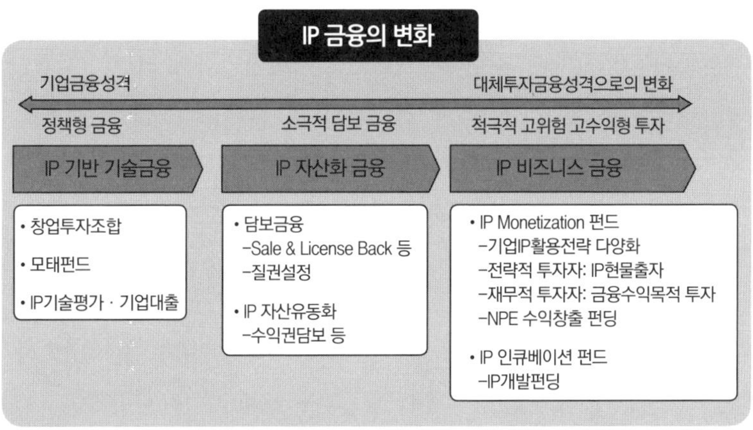

* 자료 : 이성상, IP 비즈니스 활성화를 위한 지식재산 생태계 조성에 관한 연구, 2013. 5. 참조.

기술금융은 벤처기업들의 창업붐업의 현상이 두드러지는 1990년대 중반에서부터 2000년대 중반까지의 엔젤투자와 같은 벤처형 기술금융이 발전해오는 과정에 그 기반을 두고 있다고 할 수 있다. 기술중심의 기업들 입장에서는 초기 연구개발 투자와 제조, 영업, 판매 등의 기업활동에 소요되는 투자금을 은행으로부터 대출받는 과정에서 창업투자 조합, 모태펀드, 엔젤

34) 이성상, 지식재산 비즈니스 활성화를 위한 지식재산 생태계 조성에 관한 연구, 2013. 5.

35) 위의 자료.

투자펀드 등을 이용하게 되었다. 이러한 기술중심의 금융은 1990년에서 활발하게 이뤄지다가 2000년대의 미국시장에서의 특허친화적(Pro-Patent) (특허권이 현금흐름 창출력을 발현하는 시대) 현상이 두드러지게 나타나기 시작하면서, 기업의 연구개발 결과물은 IP에 대한 직접적 투자대상물로서 인정받기 시작하였다. 이에 따라 기술금융도 IP 기반의 기술금융형태를 띠게 되었고, 그 중간과정에서 IP 자산화 금융의 성격으로 규정할 수 있는 담보금융이나, IP 자산 자체의 미래수익성을 보고 유동화에 이용할 수 있는 수익권 담보 등이 나타났고, 결국 2000년대 중 · 후반을 정점으로 미국의 헷지펀드 및 사모펀드들이 IP 자산에 직접 투자하는 형태의 IP 비즈니스 금융의 형태로 발전하기 시작했다. IP 금융은 결국 자산화된 IP의 가치에 기반하여 그동안 발전된 구조화금융기법, 집합 투자기구 등이 결합되어 IP 비즈니스 모델로 발전되는 경향이 나타났다.

[그림 2-3] IP 자산화 단계와 금융모델의 고도화

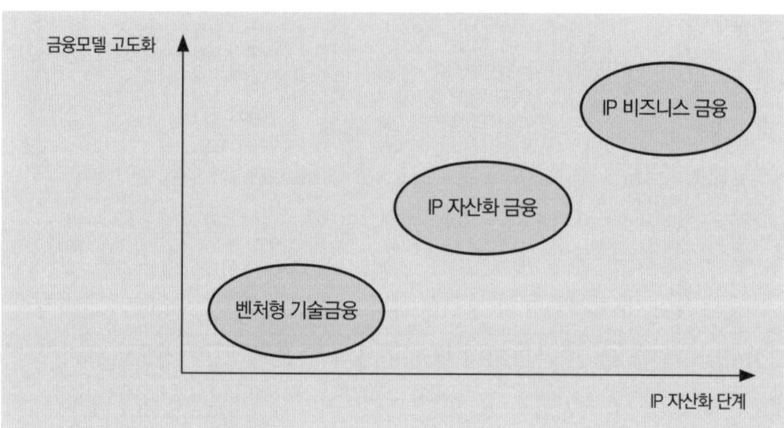

위의 그림에서와 같이 IP 비즈니스 금융, IP 자산화 금융, 벤처형 IP 기반 기술금융을 IP 자산화 단계 및 금융모델의 고도화라는 측면에서도 살펴볼 수 있다. IP 자산화 단계가 고도화될수록 기업의 가치를 보는 것이 아닌 IP

자체만을 그 투자의 대상으로 보게 된다. 또한 금융모델이 고도화 될수록 투자자들의 입장에서 위험(Risk)이 줄어 투자가 용이해질 수 있다.

이러한 관점에서 벤처형 기술금융은 기업이 보유한 지식재산을 중심으로 하지만 기업의 기술력 및 사업화 역량을 전반적으로 평가하기 때문에 IP 자산화 단계는 낮으며, 대개 초기 기업 또는 시장 진출단계의 제품에 투자하기 때문에 높은 위험 부담으로 인한 투자자 수용도는 낮다. 이렇게 시장 자체의 동작이 힘들기 때문에 정책자금의 투입 비율이 높으며, 신용위험 발생시 정부보증을 통해 손실을 최소화하고 있다.

자산화 금융은 순수하게 IP 담보능력을 보지만 아직도 기업과는 완전히 분리되지 못한 상황이므로 벤처형 IP 기반 기술금융과 IP 비즈니스 금융의 중간 단계에 위치해 있다. 하지만 IP 자산 자체가 가진 불안정성으로 인해 주식이나 채권과 같은 전통적인 투자자산에 비해서는 투자 위험이 높다. 이러한 투자위험을 낮추기 위한 노력으로 IP 로열티 계약서를 담보로 하거나, 양도 담보형태(Sale and License-Back)시 바이-백(Buy-back) 보증을 요구하는 풋옵션(Put Option)의 형태를 취하는 경향을 띠고 있다. 또한 신용위험 발생시 IP 매각을 통해 출구(Exit)전략을 찾고 있다.

다음으로 IP 비즈니스 금융은 기업과는 분리된 독립적 투자의 대상이 되기 때문에 고도화된 IP 자산화 단계에 있다고 할 수 있다. 전형적인 NPE 비즈니스 모델로 소송, 라이센싱, 풀(Pool) 회원비, IPO, M&A 등 다양하고 고도화된 방법을 통해 수익성을 추구하고 위험을 감소시키는 활동을 하고 있어 투자자 수용도는 상대적으로 높다고 할 수 있다.

IP 금융기법으로 주목받고 있는 대표적인 유형에 대하여 아래에서 살펴본다.

■ IP 증권화(securitization)

전통적 의미의 자산유동화 또는 증권화(securitization)란 자산 또는 자산의 집합(pool)으로부터 창출되는 현금흐름(cash flow)을 기초로 증권을 발행하여 자금조달을 하는 금융기법을 말한다.[36] 즉, 증권화는 자금을 확보하기 위하여 집합화된 자산에 의해 생성된 현금 흐름의 활용과정이라 할 수 있다.[37] 증권화를 통하여 고정된 보유자산에 유동성(liquidity)을 부여하게 되는데, 이 과정에서 자산으로부터 발생하는 현금흐름에 기반하여 발행하는 증권을 일반적으로 자산담보부증권 또는 자산유동화증권(asset backed securities: ABS)이라고 한다. 지식재산권의 증권화[38]라 함은 지식재산권을 기초자산(underlying asset)으로 증권을 발행하여 투자자로부터 자금을 조달하는 것으로, 자산유동화의 한 유형이다. 지식재산권 증권화 역시 비유동적인 지식재산권을 자본시장에서 증권으로 전환시켜 자금을 조달하는 행위라는 점에 그 기본적인 특성이 있다.

---

36) "자산유동화에 관한 법률"에 의하면 자산유동화라 함은 유동화전문회사가 자산보유자로부터 유동화자산을 양도받아 이를 기초로 유동화증권을 발행하고, 당해 유동화자산의 관리·운용·처분에 의한 수익이나 차입금 등으로 유동화증권의 원리금 또는 배당금을 지급하는 일련의 행위「자본시장과 금융투자업에 관한 법률」에 따른 신탁업자가 자산보유자로부터 유동화자산을 신탁 받아 이를 기초로 유동화증권을 발행하고, 당해 유동화자산의 관리·운용·처분에 의한 수익이나 차입금등으로 유동화증권의 수익금을 지급하는 일련의 행위 신탁업자가 유동화증권을 발행하여 신탁 받은 금전으로 자산보유자로부터 유동화자산을 양도받아 당해 유동화자산의 관리·운용·처분에 의한 수익이나 차입금 등으로 유동화증권의 수익금을 지급하는 일련의 행위 유동화전문회사 또는 신탁업자가 다른 유동화전문회사 또는 신탁업자로부터 유동화자산 또는 이를 기초로 발행된 유동화증권을 양도 또는 신탁 받아 이를 기초로 하여 유동화증권을 발행하고 당초에 양도 또는 신탁 받은 유동화자산 또는 유동화증권의 관리·운용·처분에 의한 수익이나 차입금 등으로 자기가 발행한 유동화증권의 원리금·배당금 또는 수익금을 지급하는 일련의 행위로 규정하고 있다. (제2조 제1호)

37) Jay H. Eisbruck, "Credit Analysis of Intellectual Property Securitization", in *From Ideas to Assets: Investing Wisely in Intellectual Property*, Bruce Berman ed., 2002, p. 444.

38) 한국에서는 증권화(securitization)가 유동화라는 명칭과 혼용되고 있는데 이는 securitization이 90년대말 한국 금융위기 속에서 "자산유동화에 관한 법률"에 의해 도입된 것에 기인한 것으로 보인다. IP 금융에서 유동화라는 명칭은 지나치게 포괄적이고 monetization과 유사한 의미로 사용되기도 하여 혼동의 여지가 있다. 여기서는 유동화는 증권화(securitization)를 의미한다.

지식재산권의 증권화는 자산보유자(originator)로부터 증권발행자(issuer)인 특수목적기구(special purpose vehicle: SPV)에 지식재산권에 관한 권리를 이전하고 이 기초자산에서 발생하는 현금흐름에 기초하여 발행된 증권의 원리금 또는 배당금을 지급할 수 있는 능력을 바탕으로 이루어진다. 발행된 증권의 원리금상환이 자산보유자의 신용으로부터 완전히 분리되어 유동화자산의 현금흐름에 의해 이루어지는 구조를 형성하기 위하여, 파산절연(bankruptcy remoteness)의 효과를 갖는 진정매매(true sale)나 신탁의 방법을 통하여 권리를 이전하고 권리이전의 대항력을 갖출 수 있도록 한다. 또한 원리금 수취에 대한 투자자의 위험을 최소화하기 위하여 선·후순위 채권구조(senior-subordinate notes), 초과담보(over-collateralization), 유보금(reserve fund) 등의 내부 신용보강장치나 제3의 기관을 통한 보증제공 또는 보험 등을 통한 외부 신용보강장치를 구조에 포함한다.

미국에서는 1990년대 중반부터 IP 증권화 시장이 성장하기 시작하였는데 지식재산권의 증권화가 실제로 이루어진 경우는 이미 시장에서 높은 명성을 가진 아티스트의 음악저작물과 같이 과거의 현금흐름에 관한 데이터가 있거나 장래 수입에 대한 예측이 가능한 저작물이나, 저명한 상표로서 다양한 형태의 라이센스 수입을 발생시키는 상표권, 현재 또는 미래의 현금흐름이 평가될 수 있는 의약품 등에 대한 특허권 등을 기초자산으로 하여 증권화가 이루어졌다.

1997년부터 2003년까지 실행된 지식재산권 유동화 거래 건수는 공표된 기준으로 26건, 조달된 자금은 약 40억 달러였다. 주로 Bowie Bond와 같은 음반 로열티 수익이나 드림웍스, 유니버설 스튜디오 등 영화 수익을 기초로 한 유동화 증권이 많이 발행되었으며, 특허를 대상으로 한 증권화는 Royalty Pharma, DRI Capital, Cowen Healthcare Royalty Partners 등 대부분의 사례가 제약기업과 맺은 로열티 계약을 기초로 증권을 발행하는 구조였다. BioPharma Royalty Trust의 증권화 사례가 대표적인 예로서 제시되고 있는데, 이 사례는 예일대학이 개발한 HIV 치료제인 Zerit의 특허권을 Bristol-

Meyers-Squib에 라이센싱하고 여기서 발생하는 로열티에 기초하여 1억1천5백만 달러의 채권을 발행한 경우이다. BioPharma Royalty Trust 사례는 특허권의 증권화 초기 사례로 잘 알려져 있으나, 실제로는 HIV 치료제인 Zerit의 판매가 예측했던 것보다 부진했고 Bristol-Meyers-Squib가 재무 관련 스캔들에 휘말리면서 BioPharma Royalty Trust가 증권화를 통하여 발행한 채권은 신용등급이 하향 조정되었고, 증권화 관련 계약의 재무관련 준수규정(financial covenants)을 위배하게 되어 결국 채권발행 5개월 만에 조기상환을 하게 되었다. BioPharma Royalty Trust 사례의 가장 큰 문제점은 Zerit라는 단일 의약품에서 발생하는 로열티 수입에 의존했다는 점이다. 이러한 문제점에 대응하여, 이후에 진행된 Royalty Securitization Trust I 이나 Drug Royalty LLC의 증권화 사례의 경우, 다수의 의약품 특허로 구성된 특허풀을 형성하여 여기서 창출되는 현금흐름 군을 기초로 채권을 발행하였다. Royalty Pharma Finance Trust의 경우에는 13개의 의약특허에서 발생하는 로열티를 기초로 채권을 발행하면서 모노라인(monoline) 보험사의 신용보강을 통하여 발행 채권은 AAA/Aaa 신용등급을 부여 받았다.[39)]

〈표 2-1〉 특허증권화 사례

MULTI-PATENT DRUG ROYALTY TRANSACTIONS

Date	Deal size($mm)	Issuer	Deal notes
2003	$600	Royalty Pharma Finance Trust	Rovolving loan structure with an MBA wrap. The deal was collateralised by royalty streams from 13 pharma patents
2004	£228	Royalty Securitisation Trust1	Asset-backed notes backer by healthcare royalty interests acquired by sponsor, Paul Royalty Fund I, LP
2005	$69	Drug Royalty LLC	Floating rates notes-collateral comprised of royalty payment right derived from patent licences or from contingent payment rights acquired by sponsor, Drug Royalty USA Inc

39) Ronald Borod, op. cit., p. 18.

SINGLE PATENT REANSACTIONS

Date	Deal size($mm)	Issuer	Deal notes
2000	$79	BioPharma Royalty Trust	Notes backed by royalties under from Yale University to Bristol-Meyers Squibb for AIDS medication markedted as Zerit
2004	$175	NPA Pharmaceuticals Royalty Sub	Notes backed by royalties under licence from NPS to Amgen Inc for Sensipar/Mimpara. The deal had an 8% coupon with a $14MM reserve account
2006	$110	Rotovax Royalty Sub LLC	Notes backed by royalties from the sale of the RotaTeq anbd Rotarix vaccines which ara produces and marketed by Merck & Co and Smithkline Beecham, respectively

* 자료 : IAM Management Report, 2007

위의 사례에서 볼 수 있는 바와 같이 성공적인 지식재산권 증권화 사례도 전형적인 자산유동화와 마찬가지로, 장래의 현금흐름을 합리적으로 예측할 수 있는 기초자산을 집합화(pooling)하고, 지식재산권으로부터 발생하는 로열티 수입 등에 관한 관리체계가 잘 정립되어 있는 경우에 가능하다는 점을 보여주고 있다.

1990년대부터 2000년대 중반까지의 IP 증권화의 성장은 원래 주택담보(residential mortgage)를 기초자산으로 한 ABS발행으로 시작된 증권화가 주택담보 뿐만 아니라 상업용 건물담보(commercial mortgage) 신용카드론, 각종 외상매출금(receivables) 등 기초자산(underlying asset)의 범위를 다양화하고 ABS시장이 급격히 커져가는 과정에서 IP에서 발생하는 수익을 이용한 ABS기법이 도입된 것이었다. 그러나 2008년 미국 서브프라임 모기지 사태에서 촉발된 세계적인 금융위기 속에서 ABS시장이 위축되었으며 IP 증권화의 거래도 대단히 제한적으로 이루어지게 되었다.[40)]

40) 1990년대 중반부터 2008년 금융위기 전까지 미국에서 IP 증권화가 성장한 요인 중에는 Ambac, MBIA와 같은 monoline라고 불리는 금융보증회사의 보증(wrap)에 의한 신용보강장치에 기인한 바가 크다.

한국의 경우 자산유동화법은 유동화의 대상을 채권 · 부동산 기타의 재산권으로 포괄적으로 규정하고 유동화의 대상이 되는 자산에는 재산적 가치가 있는 것이면 모두 포함되며, 자산유동화의 대상에는 현재 현금흐름이 발생하는 기존의 채권뿐만 아니라 장차 발생할 채권, 즉 미래의 현금흐름이 있는 자산도 포함하는 것으로 규정하고 있다. 따라서 법제도적 측면에서는 지식재산권도 증권화의 대상이 될 수 있으나 경제적 측면에서 특정 지식재산권이 증권화를 위한 기초자산(underlying asset)으로 편입될 수 있기 위해서는 해당 지식재산권이 현금흐름을 창출하거나 장래 현금흐름을 창출할 수 있어야 한다. 또한 기초자산으로서의 지식재산권은 진정매매의 효과가 있는 양도 또는 신탁이 가능하고, 자산보유자(originator)의 파산시 파산재단에서 분리될 수 있으며 자산의 회수 및 지급이 자산보유자로부터 분리되어 실시될 수 있어야 한다.[41)]

한국의 IP 증권화 사례는 2007년 이랜드 상표권 유동화 사례가 대표적인데, 이 사례에서는 (주)이랜드가 중국법인인 E-Land International Fashion(Shanghai) Co., Ltd.에 대해 이랜드가 보유하는 6개 브랜드의 3년간 상표사용료 채권, 상표매매대금 채권 및 상표사용료 · 상표매매대금 수취계좌에 대한 예금반환채권을 하나은행에 신탁하고, 하나은행이 발행한 수익권을 기초로 ABCP를 발행하는 형태로 IP유동화 구조를 통한 자금 조달을 한 바 있다.[42)]

지식재산권을 기초자산으로 하는 증권화도 전형적인 자산유동화와 마찬가지로 이를 통하여 자산보유자인 IP 권리자가 자기신용에 기초한 기업금융 방식의 자금조달보다 조달비용을 절감하는 것이 가장 기본적인 목적이 된다. 증권화 구조에서 증권을 발행하는 주체인 SPV는 양도받은 자산을 담보로 유가증권을 발행하기 때문에 발행된 증권의 신용도를 평가함에

---

41) 권재열, "지식재산권 증권화를 위한 자금조달", 한국증권법학회 정기세미나, 2004, 3-4면.

42) (주)이랜드 사례는 신탁구조를 통한 상표권 로열티 수익권 기초 증권화 구조를 형성하고 있으나 관계사 등의 보증 및 신용공여가 있어 전형적인 증권화로 볼 것인지에 대한 이견도 제기되고 있다.

있어 대상자산의 원리금 회수가능성만 따질 뿐 기초자산을 제공한 자산보유자 자체의 신용위험은 영향을 미치지 않는다. 따라서 ABS는 적절한 구조를 갖추고 여기에 신용보강장치 등을 더하면 자산보유자 자신의 신용등급보다 좋은 신용등급을 받을 수 있으므로 조달금리가 낮아지게 된다. 또한 자산보유자의 자체 신용 등급만 갖고는 불가능했던 자본시장에서의 채권발행도 가능해진다. 유동화증권의 원리금 상환은 SPV에 양도된 자산에서 나오는 현금흐름을 1차 재원으로 하므로 그 현금흐름이 증권 원리금 상환액에 미치지 못하더라도 양도인인 자산보유자로서는 원칙적으로 투자자에 대하여 원리금 상환의무를 지지 않게 되어 기본적으로 비소구 금융(non-recourse financing)의 성격을 갖게 된다.

지식재산권에 대한 증권화가 이루어지면 자산보유자는 유동성이 낮고 고정화되어 있던 자산을 유동성 있는 금융자산으로 변환할 수 있게 되어 재무상태를 개선하고 추가적인 연구 개발이나 다른 프로젝트를 위한 자금으로 활용할 수 있게 된다. 이러한 이유로 일종의 구조화 금융(structured finance)으로서 증권화 절차가 복잡함에도 불구하고 증권화가 다양한 형태의 자산을 기초로 널리 이용되고 있다.

이러한 지식재산권의 증권화가 현실적으로 유효한 자금조달 수단으로 시장에서 활용되기 위해서는 지식재산의 수익자산화가 전제되어야 한다. 즉 창출된 지식재산이 권리화 · 사업화되어 현금흐름이 창출되거나 미래 현금흐름을 평가 가능할 만큼 예측 가능해야 한다는 것이다. 또한 증권화 과정에서 발행된 채권의 원리금 지급을 담보할 수 있도록 지식재산권으로부터 창출되는 현금흐름이 지속적으로 유지되어야 한다. 또한 증권화를 통한 자금조달은 차입자의 신용도에 기초한 일반 기업금융에 비해서는 자금조달구조가 복잡하고 거래비용이 증가하게 된다. 따라서 자금조달비용의 절감과 같은 증권화의 이점을 살리기 위해서는 조달자금의 규모가 일정 수준 이상이 되어야 경제적 효과를 실현할 수 있다. 이러한 점에서 증권화는 지식재산권이 수익자산화 되고 현금흐름이 창출되는 단계에 적합한 금융기법이라 할 수 있다.

■ SLB(Sale and License-Back)

IP 자산화 금융의 가장 기초적인 형태이며 상대적으로 단순화된 구조의 금융형태인 SLB에서는 특허, 상표 등 IP 보유기업이 IP를 매도하고 이에 대한 매각대금을 받음으로써 자금을 조달한다. IP를 양도한 기업은 영업을 지속하기 위해 필요한 IP를 매수인으로부터 라이센스 받아 IP양도 이후에도 관련 영업을 계속할 수 있으며 일정기간 이후에는 대상 IP를 재매입할 수 있다. SLB구조에서 자금공급자인 매수인은 라이센스 기간동안 로열티를 수취함으로써 자금공급에 대한 수익(이자)을 획득하며 IP를 매각하여 원금을 회수하게 된다.[43] SLB는 실질적으로 양도담보의 성격을 갖는다. 그러나 SLB는 통상적인 융자형 자금조달만을 목적으로 한 양도담보와는 다른 측면을 포함할 수 있다. 펀드구조를 이용한 SLB경우에 거래대상인 IP의 매입·관리자의 역할을 특허전문관리기업인 NPE가 맡게 되는데 NPE는 양도받은 IP를 다른 수요자에게 라이센싱함으로써 추가 수입을 올리고 이를 계약에 따라 차입기업인 원IP소유자와 배분한다. 따라서 IP 보유 기업은 SLB를 통하여 회사채, 은행차입 등의 전통적 기업금융 수단 외에도 보유IP를 활용하여 자금조달이 가능해지며, IP에 대한 실시권을 유지하면서 NPE를 통한 통상실시권 허여를 통해 추가수입 창출이 가능하다.

최근에 SLB 형태의 IP 자산화 금융 사례가 한국에서도 실현되고 있으며, 이러한 형태의 IP 자산화 과정을 주도하기 위해 같은 집합투자기구를 통하여 운영되기도 한다. 대표적인 사례로는 산업은행이 출자한 KDB Pioneer

43) SLB구조에서는 기본적으로 이전되는 IP 자산 자체의 가치에 기초하여 자금제공을 결정하는 것이 원칙이나, 기업의 재매입 능력의 평가 역시 중요하다.

지식재산권 사모특별자산 투자 신탁이나 아이디어브릿지 오퍼튜니티 사모특별자산투자신탁 등이다. KDB Pioneer 지식재산권 사모특별자산투자신탁은 상표권을 양도담보의 형태인 SLB 방식으로 100억 원의 자금을 공급하였으며, 아이디어브릿지 오퍼튜니티 사모특별자산투자신탁은 휴대폰 관련 특허기술에 대해서 SLB 방식으로 250억 원을 지원하였다.

[그림 2-4] SLB 형태로 이루어지는 IP 자산화 금융 사례

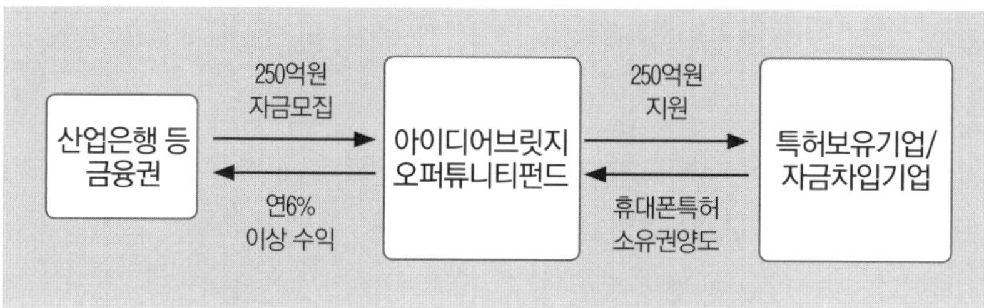

* 자료 : http://www.hankyung.com/apps/news.view?aid=2012110287251

■ IP 담보 금융(collaterization)

IP 담보금융은 전형적인 질권 설정을 통한 자금조달 형태가 있고 또한 양도담보의 방법으로 이루어진다.

질권설정 형태의 전형적 IP 담보금융은 SLB와 같은 자금조달보다는 구조와 절차가 단순하여 거래비용이 절감될 수 있고 다른 금융기법에 비해 상대적으로 신속하게 자금을 조달할 수 있다는 이점이 있다. 오늘날 기업의 핵심적인 자산이며 기업가치의 상당부분을 차지하는 IP 자산의 가치를 이용한 담보금융의 활성화는 기업의 자금조달에 중요한 의미를 갖는다. 또한 차입에 의한 조달이므로 지분투자에 의한 자금조달에서 나타나는 경영권의 희석화 없이 벤처기업과 같은 기술집약형 기업이 보유 IP를 이용하여 사업화에 필요한 재원을 확보할 수 있다.

이러한 IP 담보금융의 필요성에 따라 UN 국제상거래법위원회(UNCITRAL)는 2010년에 「지식재산 담보권에 관한 UNCITRAL 담보거래 입법지침 부속서(Legislative Guide on Secured Transactions Supplement on Security Rights in Intellectual Property)」를 채택하여 특허 기술을 풀(pool)로 묶어 담보로 제공하는 사례, 저작권에 대한 로열티를 계정에 납입하는 방법으로 담보를 설정하는 사례 등 지식재산을 담보로 활용할 수 있는 다양한 사례를 제시하고 있다. 한국에서도 2012년부터 지식재산권을 포함한 「동산·채권 등의 담보에 관한 법률」이 제정, 시행되어 지식재산권을 여러 개 묶어서 담보로 제공할 수 있도록 특칙을 규정하고 있으며, 특허법, 상표법 등 지식재산을 규율하는 기존의 개별 법률에서도 질권설정 및 공시방법에 관한 규정을 두고 있어 IP를 이용한 담보대출의 제도적 기반을 마련하고 있다.

제도적 측면 못지않게 중요한 것은 금융시장 참가자들의 IP 담보금융에 대한 수용도의 문제이다. 질권설정 형태의 IP 담보금융의 실제적 적용가능성을 이해하기 위해서는 과거 한국에서 시범사업으로 이루어졌던 기술담보대출 방식을 살펴볼 필요가 있다. 기술담보대출은 한국산업기술평가원의 기술담보시범사업으로 1997년에서 2001년까지 5년 동안 한시적으로 운영되었었다. 5년 동안 총 265개 업체, 272건에 대해 566억원의 자금을 지원하였는데, 기술담보시범사업은 은행의 대출손실이 발생할 경우 취급은행에 90%까지 정부가 손실을 보전해 주도록 하였기 때문에 기술평가 보증에 가까운 형태였다.[44] 자산에 기초한 담보금융 제도의 핵심조건은 채무불이행이 일어났을 경우 담보물로 제공된 자산의 처분을 통하여 채권을 우선 변제 하는 담보권 실행가능성에 있는데 기술담보의 경우 기술거래시장이 활성화되어 있지 않아 담보채권회수에 대한 불확실성이 높은 점이 근본적으로 기술담보제의 확대를 제약한 요소로 작용하였다.

질권설정 형태의 IP 담보금융에 있어서도 담보물로 제공된 IP를 처분할

44) 이성상, 앞의 자료.

수 있는 거래시장이 존재하지 않는다면 담보물로서의 IP의 가치는 한계가 있으며 IP 담보 금융의 활성화를 제약하게 된다. 또한 특허와 같은 담보물은 담보권자가 담보권을 행사하여 담보물인 특허를 취득한 이후에도 이를 실시하는 과정에서 소송 등에 의해 특허권이 무효화될 위험성도 있어 IP 담보물의 가치평가 단계에서부터 권리성 등에 대한 신중한 검토가 필요하며 이를 사전적으로 검토 평가할 수 있는 능력이 요구된다.

과거의 기술담보대출이 정부가 보증하는 정책금융에 가까웠다면 특별자산펀드를 활용하는 방식 등 현재 논의되고 있는 IP 담보대출은 회수펀드를 통하여 담보권의 대상으로 설정된 IP의 이용 또는 처분을 통해 담보권을 실현한 IP 자산화 금융의 형태를 형성하고 IP 담보물을 거래할 수 있는 2차 시장(secondary market)을 조성해나가는 과정으로 볼 수 있다.[45]

산업은행과 특허청이 협력하여 실시 계획하고 있는 특별자산펀드(회수지원펀드)를 이용한 IP 담보대출사업의 경우 특허권 등 지식재산권을 담보로 최대 20억원까지 담보대출을 제공할 예정으로 알려져 있으며, 기업 부실 발생 시 담보물인 지식재산권을 매각하여 수익화 할 수 있도록 지원하는 펀드를 조성하여 담보대출의 위험을 분산하도록 하고 있다. 회수지원펀드 운용업체는 담보권 실현으로 편입된 지식재산권을 관리하고 적극적으로 수익화(라이센스, 재매각 등)하여 이익을 창출함으로써 IP 담보대출이 지속가능한 금융모델이 될 수 있도록 하여야 하며, 이러한 점에서 인텔렉추얼 디스커버리와 같은 특허전문관리회사의 역할이 필요하다.

45) 회수펀드 등을 통한 IP 담보금융이 아직도 정책금융 성격을 완전히 벗어난 것으로 판단하기는 어려우나 IP 담보물의 평가를 통한 금융사례의 확대와 IP관련 2차시장의 조성이라는 측면에서 의의가 있다.

[그림 2-5] 산업은행, 특허청의 지식재산권 담보대출 구조

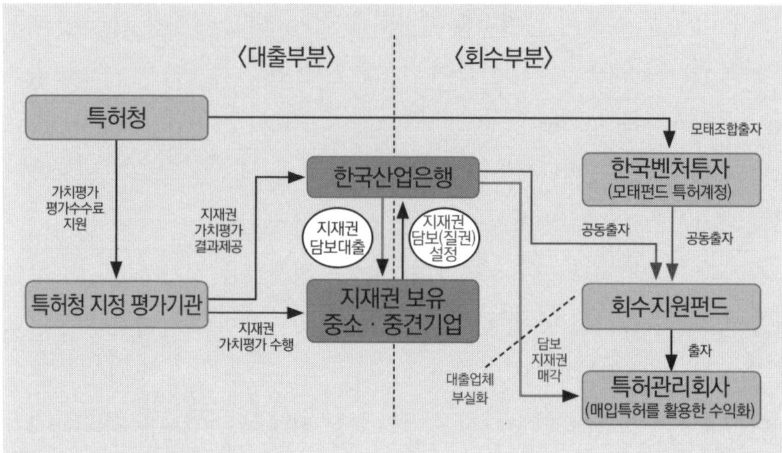

* 자료 : 특허청 보도자료(2013. 3. 20.)

IP 담보금융이 갖는 여러 이점에도 불구하고 위에서 설명된 바와 같이 IP 담보물의 거래를 통해 채권을 회수할 수 있는 2차시장의 제약, 담보금융 거래에서 자금공급자가 얻는 수익(이자)과 부담하는 신용위험의 불균형 등으로 인하여 IP 담보금융을 통한 자금조달시장이 상대적으로 제한적인 측면이 있는데, 중국의 경우는 자금조달규모의 측면에서 IP 담보금융이 근래 획기적으로 성장하여 왔다.

중소기업이나 벤처기업이 보유특허의 가치평가를 바탕으로 은행대출을 받기 원할 경우, 정부의 지정 가치평가기관에 특허평가를 의뢰하여 가치평가액의 일정금액을 은행이 인정하는 범위 내에서 특허를 담보로 대출을 받게 된다. 이 경우 대부분의 특허가치평가액은 실제로 시장에서 거래되는 금액이나 특허가치를 정확히 반영한 금액으로 확정하기 어렵기 때문에, 평가액보다 낮은 금액의 대출액만을 기대할 수밖에 없는 것이 현실이다.

예를 들어, 국내은행 특허담보대출의 경우, 특허가치평가액의 약 10%~

20% 정도를 인정받고 있다. 그만큼 보유특허의 권리성 평가에 대한 확실성이 결여되어 있는 상태에서의 시장접근법이나, 비용접근법상의 평가 금액은 특허권의 권리성 평가부분이 충분하게 반영되지 못하였다고 보는 의견이 있다. 또한 특허권의 활용도 측면에서의 위험 평가가 이루어질 수 없는 경우가 대다수이기 때문에 작은 비율로의 대출만 가능한 것이다.

IP 담보대출은 은행입장에서는 위험이 높은 신용대출로 보고 있다. 특히 한국 시중은행들은 기술과 IP에 대한 전문성을 확보하고 있지 않기 때문에 기술평가 및 IP평가를 자체적으로 할 수 없는 상태이며, 외부공공기관의 평가를 받아보아도 대출실행까지는 내부적으로 대출담당자의 획기적인 과실면제 등의 혁신안이 없는 이상 집행에 제한이 있다. 또한 IP 담보대출은 IP 자체 가치가 충분한 교환가치를 지니고 있으면 문제 없지만, 담보로 제공된 IP의 가치를 실현하기 위해 이를 매입함으로써 IP 담보물 거래 2차시장을 형성할 수 있는 '회수펀드'가 없는 한 시중은행들의 IP 담보대출 실행은 제한적일 수 있다.

한편, 특허권리 자체에 대한 평가를 강화하여, 특허권으로도 담보력을 확보할 수 있는 평가모델을 개발하기 위한 업계의 노력도 지속되고 있는데, 최근 한국변리사회에서는 특허 권리성 및 안정성에 대한 평가를 특허가치평가의 핵심으로 판단하고 이에 대한 평가를 강화해야 한다는 목소리를 내고 있다. 업계의 수요를 현실적으로 적용하기 위해서는 평가 모델 제시에서 멈추지 말고 평가의 신뢰성 제고와 대출은행과의 업무협약 등을 통하여 수요자의 실질적 요구를 반영한 가치평가가 이루어질 수 있도록 하여야 한다. 신뢰성을 확보한 특허전문회사가 특허가치평가 대행업을 할 수 있도록 하고 은행은 이를 이용하여 IP 담보대출을 실행할 수 있는 환경조성을 검토할 필요가 있다. 부실화된 IP는 특허전문회사에 위탁관리케 하여 부동산의 NPL(Non-Performing Loan) 시장처럼 부실채권을 회수할 수 있는 시스템 구축도 함께 고려되어야 한다. 산업은행과 인텔렉추얼 디스커버리는 '회수펀드' 협약을 통해 업무를 개시했고, IBK기업은행 캐피탈도 IP 담보대출을 위한 '회수펀드'를 인텔렉추얼 디스커버리에 위탁하기로 하였다.

〈중국의 지식재산권 담보제도〉

중국은 1995년 담보법에 지재권 담보가 처음으로 명시된 이후 2006년 중국 교통은행에서 법무법인, 자산평가회사 등과 함께 중국 최초의 지식재산권 담보대출을 실시하였으나 초기에는 뚜렷한 성과를 거두지 못하였다. 중국 국가지식재산권국(SIPO)은 지식재산권 담보제도를 활성화하기 위한 노력을 기울여 왔는데, 국무원이 지식재산권전략강요를 발표하면서 지재권 담보 활성화를 위한 지원이 활발해지게 되었다. 2008년 이후 중국 내 여러 도시에서 지식재산담보대출 시범업무를 실시하였으며 2010년에는 특허권 담보등록방법의 개정에 따라 담보등록의 관리부처를 명시하는 등 관련 제도를 개선하였다. 정부의 지원하에 금융기관과 지식재산서비스 기관의 협력을 통하여 지식재산 담보대출 방법을 개발하고, 담보대출 사업을 적극적으로 진행하여 왔다. 이를 통해 중국은 2006년부터 2011년까지 누적 지식재산권 담보대출액이 318.5억 위안에 이르렀으며, 국가지식재산권국(SIPO)은 2012년 특허담보 대출로 141억 위안(한화 약 2조 4,498억 원), 상표권담보 대출로 214억 6천만 위안(한화 약 3조 9,368억 원), 저작권담보 대출로 27억 5,100만 위안(한화 약 5,046억 원)을 공급하였다고 발표하였다. 중국의 IP 담보 대출을 촉진하는 요인 중 하나로서 지식산권 거래소, 문화산권 거래소, 판권 거래소의 설치를 통한 IP 거래의 활성화가 담보금융의 확대에 기여한 것으로 평가되고 있다. 중국의 금융시스템이 갖는 특수한 성격과 내재된 이슈를 고려할 때 중국의 IP 담보금융 시장의 급격한 성장에 대해서는 신중한 시각에서 검토할 필요가 있으나, IP 거래시장과 금융의 연계를 통한 활성화라는 접근은 현실적 시사점을 제공하는 사례라 할 수 있다.

■ IP 비즈니스 금융

IP 금융에 있어 근래 주목받고 있는 형태는 IP 비즈니스 금융으로 분류될 수 있는 형태인데, NPE의 수익창출 활동이 펀드와 결합되면서 기업금융이 아닌 대체투자의 성격을 가진 IP 비즈니스 금융이 성장하고 있다. 전 세계적으로 기준금리가 낮아지고 주식시장과 채권시장의 변동성이 높아지고 있는 상황에서 전통적인 투자대상인 주식, 채권 등과 다른 위험과 수익성을 가진 대체투자(Alternative Investment)의 관심이 높아지는 가운데 IP 비즈니스 금융이 새로운 투자상품으로 제시되고 있는 것이다.

IP 비즈니스 금융은 헤지펀드, 사모펀드 등 재무적 투자자와 기업 등 전략적 투자자들이 집합투자기구(특별자산펀드)를 구성한 뒤 해당 펀드가 지식재산 관련 비즈니스를 직접 영위하거나 IP 비즈니스 전문기업(NPE)에 자금을 공급하고 수익을 추구하는 IP 금융을 말한다. NPE의 IP 기반 수익창출 활동이 펀드와 결합되면서 기업금융이 아닌 대체투자의 성격을 가진 IP 비즈니스 금융이 성립된다. 펀드투자자(수익자 또는 주주)에게 수익분배 또는 배당을 실시하거나 전략적 투자자로 펀드에 참여한 기업의 이익을 보호(실시권 허여, 소송 방지 등 포함)하는 데 초점을 두고 있다. IP 비즈니스 금융의 사례로 펀드가 자금을 조달하고 NPE를 통하여 IP를 매집한 후 소송을 통해 손해배상과 로열티 수입을 올리는 공격형 IP 펀드가 제시되는 경우가 많으나 방어형 IP 펀드도 있고, 정책적 목적이 강하면서, IP의 전략적 획득과 관리를 통해 가치를 높이는 프로그램(value-up program)을 수행하는 플랫폼(platform) 펀드 형태도 형성되고 있다.[46] 다양한 IP 비즈니스 모델에 기반한 투자구조와 IP 투자자의 스펙트럼과 실제 사례에 대해서는 제3장과 제4장에서 상세히 기술한다.

---

46) 이성상, 지식재산 비즈니스 활성화를 위한 지식재산 생태계 조성에 관한 연구, 2013. 5.

2 IP 금융기법의 변화

IP 금융에 대한 논의를 진행함에 있어서 과거에는 주로 IP 증권화를 중심으로 논의가 진행되어 왔으며 근래에는 소위 특허괴물로 지칭되는 NPE를 중심으로 많은 이슈가 제기되고 있다. 앞서 살펴본 바와 같이 IP 금융을 구현하는 금융기법은 다양한 스펙트럼을 형성하고 있으며 앞으로도 새로운 금융구조를 이용한 많은 IP 금융기법이 출현할 것이다.

증권화, SLB, 담보금융, 공격형 특허펀드, 방어형 특허펀드, 인큐베이션 펀드 등 다양한 IP 금융구조의 전개과정을 살펴보는 것은 현재 활성화되고 있는 특정형태의 IP 금융기법에 한정되지 않고 서로 다른 성격의 금융기법을 이해하고 앞으로의 발전방향을 이해하는데 있어서 시사점을 제공할 것으로 생각된다.

■ 현금흐름(cash flow) 관점에서 본 IP 금융의 전개과정 – IP 자산화

1990년대 중반부터 미국에서 IP 증권화 시장이 성장하기 시작하였는데 지식재산권의 증권화가 실제로 이루어진 경우는 Bowie Bond에서 보는 바와 같이 이미 시장에서 높은 명성을 가진 아티스트의 음악저작물과 같이 과거의 현금흐름에 관한 데이터가 있거나 장래 수입에 대한 예측이 가능한 저작물이나, Guess상표와 같이 저명한 상표로서 다양한 형태의 라이센스 수입을 발생시키는 상표권, Royalty Pharma Trust 경우처럼 현재 또는 미래의 현금흐름이 평가될 수 있는 의약품 등에 대한 특허권 등을 기초자산으로 하여 증권화가 이루어졌다. 이러한 증권화를 통한 일련의 IP 금융거래의 공통점은 IP로부터 현금흐름이 이미 창출되고 있거나 수익화(Monetization)가 임박하여 미래 현금흐름이 예견 가능한 IP 자산을 대상으로 하는 거래라는 점이다.

2000년대 중반부터는 NPE의 활동이 확대되면서 공격형 특허펀드를 중심으로 한 IP 금융이 급격히 성장하였는데, 이러한 경향은 이미 수익화된 IP 자산뿐만 아니라 현금흐름을 창출할 수 있는 잠재력을 갖고 있는 IP를 매입하여 소송 등을 통하여 적극적으로 수익화하는 과정으로 볼 수 있다. 기존의 증권화에 비해서는 IP에 잠재된 경제적 가치를 보다 적극적으로 추출하고 IP가 독립된 투자대상으로 거래되게 되었다.

IP 금융에서의 이러한 변화는 물론 2008년 금융위기 이전 증권화 대상이 되는 기초자산의 확대경향과 금융위기 이후 대체투자 수용의 증가 등 금융환경적 변화에 기인한 바도 크지만 기본적으로 IP의 가치에 대한 인식확대와 함께 IP가 독립된 자산(asset class)으로서 부상하는 금융시장에서의 자산화 과정으로 볼 수 있다.

이러한 IP 자산화의 확대는 IP 보유 기업이 필요한 자금을 조달하기 위해 주식 또는 출자증권을 발행하여 자금을 조달하는 지분(Equity) 중심의 자금조달과 금융기관으로부터 차입하거나 채권을 발행하여 자금을 조달하는 부채(Debt) 중심의 자금조달 방법을 벗어나서 자금 수요자인 기업이 보유한 IP의 성격과 권리화 · 사업화의 단계, 소요자금의 성격과 규모, 자금공급자인 투자자의 성격에 따라 다양한 스펙트럼을 갖고 IP 금융을 활용할 수 있게 된다는 것이다. 또한 금융시장에서 활동하는 다양한 금융기관과 투자자들이 각기 서로 다른 위험성향(risk appetite)을 충족할 수 있는 IP 금융기법을 선택함으로써 보다 풍부한 유동성을 공급하게 되고 이러한 과정을 통해 IP 금융시장의 성장에 상호적 상승작용을 하게 된다.

[그림 2-6] IP 금융: 자금조달방법 선택의 고려요소

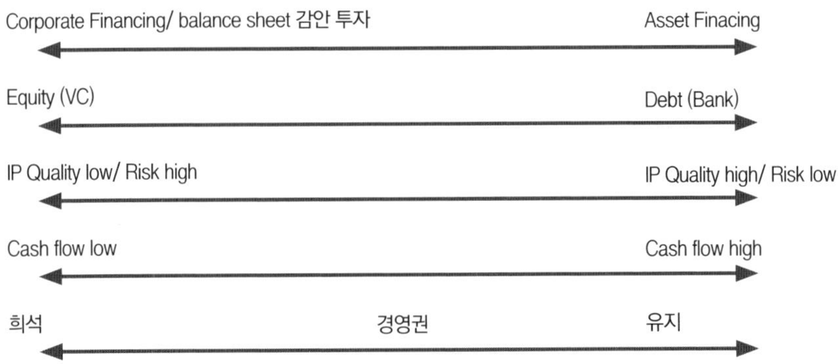

지식재산의 권리화 · 사업화 단계에 따라 현금흐름의 변화와 위험의 정도를 반영하여 창출기, 도입기, 성장기, 성숙기의 단계로 구분할 수 있는데, 지식재산권과 관련된 금융기법의 선택도 이러한 수명주기의 단계별 진행에 따라 어떠한 자금조달구조를 취할 것인가 영향을 받게 된다. IP 금융 기법의 구조적 특성에 따른 실현가능성을 제고하고 소기의 경제적 효과를 구현할 수 있기 위해서는 지식재산의 수명주기와 현금흐름(cash flow)의 창출가능성이라는 측면에서 검토되어야 한다.

〈표 2-2〉 지식재산권 수명주기와 자금 조달 수단

지식재산권 수명주기	특 징	자금조달 수단
창출 및 도입단계	높은 불확실성, 현금흐름 없음, 고위험의 감수에 따른 보상필요	주식 등 지분 중심 투자 구조
사업화 및 성장단계	제한적 현금흐름, 재투자 수요	부채 중심의 금융구조
사업화 성숙단계	활발한 현금흐름, 고비용 차입자금 상환(Refinancing)	다양한 금융기법 사용(증권화, IP 비즈니스 금융 등

* 자료 : 최철, 지적재산권의 수익자산화와 금융구조에 관한 소고, 2011.

IP 공급자와 수요자 그리고 중개자 등의 관점에서 IP와 현금의 흐름을 보면, 기존에는 특허매입가는 특허매집을 위하여 단일 기업들과 일대일 매매계약을 체결하였으나, IP 펀드들의 투자대상물로서의 특허매입사업이 번창해지면서, 금융수익을 창출해내기 위하여 자본이 투입되고 이들 자본을 대출형태로 받아서 특허를 매입한 이후 금융수익을 창출하여 배분하는 금융기법을 활용하고 있다. 그러면서 더 많은 특허보유자들이 IP를 적극 활용하여 수익을 창출하기 위하여 지속적인 특허의 공급자가 되고, 자본을 대출받아서 수익 배분한 사업자들은 또한 지속적인 특허사업을 위하여 프로젝트 파이낸싱을 넘어서 몇 억 불 단위로 투자를 받아내는 '블라인드 펀딩(Blind Funding) 형태로 짧게는 5년 길게는 10년 단위의 펀드설정기간을 계약조건으로 투자를 받아내서 더욱더 적극적인 특허매입 및 이를 수익화하기 위한 특허소송을 진행하고자 하는 경향이 더욱 두드러지게 나타나고 있다.

[그림 2-7] IP와 현금의 흐름

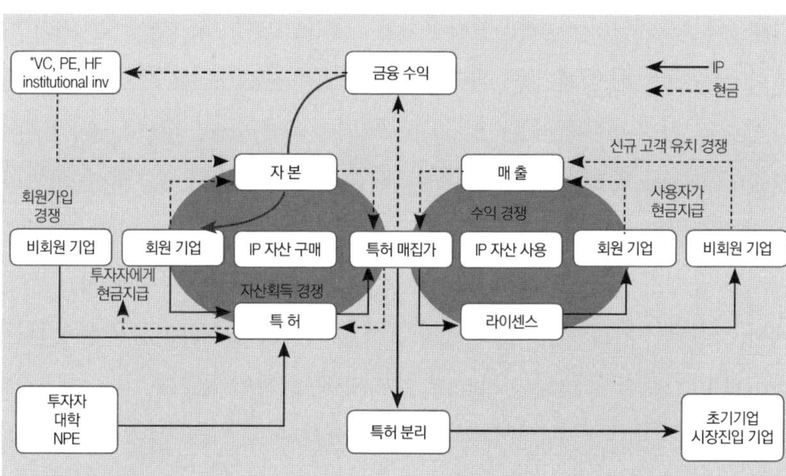

* 주 : 벤처 자본(Venture Capital), 사모펀드(Private Equity), 헤지펀드(Hedge Fund), 기관투자(Institutional Investment)를 지칭함.

** 자료 : Vincent Pluvinage, IP business models : past, present and future, Intellectual Asset Management, Jul/Aug 2011.

이러한 상황에서 글로벌 시장에서는 특허 매입 생태계가 이미 자생적 구조를 이루고 있다. 특허 매집가(patent aggregator)는 벤처 자본, 사모펀드, 헤지펀드 등의 다양한 금융 기관을 통해 자금을 조달할 수 있는 환경에 있으며, Pool 회원이나 전략적 투자의 형태로 기업에게서도 자금을 받고 있다. 조달된 자금을 활용하여 대학, NPE, 기업들로부터 특허를 사들이며, 소송 압박 등을 통해 특허를 현물 출자 형태로 받기도 한다. 이렇게 확보된 IP를 통하여 Pool 사업의 경우는 회원 기업, 라이센싱 및 소송 타겟 기업을 대상으로 수익화 활동을 하며, 일부 특허는 분리하여 시장진입기업에 투자한다. 현재는 10여년 전 Acacia가 초기에 활동하던 시절과는 달리, IP 획득 및 수익화 활동에 있어 경쟁이 심화된 상태이나 금융과 IP를 아우르는 선순환 구조가 수립된 만큼 앞으로도 IP 비즈니스 회사들의 창의적이고 활발한 활동을 예상할 수 있다.

공격형 NPE인 Acacia 이외에, 특허매입 · 창출 · 라이센싱 · 소송 등을 종합적으로 구사하는 Intellectual Ventures를 비롯하여, 회원기업들의 방어를 위해 특허를 매입하는 RPX, 신탁구조를 특허매입하는 방어형 AST 등이 기존의 전형적 NPE 형태라면, 최근에는 선행기술(prior art)을 Crowdsourcing 방식으로 찾아주는 Article One과 IBM의 Patent Factory 개념을 도입하여 Build-to-Invent 방식으로 발명을 개발해주는 IP Create 등 새로운 IP 비즈니스 모델을 제시하는 NPE 또는 IP 전문회사가 나타나고 있다. 또한 IP 소유관계를 공개하지 않고 SPC 이름으로 특허소송을 하는 것이 일반적인 현실에서, 모든 특허 소유권을 명확하게 밝히겠다는 Conversant IP가 등장하는 등 NPE비즈니스 모델의 진화는 활발하게 진행 중이다.

<IP 금융 형성의 제도적 · 환경적 측면>

특허전쟁의 고전적 사례 : 폴라로이드 vs. 코닥

1976: 폴라로이드사는 즉석카메라와 필름에 대한 특허 침해를 이유로 코닥사를 제소 (제소당시 폴라로이드의 매출 규모는 코닥의 1/10에 불과)
1991: 미연방대법원 판결 – 폴라로이드사 승소
패소한 코닥사는 8억 7,300만불 손해배상금 지불하였고, 15억불을 투자한 공장을 폐쇄하고, 종업원 700명을 해고하였으며, 기 판매한 1,600만개의 즉석카메라 회수에 5억불을 지출하였음.

코닥과 폴라로이드 사건에서 거액의 손해배상액이 확정되었으나 손해배상액 규모 자체는 IP 금융 형성의 충분한 유인이 되지 못했다. 그 이유는 첫째, 대부분의 소송이 제조기업간의 소송으로 소송목적은 기본적으로 경쟁상대기업의 시장진입을 제한하기 위한 것이었고 금전적 손해배상이 주목적이 아니었다. 둘째, 특허권은 이를 실시하는 기업이 사업 영위를 위한 전략적 관점에서 보유하고 있는 경우가 많아 시장에서 거래대상으로서 나와 있는 특허는 제한적이었다. 셋째, 특허소송제도의 불비와 당시 법원의 전문성이 결여되어 소송의 최종 판결에 이르기까지 상당 기간이 소요되었고 소송결과에 대한 예측 가능성이 낮았다.

이러한 제약은 연방항소순회법원(Court of Appeals for the Federal Circuit: CAFC)이 설립되면서 지식재산소송에 전문성을 가진 재판부가 형성되었고, Bayh-Dole Act의 도입으로 연방기금지원 연구개발 프로젝트에서 창출된 지식재산권을 대학, 연구소, 소규모 기업 등이 보유하도록 허용함으로써 IP를 보유한 비실시조직이 보다 확대되어, 특허 라이센싱을 통한 수익창출 수요가 확대되었다. 또한 닷컴 버블의 붕괴 이후 기술집약 벤처기업의 도산이 연이어 일어나면서 거래가능한 IP가 시장에 대량 공급된 것도 IP 금융 성장의 환경적 변화 요인이 되었다.

■ NPE의 수익모델과 성장

NPE의 수익모델에는 기존의 특허권 활용에 따른 라이센싱 방법을 사용하는 데 큰 변화가 없지만, 특허권의 활용에 소요되는 특허매입, 특허소송비용 및 NPE의 운용비용에 대한 자금을 조달하는 데에 IP 펀드성격의 자금이 필요하게 된다. 이러한 자금 조달을 위해 기존의 기업들이 전략적 투자자로서의 투자 성격과, 금융업계에서의 순수 금융투자자로서의 투자 성격에 의한, 혼합된 성격의 투자펀드가 형성되고 있다.

또한 IP투자시 프로젝트 기반의 행태로 진행되어, 자본은 브라인드(blind) 방식으로 투자되는 것이 아니라, 유망한 팀이나 구매자에 의한 매우 구체적인 투자로 진행된다. 즉, 다중전략의 헤지펀드, 엔젤 네트워크, 로펌, 자신들의 현재 특허들을 확장하고자 하는 기존의 PAE(Patent Assertion Entity) 등이 활발히 참여하고 있다. 또한 사모펀드(PEF)는 전체 투자액 중 일부는 IP투자에 할당하는 방식으로 진행하고 있으며, 이들에는 업계 선두주자인 Fortress, Elliot, Benchmark 외에도 Hudson Bay, Iroquois, Juridica 등과 같은 새로운 투자자들도 있다.[47] 이들 신생 IP 펀드들은 기존 PEF의 총펀드 규모에서 약 1%~10% 범위의 펀드를 IP 비즈니스에 투자한다. 투자금융기관들이 투자 포트폴리오를 구성하는데 있어서 IP 자산이 하나의 대체 투자물로서 금융시장에서의 필수적인 투자대상물로서 점점 자리를 잡아가고 있다는 의견이 지배적이다.

NPE의 성장은 크게 3단계로 볼 수 있다. 1단계에서 NPE의 시작이라 할 수 있는 Intellectual Ventures가 Microsoft, HP 등 IT 글로벌 제조기업 등의 전략적 투자자들로부터 자금을 지원받았다고 한다면, 2단계에서는 이러한

---

47) Peter D Holden, The ever-chaning IP monetization marketplace for PAEs, Intellectual Asset Management, Jul/Aug 2013.

비즈니스 모델이 시장에 인지됨에 따라 금융 투자자들이 본격적으로 투자에 들어갔다. Altitude Capital이나 Coller Capital 등과 같은 사모펀드(PEF) 등이 NPE 비즈니스 모델에 대한 투자를 주도하였다. 마지막으로 3단계에 이르러서는 기업과 금융펀드가 결합되어 나타나고 있으며, Goldman Sachs, Evercore 등과 같은 월스트리트 주요 플레이어들의 개입도 활발해지고 있다. 또한 제조기업들이 전략적 목적 또는 경영상의 이유로 특허를 NPE에게 이전하는 사나포선 전략(Privateering) 현상도 많이 나타나고 있다. 또한 지분투자(Equity)기업의 IPO나 M&A 등, 투자수익 실현 방법이 좀 더 창조적이면서 구조적인 변화도 보이고 있다.

〈표 2-3〉 NPE 성격 변화

Stage 1 기업 펀드	Stage 2 금융 펀드	Stage 3 제조기업 + NPE
Intellectual Ventures Acacia RPX AST Intellectual Discovery	NPE + Fund Idea Bridge Fortress Elliot Benchmark Coller Capital	Structured IP 펀드 Privateering 모델 i) 제조업체와 NPE의 연계 Nortel → Apple+Rockstar Nokia → Pendrell, Vringo Ericsson → Unwired Planet Micron → IP Value+RRR ii) 제조업체의 NPE화 Nokia, Motorola, InterDigital

● PAE의 행동과 구조의 변화[48)]

PAE들은 현재 수준의 성장을 유지하기 위해서 상당한 도전에 직면하고 있는데, 소송비용, 복잡도, 법률적 불확실성이 증가함에 따라 이윤도 감소

48) Peter D Holden, The ever-chaning IP monetization marketplace for PAEs, Intellectual Asset Management, Jul/Aug 2013.

하고 있다는 것을 인식하기 시작하였다. 이러한 상황으로 PAE들은 행동과 구조에 있어 변화가 필요하다는 압박을 받고 있으며, 이에 따라 권리행사에 있어 좀더 섬세한 전략을 찾고, 전투적이기보다는 협력적인 접근을 통해 좀 더 빠른 시간에 수익을 얻으려 하고 있다.

공개기업이든, 비공개 기업이든 PAE들의 성패는 분기별 실적보고나 재무 회계년도 결산보고가 개개의 화해나, 특허매각 등에 좌우되지 않는 포트폴리오를 구성하는 데 있다. 두 개 이상의 서로 다른 기술과 시장, 그에 따른 다양한 라이센시, 현금화를 위한 다양한 전략, 다른 수익화 팀들이 협력할 수 있는 상호자금조달(cross funding)이 있어야 하며, 이는 수익 흐름을 다양화시키고, 이에 따라 위험을 관리하기 위해서 필요하다.

최근까지 IP 회사라고 하면, 제품 개발활동의 일환으로 지식재산권을 자체 생산한 기업을 의미하는 것이었다. 이러한 기업들에는 InterDigital, Tessear, WiLAN, Mosaid 등이 포함되어 있다. 자신들의 핵심적인 지식재산권에 기반한 라이센싱 프로그램이 성장동력을 잃으면서 이러한 기업들이 지속적인 성공을 누리기 위해서는 무선, 반도체 등과 같은 자신들의 핵심기술 영역을 넘어서 의학, LED 등과 같은 새로운 시장으로 영역을 개척하고, 매출의 감소없이 새로운 지식재산을 효과적으로 획득할 수 있는 능력의 개발이 필수적일 것이다.

최근에는 우회상장 혹은 역 기업병합(reverse merger)을 통해 획득된 특허 포트폴리오를 현금화하기 위한 목적의 공개 자회사들이 생성되고 있다. 이러한 거래 중 상당수는 뉴욕에 위치한 헤지펀드나 사모펀드에 의해 이루어지고 있다. 어떤 경우에 있어서는 이러한 공개 자회사들은 제조활동을 하지 않거나 수익성이 떨어지는 실시기업들이며, 어떤 기업들은 자본을 유치한 장외거래 자회사들로, 새로이 획득한 지식재산을 가지고, 수익의 발생이

임박할 경우 주식이 오르거나 NASDAQ에 재상장하는 기회를 노린다.

이러한 공개 기업모델은 개인 벤처 혹은 부채 펀딩(debt funding)보다 유동화하기가 보다 용이하다. 또한 공개 투자자들에게 IP 현금화를 위한 용이한 수단을 제공하며, Wall Street가 지식재산을 그 자체로서 대체 자산으로 간주하고 있다는 것을 보여준다. 이러한 공개 기업들은 장기적인 성장이나 생존을 보장하기 위한 충분한 지식재산, 자본, 혹은 관리 리소스를 유지하여야 한다. 주주들에게 성장 모멘텀을 제공하기 위한 라이센싱 노력을 지속하거나 새로운 지식재산을 획득하기 위한 노력을 하여야 할 것이다.

소송에 연관된 PAEs 가 직면하는 도전들[50]

- 특정 PAEs에 대한 제조업계에서 특허괴물(Patent Troll)이라는 부정적인 인식의 증가
- 표준필수 특허라 불리는 특허들에 대한 필수성 및 그에 따른 높은 로열티 비율을 증명하기가 어려워지고 있음
- 만료된 특허에 대한 과거 손해배상을 주장하기가 어려워지고 있음
- PAEs가 실시기업들의 자산을 인수하는 경우 ITC에 '국내산업'을 주장하기가 어려워지고 있음
- PAEs에게 부여된 서브-라이센스 권리를 유지하는 것이 점점 힘들어짐(스탠딩 이슈)
- 가처분(preliminary injunction)을 받기 점점 힘들어짐

↓

이러한 도전들로 인한 운영 및 IP 비즈니스 상의 변화

- 침해소송의 승소율이 하락하면서 로펌들이 컨틴젼시(contingency) 기반으로 일하는 것을 꺼리게 됨
- 화해(settlement)에 드는 평균 시간이 증가함
- 화해 금액이 감소하는 추세임

49) IP소송의 대표적인 포럼인 미국의 사례를 중심으로 검토.

- 소송비용이 증가하고 이에 따라 현금 보유분(reserve) 및 컨틴전시 비용 부담이 증가(reserve/contingency allocations)
- 단일 특허를 활용한 소송시 failure rate(무효 확률/패소확률)이 높아짐
- 라이센싱 결과에 대한 불확실성이 증가함
- 라이센싱 프로그램에 대한 수익성이 감소함

이러한 변화에 따라 PAE들은 자신들의 비즈니스 재구성을 통해 포트폴리오를 다양화하고, 불확실성을 줄이고, 비용을 분담하고, 라이센싱 프로그램을 관리하는 방식을 변화시키고 있다.

국제적 IP관리전문회사인 IP Value에서 부사장을 역임한 Peter Holden이 최근 PAE의 비즈니스 환경 변화에 대한 의견들을 제시하였는데, 관점별로 그 내용들을 소개한다.

특허의 질에 대한 강화	PAEs는 좀더 크고, 깊은 특허 포트폴리오를 사고 있으며, 좀더 많은 특허를 소송에 활용하고 있다.
자금력이 좋아짐	개인 투자 뿐만 아니라 공개 기업(public vehicles)을 통하여, PAEs는 좀더 자본력이 좋아지고 있는데, 이로 인해 동시에 특허 매집량을 늘릴 수 있고, 좀더 많은 라이센싱 프로그램을 관리할 수 있게 되었다.
수익 다변화	PAEs는 좀더 예측 가능한 매집 수입(aggregate returns)을 한번에 지불하는 라이센싱, 러닝 로열티, 특허 수익에 대한 일시불 지불 등 서로 다른 수익 흐름을 지렛대로 활용하여 이끌어내고 있는데, 각각은 특유의 위험 특성 및 소요기간/수익에 대한 유형을 가지고 있다.
포트폴리오 다각화	PAEs는 다른 기술들과 시장에 걸쳐 투자하고 있다.
파트너십을 통한 확장	회사내의 핵심 팀과 소송 변호사는 물론, PAEs는 추가적인 operational scale을 제공하고 IP 생태계에서 새로운 관점과 접근 포인트를 활용하기 위해 다른 IP 수익화 팀을 지원하기 시작할 것이다.

연합	다른 곳에서 가능하지 않을 기회에 접근하고 자본 위험을 분산시키기 위하여 PAEs는 공동투자 및 연합 거래를 탐색하기 시작하고 있으며, 모바일 결재와 같은 중요한 새로운 분야에 있어 포트폴리오를 구성하고 있다.
글로벌 활동	대부분의 PAEs는 현재 미국이 중심이 되고 있으나, 다른 지역들은 PAEs의 포트폴리오 다변화에 점점 중요한 부분을 차지하고 있다. 이는 독일 혹은 영국 법원에서의 소송이 될 수 있고, 중국, 한국, 대만에 있는 새로운 구매자들에게 특허를 판매할 수 있다. 최근 유럽 및 일본에서 광범위한 구조조정과 파산 등을 감안할 때 이러한 지역은 IP 자본 제공자를 위해 점점 중요한 출처가 되고 있다.
IP 이차 시장	PAEs는 역시 secondary distressed basis 기반으로 라이센싱 프로그램들을 획득하고 있는데, 현금이 떨어졌거나 수익성이 악화되어 추가적인 지원이 필요한 팀으로부터 조달한다. 향후 1년간은 PAEs들이 병합됨에 따라 이러한 이차 기회들(secondary opportunities)이 많아질 것으로 전망된다.
금융 및 투자의 고도화	세금에 있어 유리한 SPV를 구성하고, 투입된 자본의 진정한 비용을 반영하기 위해 선호되는 수익과 hurdle rates를 협상하는 일은 IP 투자를 관리하는 데 결정적인 요소들이며, PAEs의 투자 실적에 지대한 영향을 미친다.

IP 시장에서의 경쟁이 심화됨에 따라 IP 투자자는 IP 자산 구매와 같은 직접적인 방법뿐만 아니라 최상급의 자산과 인력을 끌어들이기 위해서 좀더 창의적인 '구조화된' 거래를 다루어야 하는데, 이에는 공동소유권, 조인트 벤처, IP M&A 특허풀, 연합된 형태의 거래, catch-and-release(특허권을 매입 후 분석하여 용도별 분류 후 일부를 재매각하는 방법) 기업 파트너십, 종합적인 파트너십, 그리고 수익 파트너십 등의 방법이 있다.

■ IP 비즈니스 금융과 NPE의 진화

IP 비즈니스 금융은 IP를 수익화(monetization)하는 비즈니스 모델과 펀드 등을 통해 수익을 추구하는 IP 금융을 말한다. NPE의 IP 기반 수익창출 활동이 펀드와 결합되면서 기업금융이 아닌 대체투자의 성격을 갖게 되는데 여기서 NPE 역할과 성격이 중요한 의미를 갖게 된다.

Intellectual Ventures의 등장으로 IP 자체가 비즈니스의 대상이 될 수 있다는 인식이 존재하기 전 IP 금융은 Royalty Pharma 사례에서 보는 바와 같이 IP 로열티 계약을 담보(collateral)로 자금을 조달하는 방식이 주류를 이루었다. 즉, IP 자체의 가치 및 안정성에 기초로 하는 금융이 아니라 마치 채권처럼 현금흐름이 보장된, 제한된 형태의 IP 자산에 투자된 것이다.

초기에는 IT기업들이 경쟁 기업의 특허 침해 소송을 막기 위해 NPE를 중간 매체로 활용한 성격이 짙었다. 직접 경쟁업체와 소송에 나서기보다 NPE를 통해서 간접 싸움을 벌이기를 선호했기 때문이다. 이 분야의 성장 가능성이 높아지자 금융·자본시장에서 적극적인 투자가 시작되고 있다. 부실화돼 시장에 나오는 특허기업 매물들이 덩치가 커진 점도 금융자본의 참여를 가속화한 요인이다. IT기업들은 금융자본을 끌어들이면 그만큼 부담을 덜 수 있다. 세계 경기 침체로 마땅한 투자처를 찾지 못하고 있는 투자자들은 고수익을 추구할 수 있기 때문에 양자 간 이해관계가 부합하게 되었다.[50)]

■ NPE 비즈니스 환경 변화 및 대응 전략

NPE비즈니스를 규제하는 환경 속에서도 NPE비즈니스는 유지되고 있다. 10여년 전의 붐업 이후 최근까지의 활황기를 거쳐가면서 향후에는 다소 거품이 빠질 것도 같은 양상이지만, 최근 NPE 법적규제는 이러한 활황기에 대한 반작용으로서 나타나는 하나의 역현상일 수 있고 NPE비즈니스를 원천적으로 차단하는 대세적인 현상은 아니라는 것이 업계 전문가들의 대부분의 의견이다. 여전히 미국법원에서 제기되고 있는 특허침해소송의 많은 부분은 NPE들이 차지하고 있다. NPE특허를 침해하고 있는 제조기업들은 소송대응하는 데 많은 노력을 기울일 수밖에 없다. 그러나 NPE가 제기하는

50) http://news.mk.co.kr/newsRead.php?sc=60100119&year=2013&no=48212, 2013. 12. 17 방문.

특허침해소송의 승소율이 많이 감소하고 있는 것은 사실이며, NPE 자체적으로 원천적으로 보유하고 있는 핵심특허들의 사용이 끝나고, 자신들이 개발하지 않은 남이 개발한 특허들을 매입하여 라이센싱 프로그램을 추진하는 데에 근본적인 원인이 있지만, 미국내 침해소송 담당 법원들의 비우호적인 판례들도 다수 나타나고 있는 것도 적지 않은 영향을 주고 있다. 따라서 NPE비즈니스에도 다양한 규제환경이 형성되는 등 적지 않은 변화들이 발생하고 있다.

NPE들의 특허발굴 환경이 변화하고 있다. 특히 기술분야의 변화를 예로 들 수 있는데, 과거 5~8년 동안 가열되어 왔던 스마트폰 전쟁시대가 이제 서서히 저물어가고 있음을 여러 가지 시장의 징후를 통하여 알 수 있다. 그간 스마트폰 제조업체들 간의 크고 작은 특허전쟁이 성행했다. 하지만 최근 애플과 삼성의 글로벌 소송양상에서 미국소송만을 남기고 모두 settlement 모드로 전환되었다. 이를 계기로 이제 스마트폰관련 특허들을 가지고 벌어지는 제조업체들 간의 대규모 특허전쟁은 상대적으로 감소할 것으로 전망되고 있다. 과거 10여년 동안 Interdigital과 NPT의 통신 표준특허 소송을 시작으로 삼성, 엘지, 노키아, 에릭슨, 마이크로소프트, 애플, 구글, HTC, RIM, 소니, 모토롤라 퀄컴 등의 세계적 핸드폰, 스마트폰 제조업체들 간의 치열한 특허전쟁은 상호간 크로스라이센스 형태나 소송에 의한 상호 교통정리가 대부분 정리되어가고 있다. 아직도 노키아의 마이크로소프트가 노키아 폰제조업을 인수합병한 후 특허료의 20배 이상의 증액을 요구하는 등 잔존한 불씨들이 남아있고, 에릭슨의 특허들을 일부 양도받은 Unwired Planet등이 활개를 펴고 있지만 이는 NPE형태의 비즈니스로의 발전과 연계된 부분이므로 대규모 제조업들 간의 상당한 특허문제들은 정리되어가고 있다고 본다.

스마트폰 이후 관심사는 스마트카와 전기자동차 및 이에 속하는 각종 전장품들에 대한 특허들이다. 일찌감치 세계적인 자동차 업체들에게 Intellectual Ventures는 세 번째(3rd Round Funding) 특허매입펀드에 대한 투자제안을 시작하였다. 일부 업체들과는 구체적인 투자조건을 협의하고 있는 것으로 보도되었다. 향후 10년간은 스마트카와 전기자동차 관련 특허들이 과거 스마트폰 특허들이 누려왔던 특허비즈니스의 관심을 이어받을 것으로 생각한다. 따라서, NPE 비즈니스의 성공을 위하여는 차세대의 시장을 주도하는 시장에 맞는 핵심특허를 확보하는 것이 무엇보다 중요하다. 향후 스마트카와 관련된 안전주행장치 및 무인자동차 관련 기술에 관련된 특허들을 미리 확보하고 시장의 확대를 기대해보는 것도 고려할 수 있다.

NPE의 유형과 IP 금융

NPE는 Non-Practicing Entity의 약자로서 "특허를 실시하지 않는 조직"을 의미한다. 이러한 명칭에 따르면 영리를 목적으로 한 기업뿐만 아니라 대학, 연구소까지 포함하는 지나치게 포괄적인 개념까지 확장될 수 있다. NPE의 성격과 관련해 많은 논의가 있었으나 여기서는 아래와 같이 NPE를 구분한다.

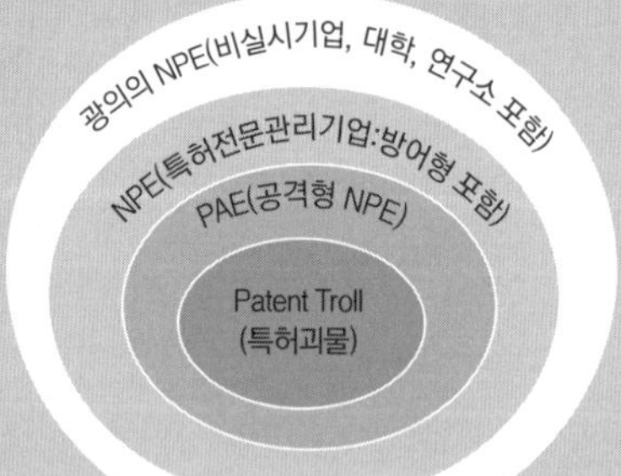

특허를 보유하는 특허권자이나 이를 직접 실시하지 않는 비실시기업의 의미로서의 광의의 NPE, IP 비즈니스 모델을 적극적으로 기획하고 실행하며 이

에 조력하는 공격형, 방어형, 기타 서비스형 등 다양한 성격의 특허관리전문회사를 포괄하는 NPE, 특허를 매입하여 소송을 통해 수익화하는 PAE(Patent Assertion Entity), 과거 미국의 잠수함 특허(submarine patent)[51] 등 제도적 이점을 이용하여 제조기업을 공격하거나 중소상공인, 개인 등 소송 대응능력이 취약한 침해자를 대상으로 무차별적으로 소송을 제기하고 소송부담의 압박 하에 화해를 통하여 수익을 추구하는 전형적인 특허괴물(patent troll)형태의 NPE가 있다. 여기서는 NPE를 IP 비즈니스모델을 기반으로 수익을 추구하는 특허관리전문회사를 의미하는 것을 전제로 기술한다.[52]

최근 IP 금융과 관련한 대규모 소송이나 거래에서 대두되는 NPE를 보면, NPE는 IP를 제조업으로 실시하지는 않고 IP를 현금 창출의 투자대상물로 보고 IP 자산을 매입한다. 이때 소요되는 재원은 금융권의 재무적 투자자(Financial Investor)로부터 수익성을 제안하며 펀드를 유치하거나 또는 특정 제조업체와의 전략적 제휴를 통하여 전략적 투자자(Strategic Investor)로부터 IP를 현물출자 형태로 제공받거나 재무적 투자자와 유사한 조건의 투자를 통하여 확보한다. 이후 IP 수익화 사업에 필요한 소송비용이나 운용비용도 마찬가지로 금융권에서 조달하거나 소송 전문펀드를 유치하거나 또는 소송비용의 대부분을 차지하는 변호사 비용을 해당 로펌과의 조건부 계약(Contingency Plan or Contract)을 통하여 향후 수익지분을 주는 대신에 변호사비용은 성공한 이후에 지불하는 방식으로 해결한다.

기존의 IP사업화는 기업의 IP 라이센싱만을 전문적으로 지원하는 서비스 기업이거나 IP를 제조업으로 활용하여 사업화를 시도하는 형태였으나, 제조는 하지 않고 IP 자산만을 수익화 모델로 활용하는 NPE의 등장으로, 사업영위에 필요한 재원을 제조기업에만 의존하는 것이 아닌 Goldman Sachs, General Atlantic 및 Blackstone과 같은 미국내 사모펀드(PEF) 등 대형 금융자본을 기반

51) 실시 제품이 시장에서 활발히 판매되기 전까지 심사를 의도적으로 지연시켜, 타기업이 이를 인지하지 않고 실시한 기업들을 대상으로 권리 주장한 사례로, 현재는 미국에서 공개제도를 도입하여 잠수함 특허를 가능하게 했던 출원 특허의 장기간 은닉은 불가능하다.

52) 따라서 대학 · 연구소 · 비실시기업은 제외된다.

으로 다양한 구조화 금융을 통해 독립적인 사업형태로 성립하기에 이르렀다.

IP 자산을 이제는 현금흐름의 창출원천으로서 투자의 대상으로 인식하기 시작하면서 지금껏 기업의 위험 제거 차원의 기술 보호 의미가 강한 "freedom to operate"의 의미만이 아닌, IP가 수익을 창출하는 독립된 투자 자산으로서의 의미를 가지기 시작하였다. 수 조원에 달하는 Nortel, Nokia 특허 거래 등이 일어남으로써, 미국의 대형 투자은행인 Lazard, Everecore 등도 IP 거래에 적극 참여함으로써, 특허를 보유하고 있는 전통의 기술 기업들뿐만 아니라, NPE와 같은 IP 전문 기업들과도 투자관계를 형성해가는 새로운 비즈니스 모델로 진화하고 있다. 투자은행들의 최근 IP 비즈니스모델로의 합류 및 향후 IP 비즈니스 모델 트렌드에서의 투자은행들의 참여형태나 투자관점은 매우 중요한 의미를 제공한다. 최근 Ericsson이 "Unwired Planet"(舊 "Openware"로서 인터넷 붐 당시의 성공적인 미국 닷컴기업 중 하나였으나 차세대 사업기반을 확보하지 못한 채 향후 투자여부가 불투명해졌다가 핵심자산으로서의 특허권을 재발견하고 기존 보유특허의 라이센싱 수입을 극대화 하고 향후 NPE 비즈니스를 회사의 핵심역량으로 키우고자 하는 미국 나스닥 상장기업) 같은 NPE에 3G/LTE표준 특허를 현물출자하면서 향후 수익 배분하는 형태의 비즈니스모델을 선보였는데, 이 기업의 운영투자금을 바로 Evercore라는 미국 대형 투자은행이 담당했다.

제3장

IP 수익화(Monetization) 모델 – 자산

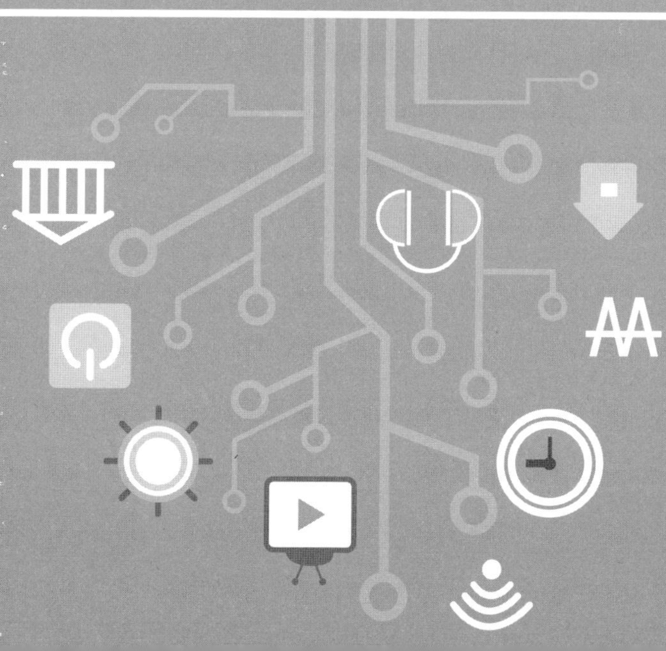

1 IP 수익화 모델의 이해

2008년 이후 글로벌 금융위기 상황에서 전통적 투자대상이었던 부동산 등 실물 투자시장과 파생금융상품 투자시장이 위축되었다. 이러한 환경에서 미국, 유럽 등 선진 경제권에서의 구제 금융과 양적완화 정책을 통한 유례없는 유동성의 공급은 새로운 금융 투자 대상물로서 IP 자산의 등장을 촉진하는 환경적 요인을 제공하였다. 나날이 발전 속도가 빨라지는 IT · 전자통신 분야의 특허전쟁이 격화되는 현상과 함께 기업의 핵심자산으로서 지식재산의 중요성에 대한 인식이 높아지면서 IP 자산을 활용한 비즈니스 모델이 다양하게 발전하게 되었다.

IP 비즈니스 모델의 형성은 기업의 IP활용에 대한 인식과 경영 전략적 목표의 변화에 관련이 있다. 이러한 IP 비즈니스업의 분류체계는 명확하게 제시되고 있지는 않으나, OECD는 2009년 보고서를 통해, IP 비즈니스 업무영역의 5가지 유형을 제시하고 있다. 이에 따르면 지식재산의 창출, 활용, 보호 과정에서 가능한 비즈니스 업무로 지식재산의 관리 및 지원, 지식재산의 거래, 포트폴리오 구성 및 라이센싱, 방어적 특허관리 및 공개모델, 그리고 지식재산 기반 금융모델 등을 제시하고 있다. 이 외에도 창출관련 비즈니스로 추가R&D, 역설계(reverse engineering) 등과 법률지원, 교육지원 등도 지식재산 비즈니스 업무의 넓은 영역으로 포함할 수 있다.[53)]

---

53) 손수정 외(2011),「지식재산비즈니스 모델 전망과 성장동력화 방안」, 과학기술정책연구원.

<표 3-1> IP 비즈니스 업무영역

유형	개요
지식재산(권) 관리, 지원	지식재산권 소유 기업의 특허포트폴리오 분석 및 가치평가 수행, 라이센싱 전략 지원
지식재산권 거래	특허 중개 역할 수행
지식재산권 포트폴리오 구성 및 라이센싱 사업	특정 특허에 대한 라이센싱 권리를 매입하여 수요기업에 라이센싱 서비스 제공, 제조없이 특허 전문 거래업(NPEs)
방어적 특허관리 전문사업 및 특허공개	특허로 인한 소송 등 분쟁발생 위험과 비용 최소화 관련 서비스 제공
지식재산 기반 금융업	지식재산 담보 대부업, 취득을 목표로 투자하는 펀드 등 제공

* 자료 : OECD(2009); 손수정 외(2011) 재인용

전통적으로 IP의 전략적 가치는 보유 IP와 관련된 사업을 영위하고 경쟁자를 배제하기 위한 것이었다. IP 활용에 대한 전통적인 접근에서 벗어나 IP 수익화(monetization) 활동을 통한 직접적인 수익 창출 기회가 확대되고 IP가 독립적으로 활용 가능한 자산으로 인식되면서 이상에서 제시된 다양한 유형의 IP 비즈니스 모델이 형성되기 시작하였다. 이와 함께 IP 자산에 대하여 펀드 등을 통한 자금공급 구조가 결합되고 금융시장에서 IP 자산투자로부터의 수익률에 대한 인식이 제고되면서 금융모델과 연계된 IP 비즈니스 모델이 다양한 형태로 고도화되기 시작했다고 할 수 있다.

IP 비즈니스 금융모델에서 금융기관들은 주로 재무적 투자자(Financial Investor: "FI")로 IP 금융시장에 참여하고 있으며 NPE가 IP 자산을 활용한 사업자로서 수익화 활동을 주도하는 경우가 일반화 되어가고 있다. 근래에는 제조업체들도 IP 금융시장에 대한 참여가 증가하고 있는 추세이다. 제조업체의 경우에는 기업이 영위하는 사업에 필요한 IP 라이센스를 취득하거나 경쟁기업으로부터의 방어 목적으로 IP 포트폴리오의 구축이 필요해졌는데, 근래에는 이러한 목적 이외에도 IP 자산 자체로부터의 투자수익을 동시에

같이 추구하면서 IP 자산을 활용하는 전략을 구사하는 경우가 확대되고 있는 양상이다. 이러한 경우 제조업체는 전략적 투자자(Strategic Investor: "SI")로서 IP 비즈니스 금융에 참여한다. 예를 들면 Micron이 제조업을 계속하면서도 보유 전체 특허를 Round Rock Research 라는 NPE를 설립하여 특허권을 이전하여 수익화를 추구하는 사례를 들 수 있다.[54)]

재무적 투자자의 요구조건을 충족시키면서 전략적 투자자들이 지향하는 목표를 달성하기 위하여, NPE들은 더욱 전문화되고 있고 IP 자산에 투자하는 다양한 성격의 IP 펀드와 결합하면서 금융권과의 연계가 더욱 강화되고 있다. IP 비즈니스 금융 모델은 기존의 IP 수익화(monetization) 모델에 다양한 금융기법이 결합됨으로써 IP 금융 참여자의 전략적 · 재무적 목적을 충족시키기 위한 복잡다단한 형태로 진화하여 나가고 있다. 이러한 구조에서 NPE의 역할이 더욱 확대되고 있다. NPE는 제조업체의 특허권을 대신 수익화하는 전문서비스 제공 뿐만 아니라, NPE 자체적으로 IP 비즈니스 모델에 적합한 성격의 펀드를 유치하여 IP 자산에 대한 금융 투자 관점에서 수익화 프로젝트를 기획 · 운영함으로써, IP 금융 시장의 중심적 역할을 수행하는 당사자로 등장하고 있다. 이러한 기능을 수행하기 위해 NPE의 주요 구성원들 중에는 특허 · 법률전문가, 금융전문가들이 함께 참여하고 있으며 이들은 새로운 비즈니스 모델을 고안하고 프로젝트에 대한 의사결정과 실행과정을 수행하고 있다. 재무적 · 전략적 투자자 기반의 확대와 더불어 IP를 대체투자 대상자산의 하나로서 활용하여 수익을 창출하는 IP 비즈니스 금융모델이 형성되고 있다.

---

54) Round Rock Research는 대규모 NPE인 IP Value의 SPV이며, FI로는 Goldman Sachs 등이 참여하고 있다.

■ IP 수익화 모델의 형성과 성장

● IP 수익화 모델의 형성

무형자산(intangible asset)인 IP 자산으로부터 직접 유동성을 창출하는 과정을 지칭하는 IP 수익화(Monetization)[55]의 기본적 형태는 IP 보유자의 입장에서는 IP 매각(Sale), IP 라이센싱(Licensing), IP 담보(Collaterization), IP 증권화(Securitization) 등 크게 4가지로 분류할 수 있다. 가장 기본적이고 전형적인 IP monetization 형태는 IP 매각이나 IP 라이센싱이다. IP 매각 또는 라이센스를 통하여 IP 자산은 현금성 자산으로 전환되거나 '현금흐름'(cash flow)을 창출하게 된다. IP 자산 매각의 경우 개별 IP에 대한 수요와 평가가 각 거래당사자가 처한 상황에 따라 다르기 때문에 이를 연계하는 중개인의 역할이 중요하며, 이에 따라 탐색비용이 증가하게 된다. IP 수익화를 위한 라이센스 프로그램 운영에 있어 IP 보유자의 자체 자금을 통해 직접 수익화 할 수도 있다. 하지만 해당 IP를 활용하여 수익화 활동을 하는 경우 이에 소요되는 각종 운영비용 및 소송비용에 대한 부담이 과도할 수 있다. 또한 소송을 하는 경우 패소에 대한 위험관리 측면에서 어려움이 따르기 때문에 직접 수익화 프로그램을 운영하지 않고 외부자금을 조달하고 NPE를 통하여 운영하기도 한다. 그러므로 IP 매각과 IP 라이센스는 IP 보유기업이 직접 수행하는 전통적인 접근 이외에도 NPE를 포함한 이러한 IP 수익화만 전문적으로 행하는 특허관리전문회사와 연계된 수익화 프로그램으로 발전되고 있다.

한편, VIA Licensing, MPEG LA Licensing, Sisvel Licensing 등과 같은 표준특허보유 회원사들을 위해 표준 IP Pool 라이센싱 사업을 운영하는 NPE들이 있는데, 이러한 사업은 IP 보유기업인 회원사들이 일일이 라이센싱 대상

---

55) IP Monetization은 비유동성 자산인 IP를 유동성 자산으로 전환하는 광의의 유동화로 볼 수 있으나, IP로부터 현금흐름을 창출하는 수익화의 개념도 포괄한다. 이 글에서는 "IP Monetization"이라고 쓰거나, IP 수익화 또는 IP현금화 등으로 사용한다.

업체들을 찾아가 특허료를 요구하는 수고와 비용을 투입할 필요없이 이들 특허전문회사들의 일괄적인 대행 서비스를 통하여, IP 자산 활용을 통한 수익을 실현시켜주는 모델로 발전해가는 형태를 보이고 있다. 또한 IP 보유 제조 기업이 직접 소송을 수행하는 경우 피소업체로부터 반소를 당할 위험성이 높으므로, 제조 기업은 보유한 특허를 현물출자하고 금융권으로부터 외부 펀딩을 받아 소송을 진행하는 양상도 나타나고 있다.

IP 보유 기업들이 특허를 NPE로 이전하여 수익화를 추구하거나 경쟁사 공격수단으로 특허를 활용하는 형태가 다양화되고 있다. 그 하나의 예로, Apple이 자사 방어 및 경쟁사들을 공격하는 목적의 LLC 형태의 특수목적 법인(Special Purpose Vehicle: SPV)을 다수 설립하는 경우를 들 수 있다. Apple은 일본의 미쓰비시로부터 매입한 '이메일 수신시 알림기능' 등에 관련한 다수의 미국특허를 성격별로 분류하여 여러 개의 SPV에 분산 이전시켜 두었다가, 특허공격회사(Patent Assertion Entity: PAE)의 성격이 강한 Digitude에 다시 이전하여 Google, 삼성, 엘지, Sony, Panasonic, HTC 등 다수의 경쟁사들을 미국 무역위원회에 제소하여 고액의 특허료를 받아낸 사례가 있다. Digitude는 여러 개의 공격형 PAE(Patent Assertion Entity)를 자회사로 두고 IP 수익사업을 하는 'Altitude Capital'이라는 미국 월스트리트의 전형적인 헤지펀드의 투자로 탄생된 IP 전문펀드를 통하여 설립된 바 있다. 이렇게 IP 보유기업들은 Digitude의 사업성공에 힘입어서 이와 유사한 형태의 NPE(Epicenter 등)를 설립 운영하기 시작했고, IP 시장에서 또 다른 제조업 투자자와 금융 투자자를 찾아다니고 있다.

이와 같이 IP를 양당사자간의 단순매매 또는 양당사자간의 일대일 IP 라이센싱에서 벗어나 이제는 제3자인 NPE 또는 IP 펀드 등이 직접 거래 당사자 또는 직접적인 소송 당사자로 나서는 등 IP 비즈니스 모델의 다양화가 이뤄지고 있다.

아래 개념도에서 보듯이, 기존 IP 담보와 IP 증권화 형태는 IP 금융거래가 있다고 명확하게 구분할 수 있었는데 반하여, IP매매나 IP 라이센싱은 IP 금융거래와 결합되었는지 또는 결합되지 않았는지의 적용여부에 따라서 IP 수익화의 성격을 띠고 있는지 여부가 구분된다고 할 수 있다.

[그림 3-1] IP Fund의 적용여부를 통한 IP 수익화(Monetization)의 개념도

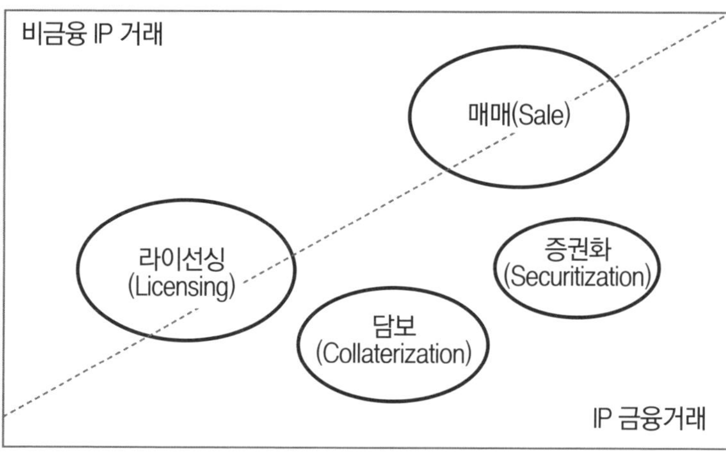

IP 라이센싱의 경우 기업이 해당 사업의 사전 분쟁 예방차원에서 외부의 특허를 라이센스 받거나 경쟁업체들과의 크로스라이센싱과 같은 전략적 제휴 관점의 전통적인 목적에서 IP 라이센싱을 활용하고 있었다. 하지만 최근에는 수익 창출 목적이나 RPX, AST 등과 같이, 방어형 펀드의 기능을 주요 사업으로 하는 NPE들이 회원사들에게 위협이 되고 있는 Patent Troll(제조업체들에게 소송을 제기하는 NPE나 PAE들을 일괄하여 지칭) 들의 소송을 방어하기 위해 위험특허를 사전에 직접 매입하거나, 회원사들을 대리하여 소송 특허를 매입하거나 대신 라이센스를 받는 방식의 위험 헷지를 해주는 모델로 발전되고 있다. 또한 IP 소송에서 공동피고로 참여하는 여러 기업들이 신디케이션(syndication)을 구성하여 특허를 매입함으로써 소송에 대응하는 형태도 나타나고 있다. 이 경우 신디케이션에 참여하는 기업들은 매출액 비율에 따라 매입비용을 분담한다.

특허 매매나 IP 담보의 경우도 기업이 비핵심 사업 분야에 대한 단순 특허 처분 개념에서 진일보하여, NPE들의 적극적인 특허조달 수단으로서 작용하고 있고, 기업의 단기적인 수익 확보 수단으로서 적극적인 특허매각의 방식으로 자리매김하고 있다. IP 자산을 담보성있는 자산으로 판단할 경우, 매각하는 기업입장에서는 이를 자금조달의 방법으로 활용할 수 있고, 은행은 IP 자산의 가치를 평가하여 평가액 이하의 금액으로 대출액을 결정할 수 있다면 기본적으로 담보 금융이 가능하며, 실제로 이렇게 IP매매 및 IP 담보가 결합된 금융상품도 등장하기 시작하였다.

IP 자산 가치를 기반으로 하는 담보(collaterization) 대출(loan), 증권화(securitization) 등의 금융 수단을 통하여, 기업들은 금융시장으로부터 자금을 조달한다. 또한, 사모펀드(Private Equity Fund, PEF) 등의 금융투자 기관들은 위험대비 고수익을 기대하며 IP에 적극적으로 투자하는 모습을 보이고 있다. IP 담보금융 및 IP 증권화는 IP 보유기업의 입장에서 볼 때 비유동성 자산인 IP를 이용하여 외부자금을 조달하는 방법으로 활용된다. 양자 모두 자금조달을 위한 금융기법이나 IP 담보는 담보물로 제공된 IP의 내재된 자산 가치를 기반으로 하는 것에 비하여, IP 증권화는 IP 자산에서 이미 발생하고 있거나 예측 가능한 미래현금흐름을 기반으로 자금을 조달하게 된다. 이는 IP 증권화가 기초자산(underlying asset)이 되는 IP로부터 현금흐름을 창출하는 라이센스 프로그램을 전제로 하고 있음을 의미한다. 실제로 IP 증권화는 IP 자산에서 발생하는 로열티 채권에 기반하고 있다.

● IP 수익화 모델의 성장

IP 자체가 투자의 대상으로서 본격화 된 지는 오래되지 않았지만, 전통적으로 IP는 기업에 있어 R&D 성과물을 보호하는 수단으로 인식되어 왔으며, Royalty Pharma와 같은 업체처럼 로열티 계약서를 기초로 증권을 발행하는 등 제한적으로 활용되어 왔다. 1990년대 후반부터 2008년 서브프라임 모기지에서 촉발된 금융위기 전까지는 '현금흐름'(Cash Flow)을 창출하고 있거나 미래 '현금흐름'이 예측 가능한 IP를 기초자산(underlying assert)으로 한 IP 증권화(Securitization) 사례가 확대되었다. IP 증권화는 그 금융구조에서 본 바와 같이 IP가 보유기업으로부터 분리되어 SPV(Special Purpose Vehicle)로 이전되고 IP 자체의 현금흐름에 기반을 두어 자금을 조달한다는 점에서 앞서 언급한 바와 같이 IP 자산화 금융의 한 형태로 볼 수 있어 IP 금융 진화의 첫 단계로 볼 수 있다.[56)]

그러나 IP가 자산으로서 독립적 투자대상으로 부상하게 된 것은 NPE의 출현에 따른 다양한 IP 비즈니스 모델의 등장과 연계되어 있다.

무선통신 분야에서 한때 명성을 날리던 InterDigital이 Qualcomm의 등장으로 통신 시장에서의 강자로서의 자리를 잃자 그간 보유하고 있던 통신표준 특허를 활용한 IP 라이센싱 활동에 주력하여 많은 제조 기업들로부터 막대한 특허료를 거둬들였다. 이러한 특허공세 문제는 InterDigital이 직접 통신기술 표준화 기구(Standard Essential Patent)에 직접 참여하여 개발해낸 특허들뿐만 아니라, 시장에 나온 특허들을 적극 매입하여 기존 소송에 힘을 더

56) IP 증권화를 IP 금융의 중요한 출발점으로 보는 것은 타당하나, 실제로 대규모 자금을 조달하는데 사용된 IP 증권화기법의 구조를 면밀히 보면 대부분이 monoline(전문보험회사)에 의해 채권에 대한 신용이 보강된 형태를 갖고 있다. 이것은 IP에서 발생하는 '현금흐름'의 가치에 채권의 발행이 의존하는 측면도 있지만 상당부분 이러한 신용보강장치에 채권의 신용도가 의존하고 있음을 알 수 있다. 서브프라임 모기지 금융위기를 겪으면서 대부분의 monoline회사의 기능이 작동되지 않아 IP 증권화 시장은 대폭 축소되었다.

하기 위하여 매입 특허를 추가하거나, 기존 소송을 통한 라이센스 계약을 체결한 이후 또 다른 특허로 또 다른 소송을 제기하면서 지속적인 특허 라이센싱 수익을 추구한다는 점에서 이제 더 이상 연구개발 기반의 특허 전문 관리회사가 아닌 기존의 다른 Patent Troll이나 NPE들과 동일한 IP 비즈니스 모델을 주요 수익화 모델로 삼고 있다고 볼 수 있다.

매년 수백 개의 소송을 동시에 관리하고 있는 특허소송전문 NPE이면서도 시장에서 적극적인 특허매입을 통하여 안정적이고 지속적인 특허료 수익을 창출해내고 있는 Acacia는 미국 나스닥 상장회사로서 매분기당 수천만 불의 영업이익을 창출해내고 있어서, 많은 특허전문회사들로부터 벤치마킹의 대상이 되고 있다.

제조업계에서는 Patent Troll이 악의적인 NPE로서, 제조업을 하지는 않고, 특허만을 매입하여 제조 기업들을 위협한다는 부정적 이미지가 만연되어 있지만, 금융업계 입장에서는 IP가 신선한 대체투자의 대상물로서 수익화 수단으로 급부상하고 있다는 시각을 가지고 있다. 특히, Wall Street에서는 글로벌 금융위기 이후, 부실덩어리를 양산시켰던 파생상품이 급격히 줄고, 대신 위험을 충분히 흡수할 수 있는 구조의 선물옵션 또는 헤지펀드가 성업하고 있는 추세이다. 이와 같이, 전체적으로 투자 및 거래 측면에서 IP 자산에 대한 투자 규모가 급격하게 증가추세에 있다.

제조 기업들 간은 물론, Acacia, InterDigital, Vringo, Tessera 등과 같이 대차대조표에 주요 자산으로서 IP 자산을 가지고 있거나 또는 주식 시장에서 투자자금을 조달할 능력을 가진 공개 IP 기반의 기업들은 점점 더 많은 수의 IP 자산을 구매하고 있다.[57)]

57) Peter D Holden, The ever-changing IP monetization marketplace for PAEs, Intellectual Asset Management, Jul/Aug 2013.

〈표 3-2〉 IP중심 투자 금융기관, IP 펀드

특허 소송 파이낸싱	사모펀드, IP 펀드등을 유지하여 특허공격수익창출 업체 (PAE)[58)]	IP M&A 서비스와 IP 자본 배분 에이전트 (IP capital placement agents)	지역 IP 펀드(Regional development funds)
Arca Capital Burford Calunius Committed Capital Fulbrook Harbour Hudson Bay Capital IMF/Bentham Northwater Capital Iroquois Juridica Pragmatus Vannin 1624 Capital	Alpha Funds Altitude Capital Coller Capital Fortress Inv Capital Partners NW Patent Funding Panoptis Unwired Planet Paradox Capital Rembrant Techquity	Barclays (RPX, ACTG, IDCC) Evercore (AOL, IDCC) Houlihan Lokey(PWAV) KPMG(Qimonda) Lazards (Nortel, Motorola, Kodak) Pluritas 3LP Advisors	Intellectual Discovery Idea Bridge ID Ventures IP Cube Partners France Brevets Hamburg IP Fund IP Gest ITRI/Taiwan China SOEs(2013)

* 자료 : Peter D Holden, The ever-changing IP monetization marketplace for PAEs, Jul/Aug 2013.

위 표에서와 같이 전 세계적으로 IP 비즈니스에 투자한 IP 펀드 관련 회사들을 성격상 분류하여 명시하고 있다. 이들 중 일부 IP 금융관련 업체들은 미래예측이 어려운 특허소송 특성상, 지극히 높은 위험성을 감수해야 하는 '특허소송 파이낸싱' 모델을 갖고 있다.

주목할 만한 근래의 현상으로는 기존의 기술사업 및 벤처 캐피털이나 기술인수합병을 통한 전통적인 사모펀드의 투자 사업의 범위가 확대되어 최근 IP 자산에 투자하는 미국 내 사모펀드가 급증세에 있다는 것이다. 이들 중 Altitude Capital은 Saxxon, Digitude 등의 특허소송 프로젝트를 통하여 이미 투자금 대비 10배 이상의 수익률을 실현하여, 월스트리트 금융인들의

58) 사모펀드(PAE) 성격의 자본중 상당부분은 특허 소송에 투자하고 있으나, 해당 분류의 특허 소송 파이낸싱은 그중 특허 소송을 주 투자대상으로 하고 있는 펀드.

벤치마킹 사례가 되고 있다. 이후 Rembrant, Fortress, Panoptis 및 Unwired Planet등이 IT, Bio, 통신업계의 대기업들과 연합하여 최근 적극적으로 IP 자산에 투자하고 있다. 또한 AT&T Bell Lab에서 기술력과 특허전문성을 쌓아온 특허전문가들이 창업한 Techquity 또한 특허매입시장에서 적극적으로 특허매입을 하고 있는 것으로 알려져 있다.

특히 미국계 투자은행인 Lazard은행이 Nortel 청산 과정에서 관련 모든 특허자산을 45억 달러에 Apple 컨소시엄에 성공적으로 매각한 사례도 유명하다. Unwired Planet이라는 나스닥 상장업체가 과거 기술 중심의 Software 업체에서 최근 IP 라이센싱, 소송 전문업체로 전환하면서 Ericsson의 월드와이드 클라스의 고품실 통신표준특허를 조건부로 매입하여 수익화하고 이를 수익 배분하는 비즈니스 모델화 하는 데 큰 역할을 한 Evercore은행의 투자 또한 성공사례로 유명하다. 최근 Unwired Planet이 Ericsson으로부터 매입한 통신표준특허 및 어플리케이션 특허들의 일부를 중국의 Lenovo에 수억불의 가치로 매각하여 원매도자인 Ericsson과 조건부 수익배분에 따른 수익을 창출한 것으로 알려지고 있다.[59)]

Lenovo는 Unwired Planet으로부터 통신표준특허를 매입하기 전에 Google로부터 Motorola의 핸드폰 사업부문을 인수한 바 있다. 이는 노트북 시장에서의 1위 달성을 IBM의 노트북사업부분(Thinkpad)의 인수를 통하여 이룩했던 경험을 바탕으로 다시 한번 글로벌 핸드폰 제조업체에 파란을 일으키고자 공격적 전략을 수립한 듯 하다. 이제 Lenovo가 특허를 확보했으니 선발업체들 입장에서는 특허공격을 통해 후발업체를 견제하는 것이 불가능해졌다고 봐야 한다.

59) http://www.reuters.com/article/2014/03/20/us-unwired-lenovo-sale-idUSBREA2J2DA20140320.

다수의 NPE들은 우수특허를 다수 보유한 대기업들과의 사업적인 연합을 통하여 IP 비즈니스 모델화에 성공하였는데, 이러한 비즈니스 모델화에 투자하는 대형은행의 금융기법이 IP 비즈니스 모델 발전에 기여하고 있는 추세이다. Evercore 은행은 미국 나스닥 상장기업으로서 특허전문회사로 변신한 Unwired Planet에 IP 자산(주로 Ericsson의 통신표준특허) 매입 및 IP소송 추진에 소용되는 비용을 투자하고 수익을 챙기는 모델로서 현재 관련 IP사업을 적극 추진하고 있는 것으로 알려지고 있다. 이 사례에서 특이할 만한 점은 통상적으로 개별 NPE의 비즈니스 모델은 매우 비밀스럽게 취급되는 반면, Unwired Planet은 나스닥 상장회사라는 특수성 때문인지 모든 비즈니스 조건들이 자세하게 명시된 사업계획서 및 관련 계약서가 미국증권거래소 사이트에 공개되어 있다. 따라서 IP업계의 관심 있는 전문가들의 분석자료로 적극 활용되고 있고, IP 펀드에 관심 있는 금융인들에게 유익한 사례집으로 활용되고 있다.

IP 금융의 참여주체들의 진화와 기능 변화는 IP가 거래의 대상인 자산으로서 급부상하고 거래가 활성화되는데 있어서 기여한 바가 크다. 초기에는 느슨한 계약의 형태로 IP 펀드들과 기업들이 참가하여 NPE를 통해 수익화 활동을 하는 형태를 보였다. 이후 대체투자로서의 IP 펀드들이 탄생하였고, 기존 투자 금융사들의 펀드관리 노하우가 기존 IP 수익화 모델과 적절히 결합하면서, IP 수익모델에서의 위험을 파이낸싱 구조(Financing Structure)를 통하여 분산 · 관리할 수 있는 능력을 키워나가면서 'IP 펀드운용전문화'의 방향으로 진화하게 된 것이다.

다음 그림에서 보듯이 IP 펀드를 전문적으로 관리해주는 기존의 금융회사들은 특허매도자 · 매수자 및 수익 추구 목적의 NPE들과 같은 직접 사업자들간의 계약에서의 채권 · 채무관계에 대한 명확한 규정 뿐만 아니라, 미래 예측이 매우 어려운 특허침해소송에 의한 수익성을 기존 금융지식인 '위험 관리' 기법을 활용하여 각 당사자들간의 위험을 상호 적절하게 배분하면서, 이익균형성(Balance of Interest)을 찾아주는 역할을 통하여 IP 비즈니스의 모델화를 이뤄내고 있다.

[그림 3-2] IP 금융 참여주체들 간의 유기적 관계

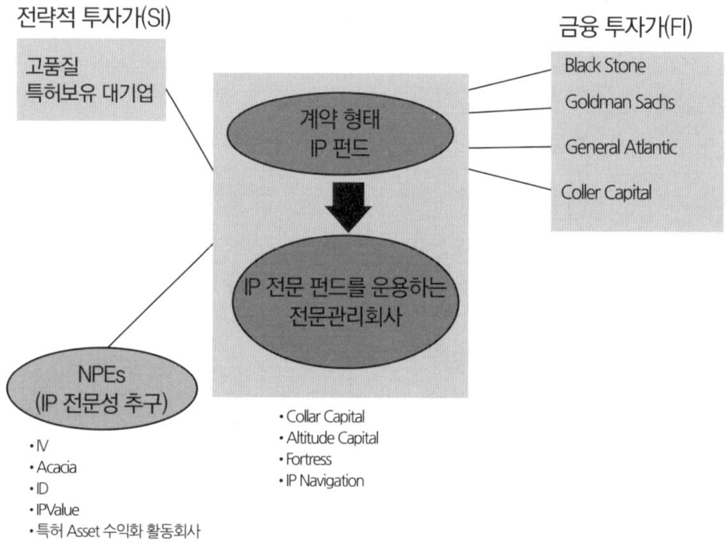

* 해당 업체들은 이해를 돕기 위한 것이며, 특정업체를 지칭하는 것은 아님.

한 예로, 특허가치평가액은 공시시가와 같이 처음부터 명확하게 확정할 수 없어 불완전한 IP 자산에 투자하는 것은 매우 고위험성의 투자라고 할 수 있다. 이러한 IP 자산 투자에 익숙하지 않은 금융기관은 IP 자산의 특성을 잘 이해하고 있는 특허보유기업 또는 해당 기술 분야를 잘 이해하고 있는 특허매입희망 기업으로부터 금융기관의 투자금액의 일부 또는 전부에 대한 보장을 요구하여 기존 금융기법의 하나인 풋옵션 행사나 바이백 행사를 할 수 있는 권한을 부여함으로써, 금융기관 원금투자 손실을 최소화할 수 있도록 사업자간의 상호 이익의 균형을 맞추어가는 현상이 나타

나고 있다.

또한, 전략적 투자가와 금융 투자가 간의 계약 형태로 IP 펀드를 각 투자가 내부에서 운용하다가, 위험을 분산하고, IP 혹은 금융 분야에 있어서의 전문성을 담보하기 위하여 독립적인 법인 형태의 IP 전문관리회사로 운용하기도 한다. 이러한 펀드 전문관리회사는 사모펀드(PEF)의 형태로 전략적 투자가와 금융 투자가를 모집하는 행태를 띠고 있다.

■ IP 수익화 모델의 유형

Intellectual Ventures, Acacia, Altitude 같은 NPE들이 하나의 기업으로서 비즈니스를 영위할 수 있음을 시장에 증명한 이후, 현재 Shell Company를 포함하여 2000여개 이상의 NPE들이 활동하고 있다.[60] 이러한 NPE들의 활동은 제조기업, 대형펀드 등과 맞물려 복잡하게 진행되고 있다. 제조기업이 투자한 자본과 특허를 등에 업고 제조기업의 대리전 행태로 NPE 소송이 진행되기도 한다. 이러한 공격적 NPE에 맞서 자체의 특허 포트폴리오를 구성하여 해당 특허에 대한 소송을 사전에 차단하고 NPE의 관련 소송에서 기업들을 대신하여 유리하게 협상을 진행해 주는 방어적 행태의 NPE들도 시장에서 각광을 받고 있다. 또한 이렇게 다양한 형태의 비즈니스 모델의 NPE들에 동시에 투자하면서 위험을 최소화하고 안정적인 현금 흐름을 영위하는 대형 기관 펀드들도 있다.

현재 대부분의 IP 비즈니스는 IP에 돈을 투자하여 이익을 창출하고 투자금과 이익금을 회수하는 것이다. 이때 투자금 대출과 회수에 있어서 IP 금융이 현금흐름(cash flow)을 창출할 수 있는 해결책이 될 수 있다.

60) https://www.patentfreedom.com/subscriptions/stats/.

● 특허라이센싱-소송

특허 보유자가 제3자에게 이들의 제품이나 서비스가 한 건(件) 이상의 특허권을 위반했다는 사실을 증명하면 라이센스 사용료를 요구할 수 있으며, 이 경우 특허권 주장(Assertion)에 해당한다. 다시 말해 소송 및 합의로 해결하는 형태이다. 기술 상업화 및 시장 출시를 위한 준비가 잘 갖추어진 기업에 최신 기술 라이센스를 제공하는 경우로서, 우호적 특허 라이센스를 체결하게 된다.

특허라이센스 요구에 응하지 않거나, 협상이 난관에 부딪히는 경우에 특허소송으로 이동한다. 최근에는 소송을 통하여 법원이 특허권침해로 인한 손해배상액을 결정해 주기를 기대하면서, 특허소송을 먼저 제기해 놓고 특허협상을 통하여 타결안을 모색하는 형태가 두드러지고 있다. 특허침해소송을 제기하지 않으면 잠재적 라이센시 입장에서 특허권 침해주장자와의 특허협상이 후순위로 밀리게 된다. 당장 침해소송이 걸려있는 사건들을 먼저 해결하고 협상만을 주장하는 건들은 나중에 하고자 하는 경향이 있다.

이는 특허라이센스를 요구받는 제조 기업에게 단순하게 특허클레임을 제기함으로써 시작되는 특허협상은 특허소송보다는 우선순위에서 밀려나기 때문에, 특허소송을 하지 않으면 특정 기간내에 해당 제조기업의 특허팀 멤버들과의 미팅조차 기약할 수가 없는 현상과 일치한다. 따라서 그러한 미팅리스트에 대기 순번에 올리기 위해서라도 특허소송은 필수적으로 필요한 사업상 조치인 것으로 이해되고 있다.

● 방어형 모델

날로 증가하는 NPE소송으로 인하여 막대한 현금을 특허사용료로 내야 하고 방어소송의 로펌비용 등으로 비용과 인력을 소비해야 하는 제조·판매업체들 입장에서는 이러한 많은 수의 소송을 누군가 일괄적으로 해결해 주는 해결사 역할을 기대하고 있다. RPX(Rational Patent Exchange)는 이러한 업체들의 해결사 역할을 자처하면서 IV 출신 전문가에 의해 한국 기업을 포함하여 16개사의 회원사를 중심으로 2008년 설립되었다. 영리추구를 위한 대표적인 특허방어 모델로서 NPEs로 인해 발생 가능한 소송위험 및 비용의 최소화가 기업목적이며, 회원들의 분쟁 해결도 지원한다.

RPX는 회원사들을 모집하고 매출액에 따라 차등적으로 회원가입비 및 회원비를 납부 받아 이를 주요 수익원으로 삼고 있다. 연회비는 회원사(2011년 기준, 49개사) 및 벤처투자자 등이 최소 4만 달러에서 최대 520만 달러를 부담하고 있다. 2011년 기준 미국 공개특허 70건, 등록특허 774건 등 총844건의 특허를 보유하고 있는 것으로 조사되고 있다.[61] 이처럼 RPX는 미국, 일본, 한국의 제조 기업을 주요 고객으로 시작하여 전세계적인 방어형 펀드로 성장한 모델이다.

● IP 거래 및 IP 경매

IP 거래에서는 IP권리에 대한 소유권의 판매와 이전이 필수적으로 이루어진다. 특히 IP매각은 단기 수익을 올릴 수 있는 중요 수단으로 활용할 수 있지만, 판매자가 의미 있는 매출을 거두기 위해서는 구매자에게 특허 가치(기술 분야, 법적효력, 시장효력 등)를 적극적으로 마케팅하거나 그 가치를 적극적으로 증명해나갈 필요가 있다.

이러한 특허매매 과정에서 최근 특이할 만한 현상이 나타나고 있는데, 세계 최대의 미술품 경매 회사인 소더비의 미술품 경매처럼 특허권도 경매를 통하여 거래를 하고 있다는 점이다. 미술품의 경매 진행 과정과 매우 유사하게 특허권의 경매도 이뤄진다는 점에서 투자의 자산에서 이제는 경매

61) 손수정 외(2011), 전게서, 190면.

의 대상물로서의 특허권을 바라보는 시각도 생겨난 것이다. 특별히 이러한 경매에서는 많은 경매 참여자들을 상대로 단 하나의 포트폴리오 또는 하나의 매각대상 IP를 경매의 대상으로 한다. 이러한 IP경매시장은 특히 미국의 오션토모(Ocean Tomo, www.oceantomo.com)社에 의하여 전통적인 중개서비스(Brokerage Service)가 거의 유일했던 특허거래시장에서 일대 혁신을 일으켰다. 하지만 거래되는 한건 한건의 특허가치를 평가하여 거래되어야 하는 특허권을 '통'으로 거래한다는 점에서 그 거래의 실익과 실질에서 무용론이 제기되고 있다. 실제로 IP경매가 처음 소개된 2000년도 중·후반에 몇 건의 거래 성사를 이룩하면서 업계의 주목을 받아왔지만, 그 이후 별다른 성과가 나타나지 않았고, 그 거래의 진정성 즉 양보다는 질을 중시해야 하는 IP 거래의 특성상 더 이상 거래 시장에서 주목을 받지 못하고 사장될 위기에 처해있다. 이러한 현상으로 알 수 있는 점은 바로 특허권은 투입대비 수익성을 가져와야 한다는 점에서 경매의 대상으로서는 적절치 않다는 점인데, 거래 대상의 특허를 면밀히 분석·검토하는 Due Diligence과정을 거쳐서 가격을 협상하고 다시 면밀한 계약조건을 상호 협의해 나가는 일련의 과정(Due Course)이 필요하기 때문에 이를 충분히 반영할 수 없는 IP 경매의 한계점이 드러났다고 평가할 수 있겠다.

● 사(私)나포선 모델(privateering)

최근 수년간 IP 보유 제조 기업들이 PAE에 특허를 이전하려는 사례를 더 많이 볼 수 있으며, 이는 사나포선(privateering) 모델이 여전히 유효하다는 것을 보여 주고 있다. 2012년 4월 Vringo는 Nokia로부터 특허 500건을 취득하였으며, 2013년 초반 Unwired Planet은 Ericsson의 특허 2,400건을 취득한 바 있다. 또한 2013년 3월 Pendrell은 Nokia의 메모리 특허 125건을 취득하였다. 이러한 제조기업 보유 특허의 이전은 기존의 파산기업 등으로부터의 특허취득과는 다른 성격을 갖고 있는데, 위에서 본 사례들은 제조 기업들이 보유 IP 자산을 수익화하기 위하여 NPE를 적극적으로 이용한 사례라 볼 수 있다. 이러한 제조기업 보유 특허의 수익화 목적의 이전은 PAE 입장에서는 제조기업과의 연계를 통하여 기존의 IP 비즈니스 모델을 확대하고 또 다른 성장을 추구할 수 있는 기회를 제공하게 된다. IP를 제공하는 제조 기업들에게도 직접 IP를 행사하지 않으면서도 보유 IP를 통하여 수익을 창출할 수 있는 기회를 확보하는 한편, IP 자산의 다양한 부외(off-balance sheet)관리 형태를 제공하고, IP 리소스를 전략적으로 관리할 수 있는 추가적인 수단을 제공하게 된다.[62)]

[그림 3-3] 주요 사나포선 및 NPE 특허거래

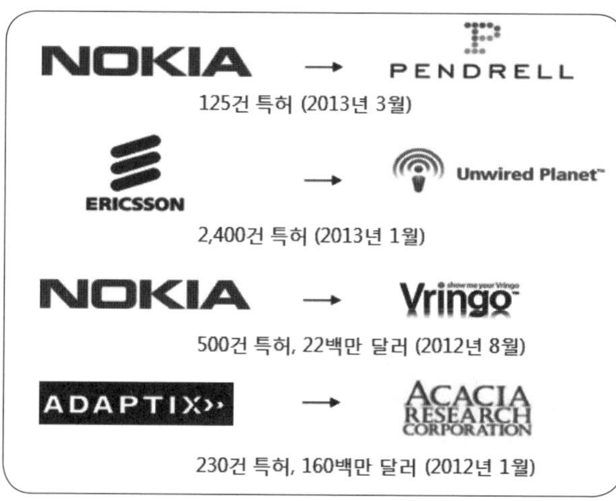

* 자료 : Peter D Holden, The ever-chaning IP monetization marketplace for PAEs, Jul/Aug 2013.

Pendrell은 Philips의 표준특허풀 등록특허들을 제외한 나머지 특허들을 매입하여 수익화하는 업체로 탄생했는데, Philips의 특허부서에서 특허전문가들이 창업부터 기획하였고 외부 특허변호사들과 함께 특허 비즈니스

62) Peter D Holden, The ever-chaning IP monetization marketplace for PAEs, Intellectual Asset Management, Jul/Aug 2013.

를 하기 위하여 설립되었다. 이후 Nokia의 특허를 매입하여 향후 통신 분야에서도 특허 수익화 모델을 적극적으로 펼칠 것으로 예상되는 업체이다. Vringo도 IP 펀드를 유치하여 Nokia의 특허부서와 긴밀한 협력을 통하여 특허 수익화를 추진하는 특허관리전문회사로서 활발한 활약을 보이고 있는 업체이다. Unwired Planet은 Openwave라는 벤처기술업체로서 원천 IP를 보유하고 있었으나, 향후 IP 수익화 전문업체로 탈바꿈하여 Ericsson의 대형 특허매물을 조건부로 매입함으로써 특허 NPE 비즈니스에 본격적으로 참여한 업체이다. 위 그림에서 보듯이 Acacia는 2012년도에 LTE통신 표준에 사용하는 OFDMA 원천기술을 보유한 Adaptix의 관련 특허들을 매입하여 수익활동을 추진하고 있다.

Box 1 – 특허 수익화(Monetization)에 관한 미국특허침해 소송의 이슈

금융계에서는 "왜 NPE 비즈니스모델에서는 대부분 침해소송을 해야 한다고 하는 것인가?" 라는 질문이 많다. 즉 '위험성이 높은 소송보다는 라이센싱 협상을 통하여 수익화하면 좋겠는데' 하는 의견을 내곤 한다.

금융계에서는 특허침해소송의 의미에 대하여 궁금해 하며 "소송이외의 다른 방안은 진정 없는 것인가?" 하는 의문을 자주 제기한다. 이에 미국 특허침해소송을 중심으로 금융투자자들이 주목해야 할 절차들은 무엇인지 잠시 살펴보기로 한다. 특히 미국특허침해소송의 경우 90% 이상이 마크만 룰링(특허권리범위 해석으로서 Claim Construction 또는, Markman Ruling이라 함)이 적용되는 절차를 전·후로 양 당사자가 화해(settle)하거나 CAFC(Court of Appeal for the Federal Circuit, 미국의 특허전문법원)로 항소하는 결정이 나오므로 이에 대한 의미를 살펴볼 필요가 있다고 판단된다.

글로벌 금융위기 이후 지식재산(IP Asset)에 투자되었던 투자금의 원금상환

데드라인이 2014~2015년도에 상당수가 집중되어 있는 것으로 예상되고 있다. 이러한 투자금 상환에 가장 효과적인 방안은 바로 잠재적 라이센시 기업들을 대상으로 특허법상 법적구제(remedy)가 강력한 미국법원에 침해소송을 제기하는 것이다.

그렇다면, 특허권을 주장하기 위해서는 '특허침해소송'이 필수불가결한 선택인지, 아니면 비용이 많이 드는 소송을 피하고 모두 '협상'으로 해결될 수 있는 것인지, IP 자산에 투자되는 모든 투자금을 빠르면서 효과적으로 회수할 수 있는 방안은 '소송' 밖엔 없는 것인지에 대하여 다시 한번 생각해볼 필요가 있다.

물론, 시간과 비용이 많이 드는 소송을 피하는 것이 가장 현명한 특허권 주장의 방법이라고 할 수 있다. 현재 IP업계에서 특허권을 주장하는데 있어서 과거처럼 "내 특허를 침해하고 있으니 로열티를 지불하셔야겠습니다. 그리고 몇 퍼센트를 내놓아야 하는지에 대하여 협상을 해보고 싶습니다." 라고 접근한다면 이는 매우 순진한 접근이라는 말을 들을 것이다. 그만큼 이러한 특허권으로 특허료를 받아내겠다고 주장하는 '클레임'건수는 증가하고 있고, 대기업들의 경우 다소 차이는 있겠지만, IT업계의 대기업의 경우 수십 건에서 수백 건의 클레임이 걸려오고 현재도 다수의 사건이 계류 중인 현실이다. 이 모든 클레임 건이 모두 해결되고 제기한 특허권에 대한 협상에 대하여 당사자들이 협상테이블에 상호 앉기까지는 아마도 몇 년을 기다려야 하고, 그마저도 중간에 담당자가 변경되거나, 침해제품이 시장에서 사라지거나, 회계설계를 하였거나 등의 여러 가지 사정으로 무시되고 잊혀지는 사례가 많다.

따라서 특허권자는 잠재적 라이센시 업체들에게 '소송'이라는 '칼'을 빼어들 수밖에 없는 구조가 이미 형성되어 있다고 할 수 있다. '소송'없이는 '특허료를 요구하는 클레임' 대기자 명단에도 올리기 어렵다는 것이고, 소송없는 클레임은 기한들이 없기 때문에 진도를 나가기 더욱 더 어렵고, 우선순위에서도 밀리기 때문이다. '칼'이라고 표현했지만, 특허침해소송은 태반이 '비침해' 또는 '무효'로 판단되므로 이 또한 라이센시 업체입장에서는 '소송'에 휘말려도 '똘똘한 특허'인지 아닌지에 대하여 분석 · 검토를 해봐야 한다는 입장을 취하지, '소송'이 걸렸다고 허둥지둥 로열티를 내놓지는 않을 것이다.

IP업계에서의 특허침해소송은 하나의 절차상 거쳐야 하는 "권리확인"의 의미가 더 크다. 그리고 권리확인을 받은 이후에 해당 침해제품이 진정 침해했는지에 대한 사실을 확인해야 하고, 또한 해당 권리가 무효가 아닌 완전한 권리로서 특허료를 지불해야 하는 것인지에 대한 최종확인도 거쳐야 한다는 입장을 취하는 라이센시들이 많아졌다는 것이다.

현재 한국 법원에서 진행 중인 삼성과 애플간의 특허소송에서도 IT업계의 1, 2위 업체들이 제기한 시대의 가장 강력할 것으로 생각하는 특허들이 무수히 '비침해' 또는 '무효'되는 판국에 누군들 소송특허라고 하여 겁을 먹고 특허료를 당장 지급하겠는가? 분명히 따져봐야겠다는 생각들을 할 것이다. 결국 특허소송은 '소송'의 절차를 통하여 특허권의 존부를 따져보고자 하는 것이다. 이를 통해 중간 타결 또는 최종적으로 '특허료'를 내야하는 상황임을 인정하고 특허료를 지불하게 되는 것이라 할 수 있다. 이러한 취지에서 특허소송은 특허권의 권리확정성 측면에서 매우 일반적인 절차에 가까운 것이라고 생각된다.

상대적으로 국내에서는 상당한 손해배상액을 지불한 특허침해소송은 제한적이었다. 손해배상액으로 가장 컸던 사건으로 주목받는 특허침해 국내소송은 LG생활건강의 기저귀 사건일 것이다. 이후 최근 Apple과 삼성의 스마트폰 관련 소송이 한국내 모든 IP 전문가들의 귀추를 주목시키고 있다.

특허를 수익화 하는 것은 특허법상 '독점적 배타권'을 부여할 뿐이지, 국가가 특허권자를 위하여 수익을 실현하거나, 즉 특허권자가 침해자를 찾아내서 특허료를 주장하지 않으면 본인에게 돌아올 특허권으로 인한 특허료 수익은 없다는 것이다. 잠자는 권리는 오히려 해태(미국법으로는 Laches)에 해당되거나, 일종의 소멸시효 등의 개념의 저항을 받게 되어 있다. 즉 적극적인 권리주장을 하여야 하는 반면, 국가기관에서 인정한 특허권이라고 하여도, 특허심사과정의 부실이나, 과실 또는 절차상 발견할 수 없는 사실관계로 인하여 부실권리가 등록되는 사례가 상당수 존재하는 현실이다. 따라서 침해소송의 피고 입장에서는 원고가 침해 주장하는 특허권이 정당한 권리인지 또한 진정 침해되고 있는지에 대한 최소한의 반박과 무효주장은 하여야 하며, 이러한 절차가 양당사자간 법원 밖에서의 협상으로 이뤄지기도 하고 또는 양당사자가 합의하지 못하여 법원의 판단을 구하는 소송으로 진행하기도 하는 등 여러 양태가 나타나고 있다. 그러나 가장 효과적인 접근방법은 권리주장의 모든 판단을 처음부터 법원에 맡기는 것이다. 즉 특허권자가 침해자를 찾아내고 권리주장하고 어떤 제품이 어떻게 침해했는지에 대한 모든 침해증빙을 보여주고 있는 일련의 '권리주장' 과정을 특허침해소송 절차에 의하여 추구하고 모든 소송에 필요한 서류는 전문 특허소송 변호사를 통하여 진행하는 것이 가장 효과적이라는 것이다. 즉, 일반 민사소송이나 형사소송에서와 같이 어떤 사건이 발생하여 원만한 합의가 도출되지 않을 경우에 주로 차선책으로 찾는 소송이나, 억한 감정에 의한 소송 등과는 다른 성격의 "소송"이라는 점이다.

특허권은 '특허명세서'의 '특허청구범위'로 해석되는 청구항의 용어들, 즉 청구항이 기술적 용어들의 형태로 어떻게 '고도의 기술적 사상'을 넓게 잘 기술하고 있는지에 따라서, 또 그 기술된 용어들이 판사가 해석했을 때 기술적 사상이 갖는 권리범위의 테두리를 이해하고 침해가 주장되는 제품이 그 기술적 사상의 범위 내에 포함되는지 여부에 관하여 판단하는 "살아 움직이는" 권리인 것이다.

예를 들어서, 코닥은 비디오 데이터 처리 관련 특허와 디지털 이미징 관련 특허권을 활용하여 수조원의 특허료 수익을 창출했고, 2013년 상반기에 Apple과

IV 등이 함께 참여한 컨소시엄에 수억불의 매각대금을 받고 모든 특허권을 매각했다. 이렇게 엄청난 자산가치를 가진 특허권도 삼성, 엘지, Apple을 상대로 한 ITC 소송에서 핵심특허인 디지털 이미징 처리 프리뷰어기술 관련 특허가 '무효'라는 예비판정을 받고 3개월 뒤에 열리는 최종판결이 한차례 연기된 이후 컨소시엄에 매각되었었던 것처럼, 특허권의 권리성은 불안정한 면이 있다. 특히 현금을 투자하는 금융권으로서는 투자금 회수에 대한 그 불안감은 더욱 더 클 수밖에 없는 투자대상물인 것이다. 따라서 특허 권리는 그 불안정한 상태의 권리를 적극적으로 행사함으로써 비로소 현금흐름(cash flow)을 창출할 수 있다고 할 수 있다.

적극적인 권리행사로서 특허법과 민사소송법에 기반한 '특허침해소송'은 일반 민사소송과는 달리 침해사실에 대한 입증을 통하여 특허권의 효력이 작용하는데 침해사실을 입증하는 사실심리(matter of fact)에 대한 최종판결은 국내 사법시스템에서는 판사가 그 결정을 내리고, 미국 사업시스템에서는 배심원이 그 최종결정을 내리게 된다. 이때 판사는 법률심리(matter of law)를 하게 되는데, 그중 특허권의 해당 청구범위의 해석에 대한 결정을 하는 것이 가장 중요한 절차라 할 수 있다. 청구범위의 해석에 대한 결정은 마크만 룰링(Markman Ruling)이라고도 하는데, 청구항의 권리범위를 해석하여 어떤 권리인지를 확정하는 의미가 크다. 이러한 의미에서 청구항 권리해석(Claim Construction 또는 Markman Ruling)이라고도 한다.

미국특허소송에서의 청구항 권리해석 절차는 특허권의 침해 여부와 무효 여부를 판단하는데 있어서 매우 중요한 절차이며, 특허권자는 이 절차를 통하여 특허권의 권리를 넓고 견고한 측면에서 청구항의 각 표현에 대한 해석을 이끌어내는 것이 주안점이며, 피고입장에서는 이 절차를 통하여 본인의 비침해 논리나 무효화 논리를 효과적으로 주장할 수 있는 범위 내에 들어오도록 권리해석을 이끌어내고자 할 것이다.

투자자 입장에서는 투자대상물인 특허권이 특허소송 전인지 또는 마크만 룰링 전인지 또는 후인지, 만약 마크만 룰링 후라면, 그 결과는 어떠한지에 대한 특허전문가 검토의견을 받아서 판단하는 것이 매우 중요하다. 부동산으로 비유하자면, 정확하게 일치하지는 않는다고 할지라도 감정평가법인의 평가금액을 받아보는 것과 유사한 것이다.

실제로, 미국특허 침해소송 중에서, 대다수의 소송이 이 마크만 룰링의 결과가 나오고 나면 '타결'모드로 갈지 또는 '소송 지속'으로 갈지에 대한 향방이 결정되고 있다. 즉 보유권리의 강 · 약이 정해지는 것으로 보면 된다.

특히 NPE가 추진하는 특허 수익화 프로그램의 대부분의 제1차 타결목표를 설정할 때 이 마크만 룰링을 하나의 분수령으로 타결목표를 정하는 경우가 많다. 그 타결목표는 재정적 투자자 입장에서는 '조기 원금 회수'를 원하는 측면에서 현실성 있는`업계의 타결금액 수준에서 잡는 것이 보다 현실적이라고 할 수 있다.

소송을 끝까지 추진하여 고액의 손해배상액을 받아내겠다는 목표로 설정하는 NPE 비즈니스 모델은 간혹 있을 수 있으나, 현재 미국 소송의 경향상 이는 매우 고위험의 비즈니스 모델이라고 할 수 있다. 정책적인 측면에서도 NPE의 무분별한 특허침해소송제기에 제동을 걸기 위한 법안들이 국회에 다수 상정되어 있고, 지방법원 판사들이나, ITC판사들 사이에서도 NPE의 특허소송에 호의적이지 않은 경향이 나타나고 있는 추세이기 때문에, 현실적으로 투자금의 조기 회수를 위해서는 마크만 룰링을 기점으로 특허권 실현의 목표로 잡는 것이 위험을 효과적으로 관리하는 측면에서 바람직하다고 할 수 있다.

위와 같이 특허소송의 의미와 특허소송에서의 가장 중요한 절차인 마크만 룰링이 갖는 의의에 대하여 살펴봤는데, 그렇다면 모든 IP 수익화 비즈니스 모델에서 특허소송만이 투자금 회수의 유일한 방법은 아니다. 본 책에서 설명하고 있는 비즈니스 모델은 다양하다. 특허권의 강력한 권리주장을 통한 수익화 활동도 있지만, 특허권의 거래, 특허권의 매입·매각과 같은 거래로 인한 수익화, 기업의 청산으로 인한 특허권의 처분 및 인수·합병, 특허권 기반기업에 대한 투자, 특허권의 경매를 통한 거래, 특허침해소송을 제기하되 협상·타결을 목표로 하는 비즈니스 모델 등 다양한 전략을 구사할 수 있다. 그러나 이러한 다양한 비즈니스 모델을 구사하는 데에는 '특허소송'에 대한 깊은 이해가 있어야만 최종적인 특허권의 가치평가를 통한 '투자규모'나 '투자전략' 그리고 '출구전략'을 자유자재로 구사할 수 있을 것으로 사료된다.

2 IP 수익화 모델의 Due Diligence 중요성

IP에 투자하는 것은 큰 틀의 개념으로는 하이테크에 투자하는 벤처투자와 상당부분 일맥상통하다고 할 수 있다. 그 투자의 대상물을 신기술의 결과물인 특허권에 투자하는 것으로 제한할지의 여부와 그 특허권을 보유하고 있는 벤처기업이 해당 특허기술을 이용하여 제조, 판매, 영업활동을 하는 데에 투자를 하여 수익을 기대할지 여부 등으로 나누어 생각해 볼 수 있다.

IP 투자는 말 그대로 IP 자산에 직접적으로 투자하는 것을 말하는 것으로, 통상적으로 투자는 투자의 대상물이 있어야 한다고 했을 때, IP 자산이 투자의 매력이 있는 물건이었을 경우에 비로소 투자가 이뤄질 수 있다.

따라서 무엇보다 투자대상물의 품질을 확보해야 할 필요성이 있으며, IP 투자에서는 이러한 품질을 확인하는 방법과 절차인 "Due Diligence"의 전문성을 확보할 필요가 있다. 이 "Due Diligence"는 특허를 사고파는 거래에서도 마찬가지로 권리의 안전성 및 특허 자체의 권리성과 침해주장 가능한 정도 등을 면밀하게 분석하고 평가해내야만 향후 투자가 이뤄졌을 때도 후회가 없을 것이다. 또한 그 특허권의 무효성에 대하여도 철저한 분석과 평가가 이뤄져야 할 필요성이 나날이 증대되고 있고, 이에 대하여 서면평가 및 투자자와 투자받는 주체들 간의 보증범위의 명확한 합의가 있어줘야 향후 다툼이 최소화될 것이다.

특허권을 평가하는 가장 큰 잣대 중의 하나가 특허권의 침해주장가능성이다. 특허료 수익은 바로 해당특허의 침해주장 가능성에 있다. 그 권리주장 가능성의 범위가 얼마나 큰지, 어떤 침해물에 주장가능할 것인지에 따라서 그 특허권의 투자매력도는 대부분 판가름 나기 때문이다.

벤처투자와 IP 투자는 공통적인 측면이 있는데 이는 통상적으로 "high risk high return, low risk low return"이라고 한다. 특허권 권리성의 불안정적인 성격을 감안한다면 분석해 봤을 때 너무나도 공감이 가는 성격이라 할 수 있다. 즉, 특허권 주장에 따른 특허료의 수익은 성공했을 때는 無에서 有를 창조하는 정도의 큰 이익을 가져다주는 경우도 있지만, 반면 실패했을 때는 특허권의 무효라든지, 소송장기화에 따른 추가 비용부담으로부터 빠져나올 수 없게 되거나, 판결에서의 비침해로 결정이 나온다거나 하는 등의 투자자나 특허권자 누구도 책임지기 곤란한 난맥에 빠지는 특징을 가지고 있다.

IP 수익화는 해저에 구멍을 뚫어 유전을 발굴하는 것과 유사하다. 많은 잠재적 유정들이 알려져 있지만, 대부분은 말라있는 구멍을 발견하게 된다. IP 수익화에 접근하고자 할 때는 이러한 부분은 사실로 나타나는데, 오로

지 매우 작은 퍼센티지에 해당되는 특허들만이 괄목할만한 가치를 지니고 있다. 따라서 IP전략가나 이사회(Board of Director) 멤버들은 가치있는 특허자산에 대하여 협의할 수 있고 IP 수익화 전략에 대하여 안내를 해줄 수 있는 Due Diligence 과정을 반드시 이해해야 한다.[63)]

효과적인 IP Due Diligence는 회사 내에서도 중요한 기술들을 보호하는 강력한 특허개발, 출원전략을 제대로 실행하고 있는지에 대한 빠른 점검이 가능하다.

이러한 Due Diligence이슈들은 최근 Kodak의 특허포트폴리오를 매각하는 경매 사례에서도 잘 나타나고 있다. "청산판사에 의하여 던져진 코닥특허"라는 제목의 2012년 5월 22일자 월스트리트 저널의 기사에서 애초 "코닥특허는 모두 26억 달러의 가치가 있는 블럭에 배정할 계획이다"라고 보고되었다. 하지만, 코닥 특허포트폴리오의 가장 핵심적 특허라고 할 수 있는 디지털 카메라의 프리뷰 기능을 커버하는 '218특허가 나중에 애플을 상대로 한 미국 ITC(International Trade Commission)소송에서 무효라고 예비판정을 받았고, 결과적으로 20억 달러라고 믿었던 특허포트폴리오의 가치는 5억 2천5백만 달러의 가격으로 애플 컨소시엄에 매각되었다.

이러한 Kodak특허가치의 급격한 감소로, 회사의 구조조정 옵션에 지대한 지장이 초래되었으며, 낙관적인 수익화 예측에 의존하는 것이 얼마나 위험한지를 극명하게 보여주는 사례라고 할 수 있다.

■ IP Due Diligence의 실무

특허권에 투자하거나, 수익을 내고자 할 때에 대상특허권에 대한 면밀한

---

63) Bruce Rubinger, Global Prior Art, Inc Using effective IP due diligence to guide an IP Monetization strategy, I AM Magazine.

분석을 하는 것은 특허전문가들이 해야 할 매우 기본적인 업무이다. 특히 특허권의 가치를 판가름하는데 있어서 해당 특허권의 클레임차트를 확보하고 분석하여 검토하는 것은 특허가치판단의 핵심중의 핵심이다. 이 부분에 대한 확실성이 높으면 높을수록 특허가치평가 금액이 올라갈 것이고, 약할수록 특허가치평가 금액은 내려갈 것이기 때문이다. 세부적으로는 특허권의 가치를 평가하는데는 실무적으로 침해성, 무효성, 권리성에 대하여 각각 면밀한 분석과 평가가 있어야 할 것이다. 이러한 분석과 평가를 하면서 수립된 IP 수익화 전략은 누구보다도 탄탄할 수 있다.

1) 침해성 분석

침해성은 해당특허의 청구항에 대한 판례법상의 법적해석이론에 따른 특허청구범위를 이해하고 침해하는 제품의 스펙을 면밀히 분석해서 상호 매칭여부를 분석하는 데 있다. 이때 기술전문가가 보는 상호 매칭여부와 특허전문가가 보는 상호 매칭여부는 건별로 달라질 수 있지만, 기술전문가는 해당 발명을 실시 사례 위주로 이해하는 세밀한 기술내용을 직접 제품의 상세한 내용에 매칭을 하는 데 주력하는 경향이 강한 반면, 특허전문가는 상세 발명내용의 실시 사례보다는 이를 바탕으로 발명의 기술적 사상을 표현하는 전체적 관점에서 기술된 청구항의 단어 단위까지의 해석을 통한 권리범위를 이해한 다음에 해당제품의 동작이나 제품스펙이 해당 권리범위 내에 들어오는지 여부를 폭넓게 따져보는 경향이 강하다.

복잡한 기술일수록 특허전문가는 기술전문가의 기술지식에 대한 지원이 필요하나 침해성에 대한 최종검증과 평가는 특허전문가가 결론을 내는 것이 바람직하고, 이때 특허전문가라 함은 특허개발(출원업무 측면) 경험과 특허소송경험이 많을수록 신뢰성을 더욱 더 가질 수 있다고 할 수 있다.

침해성을 분석할 때는 통상 클레임차트나 침해증빙자료를 작성하여 검토하게 되는데 특허거래일 경우에는 매도자가 매각할 특허의 마케팅을 위하여 작성하거나 매수자의 요청에 따라 매도자가 작성하여 매수자가 검토하는 것이 통상적이다. 매수자가 클레임차트를 분석할 때 주의할 점은 매도자 입장에서 작성된 취지 즉 해당특허를 좀 더 잘 보이게 하기 위한 침해여부의 본질에서 벗어나는 데코레이션 효과를 내는 내용 등은 제거하는 것이 좋다.

이를 위해 해당특허의 명세서 뿐만 아니라 파일포대에서 심사관의 거절이유는 무엇이었고, 출원인은 어떤 내용으로 답변서를 제출했는지에 대한 출원포대금반언(File Wrapper Estoppel) 여부를 명확하게 파악하여 클레임차트에서 주장하는 침해근거에 반하는지 여부를 체크하여야 한다. 이를 분석하는 특허전문가는 특허침해주장과 반박협상이나 소송에서의 청구범위판단 즉, 클레임 해석(Claim Construction 또는 Markman Ruling) 절차에서의 실무경험이 많은 전문가가 보다 높은 신뢰성을 가진다고 할 수 있다.

침해성 평가에서 좋은 점수를 받는 특허포트폴리오가 되기 위해서 동일기술분야에 강한 특허들을 다수 포함하는 포트폴리오가 한 개의 제품에 여러 건의 특허침해가 인정될 수 있는 것이 좋은 점수를 받을 수 있다. 즉, 여러 특허들 중에서 한 건 또는 두 건의 특허가 비침해로 판가름되더라도 여전히 여러 특허권들이 침해를 주장할 수 있어야 특허투자관점에서 안전한 투자대상이 되는 것이다.

금융전문가가 이때 주의할 점으로는 '침해성'은 특허권자나 특허전문가의 분석의견일 뿐, 확정된 사실이 아니라는 점을 이해해야 한다. 즉 이러한 침해성에 대한 의견은 해당특허를 분석하는 전문가에 따라서 강할 수도 있고 약할 수도 있다는 일련의 주장에 대한 평가이기 때문이다. 해당특허가

법원의 판단을 구할 경우에는 판사 또는 배심원단에서의 최종 침해판단은 '비침해'로 뒤바뀔 수도 있다는 것이다. 실제로 많은 특허침해소송에서 특허권자가 주장했던 침해주장이 최종적인 법원의 판단에서는 다시 '비침해'로 뒤바뀌는 사례는 빈번하게 발생하고 있다. 이는 특허권자 입장에서는 객관적인 시각보다는 주관적인 입장에서 특허를 해석하기 때문에 스스로 강하다고 믿었던 특허권 주장에 대하여 그 시각을 바꾸기란 쉽지 않기 때문이다.

금융전문가는 특허가치평가에서의 침해성에 대한 판단이 법적으로 보장되는 확정적인 권리성을 갖는 것이 아니라는 점을 충분히 이해하고 특허투자에 임하는 것이 매우 중요하다.

2) 무효성 분석

해당특허가 1~2건일 경우에는 침해성이 완벽하더라도 무효성은 그 누구도 단언적으로 장담하기 어려운 이슈이다. 예를 들어서 앞에서 언급했던 Kodak의 프리뷰기능에 관한 '218특허의 경우 가장 강력한 Kodak의 특허권이고 여러 기존 라이센시들이 최종판결까지 진행하기에는 부담을 가졌던 강력한 특허였지만, 결국 ITC소송에서의 '무효'라는 치명적인 '예비판정'을 받아, 추후 회사 청산에 의한 특허매각시 그 가치가 애초의 견적가의 약 25%에 해당되는 수준으로 떨어지고 말았다.

미국 IT기업의 대표적인 기술기업인 Kodak의 대표적 특허의 무효성도 이처럼 상처를 받을 수 있는데, IP 마켓의 무수한 특허들은 감히 유효성을 장담하기는 어려울 것이다. 대표적인 미국의 종래선행기술 검색업체인 'Global Prior Art, Inc.'의 CEO인 Bruce Rubinger는 "저돌적이면서 실력있는 선행기술 검색전문가에 의하여 무효될 수 없는 특허권은 미국특허청으로

부터 등록된 전체특허권들의 약 10%밖엔 되지 않는다는 것이 나의 과거 30년 동안의 경험에서 나오는 견해이다"라고 말할 정도이다.

그러나 이러한 말을 액면 그대로 받아들이는 것은 곤란하다. 왜냐하면 특허권이 무효가 되자면 특허무효심판을 통하여 확정되어야 하고, 대법원까지 절차가 진행될 수도 있으며, 최종 무효가 되는 퍼센트는 매우 낮다. 그 이유는 특허권의 무효성도 일련의 협상의 과정을 통하여 법원의 무효판결이 확정될 수도 있고 유효판결이 확정될 수도 있어서 특허침해소송은 원고와 피고 양당사자 모두에게 확신할 수 없는 위험이 존재하므로 중간에 타결을 하는 경우가 대부분이기 때문이다.

이러한 관점에서 접근하면 금융전문가들이 IP 전문가들의 그 어떠한 특허 유효성 평가에도 신임할 수 없다는 결론을 내릴 수도 있다. 아무리 강력한 특허권이라고 주장하는 특허라도 '무효성'에 대하여 100% 확신할 수 없다는 결론 앞에서는 승복할 수밖에 없으므로, 돈을 투자하는 입장에서는 매우 불안정한 자산에 투자하라는 것으로 비춰질 수 있다.

순수 금융전문가 입장에서는 '특허권'에 투자한다는 것은 '매우 불안정한 초보적인 관점만으로 투자하는 불안한 투자'이며 '이해하고 싶지 않은 투자대상물'이라는 지적을 받을 때가 많다.

그렇다면 현재 미국내 수많은 IP 펀드들의 펀드매니저들과 같은 금융전문가들 입장에서는 과연 무엇을 보고 '특허권'에 투자하고 있다는 것인가를 되짚어볼 필요가 있다. 불안정한 특허권이 1건 또는 2건일 때는 매우 불안정하게 보이지만, 불안정한 특허권이 10건 이상 또는 20건 이상 뭉쳐질 경우에는 그 불안정성이 어느 정도 안정된 투자권이 될 가능성이 있다. 즉,

1건~2건의 특허권은 당장 진행할 수 있는 특허소송에서의 확신할 수 없는 무효성에 의한 패소율에 대하여 투자 관점에서 답이 나오질 않지만, 이론적으로 10건의 특허권을 각각 2건씩 나누어서 5번의 소송을 진행한다고 했을 경우에는 그 만큼 승소확률과 중간 타결 확률을 높일 수 있는 기간을 충분히 벌 수 있다는 가상적 접근이 가능해진다.

또한 미국 특허청에서 등록된 모든 특허권(정밀분석을 통하여 핵심특허로 분리되지 않은)이 무효성을 다툰다면 그중 약 10% 정도만이 살아남을 수 있다는 가정인 것이지, IP 수익화를 진행하는 투자대상물, 즉, 전문가들에 의하여 투자대상물로서 어느 정도 필터링 된 특허권들만을 대상으로 한다면 선택된 특허권이 '무효화'될 확률은 다시 약 10%~20% 미만으로 줄어들 수 있다는 것이다. 여기서의 확률은 만약에 살아남을 수 있다던 10%선 내부에 존재하는 특허들을 선택했다면 역으로 살아남을 확률은 100%라는 가정이 가능하다고 할 수 있다.

이러한 무효성을 논하는데 있어서 특허전문가들은 '청구범위의 권리성이 넓으면 넓을수록 무효성이 높아지고, 권리성이 좁으면 좁을수록 무효화 시키기 어려워진다'고 말한다. 이와 같이 다시 권리성이 넓으면 침해성이 좋아지고, 권리성이 좁아지면 침해성이 좋지 않다고 하는 '무효성'과 '침해성'의 비례적 상관성이 발생하게 된다.

그렇다면, 어떤 특허권이 과연 돈을 벌어들이게 하는가에 대한 이해가 매우 중요해진다. 즉, 좁은 청구항을 가지면서도 침해제품이 회피설계도 할 수 없이 침해성이 확실할 경우에는 무효성에도 문제가 없을 가능성이 높으므로 가장 바람직한 청구범위의 성격을 지녔다고 할 수 있다. 이토록 특허권의 청구범위가 지니고 있는 특징은 어떤 특허가 '가치없는' 특허권인 반면에 어떤 특허는 '수억불을 벌어들일 수 있는' 특허가 될 수 있다는 것이다.

따라서 청구항을 드래프팅(drafting)하는 일은 실력을 가지고 있는 경험많은 특허전문가(변호사 · 변리사 포함 해당 기술분야에서 특허명세서의 무효성, 침해성을 다년간 다뤄본 전문가를 말함)와 발명자 간의 상호작용에 의하여 만들어질 필요가 있으며, 이를 잘 수행한 특허명세서와 청구항 드래프팅은 특허자산의 가치에 큰 영향을 끼친다. 특허권리성의 처음이자 전부인 청구항을 포함한 특허명세서의 드래프팅은 투자가치가 높은 특허자산을 만드는데 있어서 가장 중요한 근본이라 할 수 있다.

IP 금융전문가라면, 위에 언급한 특허명세서가 가지고 있는 근본적인 침해성과 무효성의 비례적 상관관계를 이해해야만 특허권에 대한 투자 결정에 있어서, 그 가치평가 내용을 제대로 이해할 수 있을 것으로 본다.

3) Encumbrance 분석

특허권이 특허청으로부터 등록증을 받은 이후에 그 어떤 업체에게도 라이센스를 허여하지 않은 상태에서 특허매물시장에 나왔고, 판매업체가 어떠한 은행담보권 설정이 없고, 재무 상태에 이상이 없을 경우에는 그 특허권에는 어떠한 Encumbrance가 없는 아주 깨끗한 상태라고 할 수 있다.

이 경우에는 그 판매업체로부터 특허권을 매입할 경우 일종의 'Grant Back' 라이센스 즉, 특허권자에게 부여하는 '자기 실시권' 정도만 신경 쓰면 된다. 여타의 다른 라이센스가 없는 아주 깨끗한 권리인 것이다. 부동산으로 말하면 아무런 담보권, 질권, 은행 저당권 등이 없는 깨끗한 '등기부 등본'을 확인한 상태에서 매입 또는 전세권을 설정할 수 있어서 안정성을 느낄 수 있는 것과 같다.

그러나 특허거래시장에서는 역설적으로 이렇게 깨끗한 특허권은 거래매력이 그만큼 떨어질 수 있다는 이유를 가지고 있을 확률이 높다. 매력있는 특허권이라면 지금껏 아무런 라이센스 설정이 없었다는 것과 상반되는 개념이기 때문이다. 그리고 특허권 보유업체가 기술력이 뛰어날수록 대기업일 가능성이 높고, 대기업일 경우에는 이미 그만한 기술력과 시장성을 인정받아왔던 과거 업력에서 여러 업체들과 해당특허권이 포함된 크로스라이센스나 특허개발에서의 협력관계 등에 대한 사전 동의 등 여러 가지 복잡한 비즈니스 관계나 공동기술개발 조건들을 가지고 있을 확률이 높다. 이러한 조건들이 모두 해당특허권을 포함한다면 해당 특허권입장에서는 일종의 Encumbrance인 것이다. 이는 잠재적 매입자에게는 매입계약서에 서명하기 전에 또는 매입단가를 협상하기 전에 철저히 점검하고 최종적인 가치평가에 반영해야 할 중요한 사안이다.

해당특허가 침해주장으로 받을 수 있는 특허료의 전체 규모에서 기존 Encumbrance로 인하여 제외되는 부분을 감안해야 하기 때문에 해당특허의 가치를 평가할 때 가치 평가액에 직결되는 요소로 작용한다. 평가액에 직접적인 영향을 미치는 요소이므로, Encumbrance는 특허거래에 있어서 '보증'의 대상이 될 뿐만 아니라, 보증의 하자 발생시 향후 손해배상의 대상이 되므로, 매도자와 매수자의 주요 쟁점사항이 되고 있다.

이때 Encumbrance는 매도자 입장에서는 최소한으로 밝히고 싶은 기밀정보(Confidential Information)이기 때문에, 특허거래의 시작단계부터 오픈할 정보라기보다는 매수자가 매입의 진정성을 보일 때 비로소 밝힐 수 있는 고급정보로서의 관리가 필요하다. 또한 Encumbrance 정보 오픈 전에 가격이 협상되었다면 이는 당연히 Encumbrance 정보 오픈 후에 그만큼의 가격하락 조정이 될 수 있다는 점을 감안해야 한다. 따라서 매매가격은 Encumbrance 정보 오픈 이후에 협상하는 것이 맞지 않느냐 라는 측면이 강하다. 하지만, 오픈 전에 어느 정도 특허거래의 규모를 상호 합의한 상태에서 거래의 시작을 하고 거래 종료 전에 최종가격을 정하는 단계에서 Encumbrance가 얼마나 작용하게 될지는 각 거래의 성격에 따라 정해진다. 상대방에 대한 협상력(Bargaining Power)을 행사할 수 있는지, 협상의 레버리지는 가지고 있는지에 따라서 유동적으로 정하여 오픈해 나갈 수 있는 전략적 판단에 맡기는 것이 필요하다.

4) 매수자 입장에서의 활용도 파악

특허권은 절대적 가치를 보장해주는 자산이 아니다. 어떤 특허자산은 일 당사자에게 이익을 가져다주지만, 어떤 특허자산은 동일 당사자에게 이익을 가져다주지 못한다. 즉 특허자산별로 당사자에게 쓰임새를 따져봐야 한다. 역으로도 마찬가지이다. 즉 동일한 특허자산이라도 당사자에 따라 이익을 줄 수도 있고 손해를 끼칠 수도 있는 매우 유동적인 자산이기 때문에, 외부의 가치평가액이 꼭 해당 당사자에게도 그대로 적용된다고 보기는 어렵다. 매수자의 입장에서 활용도는 자사 제품에 적용가능성, 경쟁사에서 사용할 가능성, 시장에서 특허기술의 점유율 및 향후 시장 전망에 따라 달라질 수 있기 때문이다.

3 IP 수익화 모델의 시장성과 실패요인

IP 자산을 활용하여 현금흐름(cash flow)을 창출하는 핵심 모델은 IP 수익화 프로그램이며 관련 비즈니스 모델로 수십여 개의 NPE들과 우수 특허를 보유하고 있는 일반기업들은 개별특허 라이센싱 단계에서부터 기업공개 단계인 IPO까지 진행하여 성공하기도 하였다. 그러나 여전히 수많은 IP 수익화를 시도하는 NPE와 일반기업들은 IP 시장의 규제와 경험부족 등으로 실무단계에서의 기술적 장애에 직면하고 있다. 예를 들어, 수익화 프로그램을 위해 소송시 필요한 자본을 조달해야 하는 경우, 침해증빙자료의 입수를 위해 역설계(Reverse Engineering) 수행시 당초에 예상했던 비용을 초과하는 경우가 발생하는 등 장애의 발생 사례는 다양하게 나타난다. 그 중 가장 심각한 문제는 많은 자금이 투여된 수익화 프로그램을 운영하는 데 소요되는 비용, 복잡성 및 불확실성 등에 대해 충분히 이해하고 있는 라이센싱 추진 전문가집단이 매우 한정적이며, 비주기적으로 발생하는 수익의 기회라 할 수 있는 라이센시와의 협상타결(라이센스 계약조건에 대한 합의)만을 그 수익원으로 삼고 있다는 데 있다.[64)]

<표 3-3> 수익화 프로그램이 실패하는 공통적으로 반복되는 이유들

실패형태/위험	대응방안
경험이 부족한 운용팀 (투자경험의 부족)	- IP 라이센싱, IP Transaction, IP 금융 전문능력 보유인력 확보 - 10년 이상의 IP 수익화 경험 보유 인력 확보 - 해당 팀은 포트폴리오 관리를 위하여 복잡한 거래를 다룰 수 있어야 함.
추가 자본의 부족	- 애초 예산계획 대비 수익화 비용을 과소평가하여 예산이 부족할 경우에는 특허 매각 필요 - 전체적인 라이프사이클에 소요되는 비용을 관리하기 위한 충분한 펀드가 필요.
소규모 단일 라이센싱 프로그램 의존에 따른 리스크 증가	- 소송에서 특허 무효화 비율은 높음. 우려할 만할 정도로 빈번하게 라이센싱 논의를 하는데 있어 초기의 빠른 승리를 넘어서는 넓이와 깊이를 가지지 않는 경우가 많음. - 소송에 사용되는 특허의 숫자는 제한될 수 있으나, 소송에서 해당 특허를 보조하는 특허나, 추가적인 특허들은 라이센싱 논의를 진행함에 있어 점점 중요해지므로 이를 감안해야 함. - 최근 피고들의 IPR(Inter Partes Review)[65)] 대응 증가에 따른 무효이슈, 비용추가 이슈가 발생하여 이에 대한 대비책이 필요

64) Peter D Holden, The ever-chaning IP monetization marketplace for PAEs, Intellectual Asset Management, Jul/Aug 2013.

65) 미국특허청에서 특허법 개정이후 도입된 일종의 재심사 제도.

전부 아니면 아무것도 아니라는 심적 고집	- 지속가능한 라이센싱 프로그램은 소송으로 끝을 보겠다고 하는 고집과 함께 실용적 접근과 조기 화해와 병행할 필요있음.
높은 운영비용과 실사 활동 지연	- IP 실사는 복잡한 활동으로, 기술적, 법적, 금융적, 투자 및 비즈니스적 투입이 필요함. 많은 펀드들은 효율적으로 기회들을 평가하기 위한 경험, 프로세스, 도구들을 가지고 있지 않아 비용이 초과되고 시간이 지연됨.

* 자료 : The ever-chaning IP monetization marketplace for PAEs, IAM, 60 July/August 2013.

라이센싱 프로그램의 핵심에 자리하고 있는 IP가 수익화 관점에서 매력도가 떨어지는 경우도 상당히 많다. 이는 해당 IP가 시장에서 아직 자리를 잡기 전 기술로 상당한 로열티 수익을 위해서는 수년의 시간이 필요한 경우이다.[66] 또한 컨틴젼시[67] 로펌에 무조건적으로 의지하여 시니어 파트너들이 필요한 시간과 노력을 투입하는지에 대한 관리도 이슈가 될 수 있다.

또한 수익화 활동시 소송 자금 등 필요한 자금이 충분하지 않으며, 이러한 약점이 노출될 경우에는 수익화의 대상이 되는 기업들은 시간을 의도적으로 지연시키면서 협상에 유리한 고지를 점하려 할 것이다.[68]

4 IP 투자자의 스펙트럼 : 개념과 특징

모든 IP투자자들이 동일한 동기와 목적을 가지고 있는 것은 아니다. 또한 모두 동일한 전략과 수익에 대한 기대를 가지고 있는 것은 아니지만, IP

66) Peter D Holden, The ever-chaning IP monetization marketplace for PAEs, Intellectual Asset Management, Jul/Aug 2013.

67) 향후 일정비율의 수익배분을 조건으로 변호사 비용을 향후에 청구하여 정산하는 형태의 조건부 업무추진방식.

68) Peter D Holden, The ever-chaning IP monetization marketplace for PAEs, Intellectual Asset Management, Jul/Aug 2013.

투자자들의 공통점 중의 하나는 자신들의 투자에 대한 수익을 기대한다는 것이다. 1990년대 중반까지도 이러한 IP투자자들의 권리행사에 펀딩을 제공하는 경우는 없었으나 이제는 IP투자자들을 지원하는 다양한 기관들이 생겨났다.

우선 전략적 투자자(SI)들인 제조기업들이 있다. 이들은 자신들의 제품을 생산하고 판매하는데 있어 특허소송의 위험으로부터 자유로울 수 있기를 바라며(freedom to operate), 막대한 금액의 R&D 비용에 대한 수익창출의 수단이라는 방어적 목적을 가지고 있다.[69] 필요한 경우, 경쟁사들이 자신의 특허를 침해할 경우 적극적으로 특허 소송을 제기하기도 한다. 로열티 수익은 이들 전략적 IP 투자자들(SI)이 가지는 IP 수익 중 일부분을 차지할 뿐이다.

하지만 자신들이 제조하고 판매하는 제품이 시장에서 성공하는데 있어 특허의 역할을 정량화할 방법을 가지고 있지 않다. 이러한 특허들을 내부적으로 평가할 필요성이나 평가를 위한 방법론도 거의 없기 때문에 전략적 특허의 가치는 제대로 평가되지 않는 경우가 많다. 단지 M&A의 경우 특허의 시장가치가 평가된다. 매출의 발생, 비용의 감소, 전반적 목표의 지원 등에서 개별 특허들이 어떤 역할을 하는가에 대한 이해는 여전히 숙제로 남아 있다. CEO들은 비즈니스 스쿨에서 제품, 인력, 부동산 등과 같은 유형자산을 관리하는 법을 교육받으며, 자신들 회사의 재무제표에서 이러한 유형자산이 반영되고, 주주들은 이에 주의를 기울인다. 하지만 이제까지 CEO들은 IP 권리 같은 무형자산을 다루는 데 익숙하지 않고, IP권리들은 자산으로 간주되는 경우가 드물었다. 미국의 경우에는 Microsoft의 Marshall Phelps, HP의 Joe Beyers와 같은 대기업 특허전문가들이 각자의 회사 내에서 지식

69) Bruce Berman, From Assets to Profits, Competing for IP Value & Return, 2008.

재산 총괄(Chief IP Officer, "CIPO")로서의 역할을 해주고, IP Marketplace에도 적극적으로 등장함과 동시에, 이들이 회사 이사진과의 접촉을 늘려감에 따라 회사 내에서 전략적 IP 투자자로서의 역할이 자리를 잡아나갔다. 이러한 경영활동에 IP전략이 직접적으로 반영됨으로써 비로소 특허는 서랍 속에서 잠만 자고 있지 않고 밖으로 나와 회사 수익성을 좌우하는 재무제표에 반영되기 시작한 것이다.[70)]

다음으로, 금융 투자자(FI) 그룹이 있는데, 이들이 특허를 매입하고 판매하는 이유는 로열티 수익 및 특허침해 소송을 통한 화해금액 또는 손해배상액을 기대하기 때문이다. 사모펀드, 재단, 연금 펀드, 헤지펀드 등이 이에 해당한다. 금융 투자자의 하위 부분으로 간접적 IP투자자들이 있으며, IP 비즈니스의 부상과 함께 급격히 증가하고 있다. 이들은 직접적으로 소송에 관여하지는 않지만 직접 IP 투자자들과 긴밀히 협력하고 있다. IP 비즈니스에 투자하지만 개별적으로 특허를 구매하지는 않고, IP 중심 기업에 지분(equity) 투자를 하는 사모펀드들이 해당한다. 이 그룹에 포함되는 주체들은 반도체와 같이 자본집약적 산업에서 제조할만한 자본이 없는 기업, 대학, 연구기관, 병원 등이 있다. 또한 컨틴전시 기반의 로펌, 특허 거래 등 미래에 발생할 수익을 대가로 실사(due diligence)를 제공하는 IP 서비스 전문기업들도 포함되어 있다.[71)]

● 특징

전략적 투자자(SI)인 기업투자자들의 특허투자전략은 상대적으로 간단하다고 할 수 있는데 기업 비즈니스의 보수적인 보호를 최우선으로 하고 특허투자에 의한 수익창출은 잉여적인 관점에서의 특허투자로 바라보는 것

70) Bruce Berman, From Assets to Profits, Competing for IP Value & Return, 2008.

71) Bruce Berman, From Assets to Profits, Competing for IP Value & Return, 2008.

이 일반적이라고 할 수 있다.

금융투자자(FI)의 특허투자전략은 기업투자자들과는 상이한데 그야말로 투자할만한 특허권 즉, 수익을 낼 수 있는 특허권에 한하여 투자하는 습성이 그대로 드러나 있다고 할 수 있기 때문에, 금융투자자들이 투자한 IP 자산을 보유하고 수익화 활동을 하는 NPE는 그 만큼 성공확률이 높다는 반증으로 봐도 될 것이다. 이때 금융투자자들은 특허의 투자자산으로서의 안정적인 수익을 담보하는 담보력을 확보하기 위한 금융기법을 다양하게 구사할 수 있는데, 이는 특허자산의 불안정적인 특성상 특허소송에서의 특허무효성이나 비침해 판단을 받음으로써 투자 실패로 나타나는 투자위험을 줄이는 데 그 목적을 가지고 있다.

부동산이나 선박 같은 대체 투자물처럼 각 투자물의 성격에 차이가 있는데, 부동산의 경우 시세의 변동이나 권리의 일부 변동은 있지만, 드라마틱하게 전체 자산의 백지화와 같은 전면적으로 부실 자산화되는 경우는 매우 드물다. 하지만, 특허자산은 무효성 가능성으로 인한 권리 불안정성이라는 리스크가 있으므로 이를 헷지하는 금융기법 설계를 위해 금융전문가들이 IP 비즈니스 모델구성에도 적극적인 참여가 필요하다.

예를 들어서, 금융투자자(FI)의 투자원금을 확보하기 위해서 특허권 투자자나 특허권의 사업자들로부터 투자제안을 받을 경우, 투자원금의 전액 또는 일부금액에 대한 원금보장을 요구하고 있다. 즉 특허권의 가치를 평가할 수 있는 특허전문가들의 평가에서 100% 담보될 수 없는 항목이 바로 '무효성'인데, 이 또한 금융전문가들이 확인할 수 없는 전문영역이므로, 이 부분에 대한 '보증'을 요구하는 것이 바로 벤처투자업체들이 벤처기업들에게 요구하여 위험을 헷지하는 담보대출의 유형과 유사하다고 할 수 있다. 이러한 '보증'에 대한 요구를 '특허평가 전문성'으로 극복하고 협상하고 해결하는 특허사업자들만이 특허펀드의 투자를 이끌어낼 수 있다. 최근 금융투자자와 NPE 특허사업자들의 공통부문을 결합한 형태의 IP 펀드 운용전문회사들의 탄생은 이러한 최근 현상을 잘 보여주는 사례들이 되고 있다. 이들 금융투자 그룹에서 활발하게 활동하고 있는 업체로서는, Goldman Sachs, Evercore, General Atlantic, Coller Capital, Blackstone PEF, Benchmark, Fortress 등이 있다.

이러한 IP 비즈니스 모델에서의 특허자산을 활용하여 수익을 창출해야 하는 사업자로서의 NPE의 역할은 투자된 IP 자산별로 전략적 투자자(SI)로서의 기업투자자가 있는 경우와 그렇지 않은 경우에 따라 수익의 전략에 큰 차이를 보이고 있다. 즉 전략적 투자자(SI)로서의 기업투자자가 있는 경우에는 해당기업의 사업상 득실에 따라서 여러 가지 수익활동에 제약사항이 발생하고 있다. 예를 들어 FRAND(Fair, Resonable and Non Discriminate) 조건이 특허권 주장의 전제조건으로 작용하고 있는 통신 표준특허들에 투자된 프로젝트인 경우, 투자자들은 해당 특허수익화의 타켓 기업에서 벗어나 있거나, 해당 특허의 라이센스를 이미 취득한 상태라면, 타켓 기업들로부터 상기 라이센스의 조건의 공개에 대한 요구가 상당히 거세질 것이기 때문이다. 수익성 자체만을 본다면 금융투자자들만으로 구성된 투자자그룹에서 투자된 IP 자산으로 수익을 창출하는 프로젝트가 좀 더 간편하게 수익활동을 할 수 있을 것이다.

전략적 목적에서의 IP 자산 가치[72)]

특허가 자산이 되기 위해서는, 전략적이든 아니든, 수많은 조건들이 만족되어야 한다. 10만 건의 특허를 보유한 하이테크 기업에 있어, 5% 미만, 혹은 2% 정도가 인식가능한 가치를 지니고 있다. 아마도 특허권 중 45% 정도는 크로스 라이선스나 반소 등 협상 수단에 필요하며, 나머지 50% 혹은 그 이상은 가치를 지니지 않으며, 권리 소멸의 길을 걷게 된다. 3건의 특허 중 2건은 연차료를 지불하지 않아 권리가 소멸된다. 권리자가 연차료 지불 비용을 조달하지 못하거나, 잊어버리는 것이 아니다. 권리를 유지할 이유가 없기 때문이다.

IP투자 수익은 상당히 크긴 하지만, 절대금액을 측정하기는 힘들다. 모든 투자자들은 실현된 수익(earned profit), 간접적 가치 창조, 혹은 IP 수익(ROIP)의 관점에서 성공을 추구하고 있다. IP 투자자들이 수익을 실현하는 방식은 특정 산업 분야, 비즈니스 모델, 시간(timeframe), 위험 용인(tolerance for risk), 자본 시장에 접근할 수 있는 능력 등에 따라 결정된다. NPE는 정의에 의하면 IP 투자자라 할 수 있으나, 그들은 몇몇 이들이 생각하는 것과 같이 모두 가이드가 없는 포식자들은 아니다. 또한 그들은 실시기업들과 실시기업들의 지분 보유자들과 반드시 이해관계가 상충하는 것은 아니다.

라이센싱은 자신들의 IP 및 비즈니스 라이프 사이클에 있어 특정 시점에, 특정한 기업들에게는 유용하다. 라이센싱은 IP 관리 기법과 기업의 수익을 측정하는 한 면일 뿐이다. 전략적 소유자들에게 있어 도전적인 과제는 라이센싱 현금을 창출하거나 소송에 반드시 관여하지 않으면서 막대한 R&D투자를 현금화(monetizing)하는 혁신적인 방법을 찾아내는 것이다.

---

72) Bruce Berman, From Assets to Profits, Competing for IP Value & Return, 2008.

< 다양한 특허 보유자들의 투자동기와 지향점 >

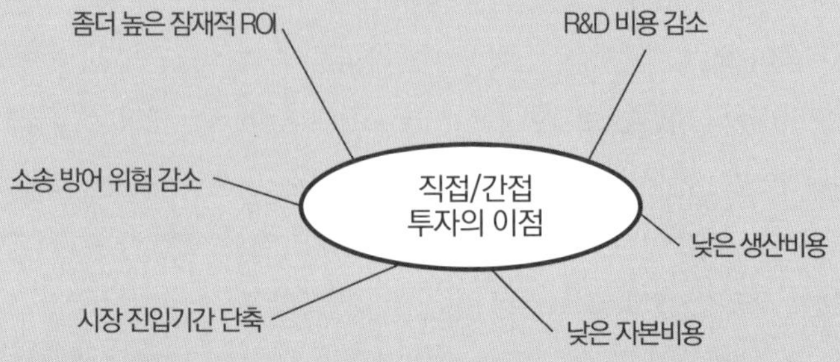

IP 수익화는 특허 가치를 글자 그대로 현금화하는 것을 의미하는 것이 아니다. 특허가 성공했다는 것은 자산을 실적으로 변환하였다는 것을 의미하며, 궁극적으로는 이익으로 변환되었다는 것을 의미한다. 실적은 로열티를 받음으로써 '현금흐름'이 창출된다는 것을 의미할 필요는 없다. 실적은 경쟁적 우위, 선도자라는 이익, 기준이 될 수 있다는 가능성, 혹은 다른 인식하기 힘든 특징들을 의미한다. 높은 수익으로 인해 몇몇에게는 대단히 매력적으로 보일 수 있지만, 특허를 보유한 기업들에게 있어 로열티는 모든 것을 의미하는 것은 아니다. 좀 더 긴 기간 동안 제품이 좀 더 많은 이윤을 가지게 하는 특허가 라이센싱을 통해 발생되는 '현금흐름'보다 중요하다는 사실도 유념할 필요가 있다.

전략적 특허의 ROI 생성법

제품 판매	라이센싱	업계표준 주도	영향력
제품실시 자유 대량생산 시장 점유율 수익률	R&D 비용 절감 시장도입기간단축 로열티 수입	빠른 시장 대응 경쟁자 감소 외부조달 증가 효율적 R&D	명성 시장 가치 거래 경쟁적 우위
구매-판매	**M&A 활동**	**자본 형성**	**관계 개선**
고유특허 수익화 낮은 소송위험 낮은 R&D 비용 경쟁자/NPE 회피	자회사 설립 Spinouts IP 자산 매집(Roolups) 특허 판매	투자 유도 낮은 자본 비용	고객 공급자 주주 Wall Street

제4장

IP 펀드(Fund)의 구조와 운용 – 금융

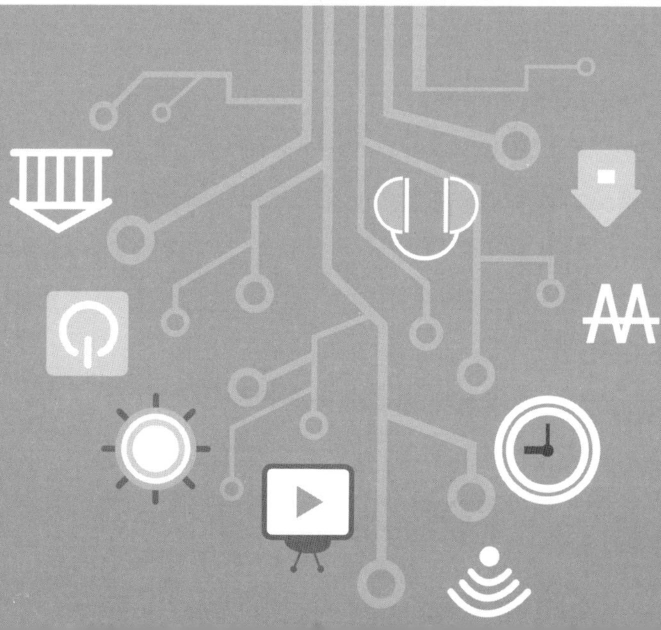

1 IP 펀드의 이해

■ IP 펀드의 개요

IP 투자에서 발생하는 다양한 위험을 분산시키기 위해 구조화 금융(Structured Financing)을 통하여 펀드를 운용하고 있다. 기초자산에 SPV(Special Purpose Vehicle), 신탁, 파생상품 등의 금융기법을 이용하는 형태의 구조화 금융은 현금 유동성을 증가시키고, 위험을 이전하기 위해 탄생된 금융기법으로[73] 유동화가 힘들고, 출구전략을 세우기 힘든 IP 자산의 투자에 있어 적합하다. 구조화 금융에서는 개별자산의 가치보다 구조화 주체로부터의 현금흐름을 중시하여, 현금흐름을 발생시킴으로써 투자목적이 달성되었다고 본다. 투자자의 입장에서 볼 때, 다양한 주체의 참여를 통해 파산위험, 법률적 위험 등 안정적 현금흐름에 영향을 미치는 구조적 요인을 배제하려는 목적을 지니고 있다. 자산 보유자의 입장에서 볼 때, 부외자산거래를 통하여 부채비율을 개선하고 유동화를 통하여 자산 보유자의 유동성을 개선시켜주는 효과를 지니고 있다.[74]

전형적인 SPV의 구조는 아래와 같다. SPV는 채권을 양도하거나 주식(equity)을 양도하거나 자산운용사 등을 통하여 자본을 유치하여 자산보유자들로부터 IP 등과 같은 자산을 양도받아 라이센싱이나 소송을 통하여 '현금흐름'을 발생시킨다. Enron 사태로 인해 유명세를 타게 된 SPV는 전체 모기업을 위험에 빠뜨리지 않으면서 대규모 자금을 조달하기 위한 방법으로 사용될 수 있다. 또한 부채를 은닉하기 위한 수단으로 사용될 수 있으며 Enron 파산에서 보는 바와 같이 잘못될 경우 그 결과는 치명적일 수 있다.[75]

---

73) http://en.wikipedia.org/wiki/Structured_finance.

74) 조범규, Structured IP Financing, IPMS IP 금융분과 내부발표자료.

75) http://www.investopedia.com/terms/s/spv.asp#axzz28NU1iFb4.

이러한 IP 금융은 특허보유자의 자산유동화 및 특허투자수요에 대응하는 것으로, 무엇보다 예측 가능한 '현금흐름'을 발생시키는 것이 중요하다. 이를 위해 현재 또는 가까운 미래에 라이선스 수요가 있는지를 파악하고 해당 IP 가치를 적정하게 평가하는 작업이 필요하다. 이러한 라이선스 전문가는 펀드 운용사 내부에 두거나 SPV나 로펌 등의 전략적 파트너를 통해 조달하는 방법이 있다. IP 펀드를 운용함에 있어 부채의 규모가 클 경우 단기간 내 확실한 현금 흐름을 창출해야 하며, '현금흐름'의 불확실성이 클수록 주식(equity) 등을 통한 자금조달의 필요성이 커진다. 또한 '현금흐름'의 핵심적 역할을 수행할 국제적인 라이센싱 협상이 가능한 전문가가 필요하다.[76)]

벤처캐피탈과 같이, GP(General Partner)의 선택이 핵심적인 이슈이다. GP란 펀드의 운영자이며 무한 책임자를 말한다. IP 펀드의 특성상 펀드 매니징을 하기 위하여 특허수익화 모델을 이해하고 특허수익화에 경험을 가지고 있는 펀드 매니저가 이를 관리하는 것을 요구한다. IP 펀드 매니징은 좀 더 전문적 수준의 회계적 · 세무적 이해와 펀딩 관리가 요구되고 있다. 또한 평균 수익률의 예측률을 높이기 위해 IP 수익화 전략을 다양하게 가져가는 것이 중요할 것이다.

일반적으로 지식재산권의 수명주기에 따른 자금 조달 수단은 다음과 같다고 볼 수 있다. 우선 지식재산권의 창출 및 도입단계[77)]에 있어서는 불확실성이 대단히 높고 현금흐름도 발생하지 않는 단계이므로, 투자자에게도 고도의 위험을 감수하는 데 상응하는 보상을 주어야 하기 때문에, 주식 등

---

76) 조범규, Structured IP Financing, IPMS IP 금융분과 내부발표자료.

77) 지식재산권의 창출단계는 연구나 개발 활동 등을 통하여 기술을 확보하고 이에 대한 권리화를 진행하는 단계이며, 도입단계는 권리화된 지식재산을 사업화하기 위하여 시제품을 만들고 테스트하며, 상품화시키기 위해 시장에 접근하는 단계임.

지분(Equity) 중심의 투자가 적합하다. 두 번째로 지식재산권의 사업화 및 성장단계[78]에서는 현금흐름이 제한적으로 발생하기 시작하고, 시장수용에 적극적으로 대응하기 위하여 관련 설비의 확장 등 현금흐름의 재투자가 요구되며 지속적인 자금의 공급과 지불능력의 유지가 중요한 단계이므로, 회사채를 발행하여 자금을 조달하거나 저작권을 담보로 하여 은행 등 금융기관으로부터 자금을 차입하는 등의 부채(Debt) 중심의 금융구조가 적합하다. 마지막으로 지식재산권의 사업화 성숙단계[79]에서는 외부의 복수 수요자들에게 라이선스를 하고 로열티를 수취함으로써 지식재산권의 경제적 가치를 현금흐름으로 전환하는 활동을 활발히 전개하고, 추가적 자금수요에 대응하고 성장단계에서 차입한 자금을 상환할 수 있는 단계이다. 따라서 성숙단계에서는 구체화된 현재 또는 장래 현금흐름을 기초로 보다 다양한 형태의 금융기법을 사용할 수 있게 되며, 그 대표적인 예로서 증권화를 고려할 수 있다.[80]

■ IP 펀드 구조의 유형[81]

● 세일앤라이센스백(Sale & License-Back)

1) 기본개념

기업A가 보유한 특허를 IP 펀드를 운영하는 자산운용사가 매입하고 기업A는 전용실시권 또는 통상실시권을 확보하고, IP 펀드는 매입한 특허를

---

78) 지식재산권의 사업화 및 성장단계는 창출된 지식재산을 기초로 제작된 상품 또는 지식재산 그 자체에 대한 시장의 수요가 형성되는 시기임.

79) 지식재산권 사업화 성숙단계는 라이센싱 등을 통하여 로열티 수입이 형성되고 시장에서의 수요도 성숙되는 단계임.

80) 한국콘텐츠진흥원, 한국과 일본의 콘텐츠 산업 금융투자 시스템 비교 분석, KOCCA 포커스, 2012.2, 5면.

81) 해당 SLB, IP Pool Syndication, Pre Sale & Profit sharing, IP Litigation Fund 구조와 관련한 IP 펀드구조는 아이디어 브릿지 자산운용사 홈페이지(ibridgefund.com)를 참조하여 설명을 부가하였다.

통해 기업A로부터 매 분기별 또는 매년 실시료를 받고, 펀드의 만기 시 기업은 펀드에 매도한 금액이상으로 해당 특허를 재매입한다.

이러한 펀드로 인해 기업은 회사채 및 은행차입 등의 수단 외에도 보유IP를 활용하여 사업자금을 확보하는 수익화가 가능해지며, IP가 가진 고유특성인 전용실시권 제도의 강점을 살려 기업은 특허에 대한 독점권은 그대로 유지하면서, 타기업에 대한 통상실시권을 여전히 실시할 수 있으므로 해당 특허를 매각하여 자금을 유치하면서도 동시에 해당특허를 활용하여 추가 수익 창출도 가능하게 한 모델이다. 즉 전용실시권자인 기업A의 동의하에 펀드는 IP 필요기업 B, C, D와 통상 실시권 계약을 맺어 추가 라이센싱을 진행할 수도 있다.[82)]

[그림 4-1] Sales & License-back 구조

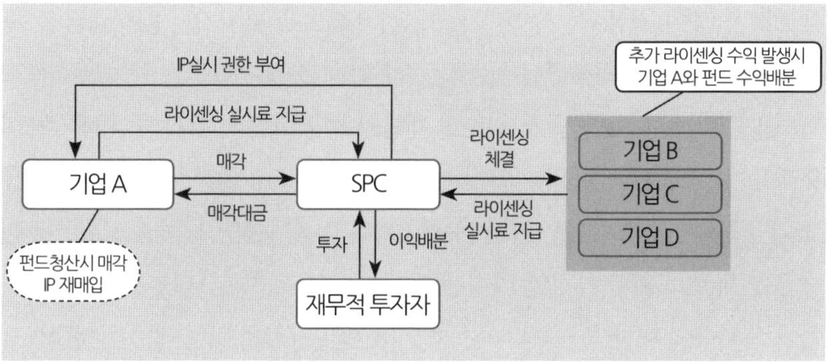

* 주 : SPC(Special Purpose Company)는 앞서 제시된 SPV(Special Purpose Vehicle)로 해석가능
** 자료 : 아이디어브릿지 홈페이지(http://ibridgefund.com)

2) 투자자 관점

재무적 투자자는 위 그림에서 보는 바와 같이 펀드에 투자를 하고, 매년

---

82) 아이디어브릿지 자산운용, 한국시장에서의 IP 펀드 운용, 2012. 6. 22.

전용실시권의 명목으로 실시료를 받게 되는 조건인데 이는 투자자 입장에서는 투자금에 대한 이자액 상당으로 간주될 수 있으며 이를 기본 수익으로 할 수 있다는 점에서 은행권에서는 Sale & License-Back("SLB")을 안정적인 수익을 낼 수 있는 투자구조로 판단하고 있다. SLB는 전용실시권 실시료 외에 펀드가 매입한 특허를 타기업들에 대하여 라이센스 또는 재매각등을 추진할 수 있어서 추가수익을 낼 수 있고, 추가수익 발생시 최초 매각대금을 제외한 수익에 대하여는 기업A와 펀드가 일정비율로 수익을 배분하는 형태의 조건도 포함되어 있다.

이 모델은 특허의 가치가 뛰어난 경우에 기업 입장에서는 당장의 사업자금 확보 및 향후 추가적인 IP 수익을 낼 수도 있는 유용한 IP 수익화 모델이 될 수 있다. 이는 해당 특허를 추가적으로 활용하여 라이센싱 활동이나 매각활동을 할 수 있다는 점에서 이익을 줄 수 있다. 또한 SLB를 통한 자금확보로 인하여 기업A의 사업이 좀 더 성공적으로 펼쳐져서 매각대금을 자산운용사에 주고, 매각했던 특허를 재매입할 수 있는 권한, 즉 콜옵션(Call Option)도 함께 부여받는 것으로서 사업의 성공여부에 따라서 재매입하여 원래 IP가 갖고 있는 가치를 그대로 원상회복시킬 수 있는 기회로서의 활용도 가능하다. 또한 기업A 내부의 R&D 조직의 성과물인 특허권을 활용하여 자금을 확보하고 추가적인 라이센싱 가능성을 타진해본다는 관점에서 기업내부 역량에 대한 중간 평가 및 중간 점검의 기회를 갖는다는 취지에서도 매우 유용한 측면이 존재한다. 또한 특허조직에서의 특허권에 대한 매각을 진행하면서 특허매각 대금을 평가 및 결정하는 과정에서 자사의 특허권을 재점검하고 금융권의 평가 시각을 이해하면서 자사의 IP 자산에 대한 객관적인 시각을 가질 수 있다는 점에서도 고려할 수 있는 모델이다.

SLB에서 특허관리전문회사와 금융회사의 협업이 의미를 갖는다. IP 매입 검토시 해당 특허에 대한 분석 · 평가를 함께 실시함으로써 해당특허가 만약 밸류업(Value-Up)이 필요한 상태라면 이에 대한 추가적인 컨설팅도 가능한 기회를 가질 수도 있다. 특허권리는 발명을 특허출원서로 옮기는 과정과 출원 과정에서 특허전문가의 실력에 따라서 향후 쓸모 있는 특허권이 될 수도 있고 안될 수도 있다. 따라서 특허권은 실질적인 제작과정이 매우 중요하다. 기업A가 주로 중소 · 중견기업이 될 가능성이 높고, 한국 중소 · 중견기업의 특허권의 현주소는 특허권에 대한 경험 부족과 인식부족으로 그들 기업이 보유하고 있는 특허권의 밸류업[83] 작업이 매우 필요한 상태라는 점을 감안했을 때는 특허전문기업의 지원이 중요하다.

3) IP 수익화 모델 관점

펀드는 특허를 매입한 후 일반적인 수익화 프로그램을 운영하게 된다. SPV를 설립하여 해당 특허를 매각하고 그 SPV를 중심으로 수익화 대상 업체들을 대상으로 수익화할 수 있다. 설정기간 동안 투자액 이상으로 상회하는 수익을 거두는 경우, 재무적 투자자, SPV 등 지분에 따라 수익을 배분한다.

4) 의의

이러한 SLB는 라이센싱 시장이 활성화되지 않은 상태에서 현금화를 위한 수단으로 활용될 수 있으며, 라이센싱 초기 도입모델로서 의미가 있다. 라이센싱 시장이 성숙될 경우, 즉 현금흐름이 많이 나올 수 있는 경우에는 SLB 모델이 아닌 다른 모델들이 더 많이 활용될 수 있을 것이다.

SLB의 투자실적에 따라 얻을 수 있는 최고 실적(upside return)은 최초 설정된 이자율로 제한을 받는 반면, 그 반대인 최저 실적(downside return)에 해당

---

83) 특허출원중인 특허출원서의 추가보정 등이 필요한 경우가 많고 해당 기술을 추가 발전시키면서 자사 특허권의 보호망을 넓히는 일련의 특허보완작업.

하는, 기업이 상환능력을 상실하거나, 대상 IP의 가치가 소멸된 상황에서는 그 실적이 상당히 낮아지게 된다. 이러한 최저 실적으로 인한 위험(downside risk)에 대비하기 위해서는 SLB와 Mezzanin Financing이 결합된 다양한 구조에 대한 연구가 필요하다.

펀드의 주운용 주체인 GP(General Partner)가 재무적 투자자 위주인 제한 참여자라 할 수 있는 LP(Limited Partner)의 참여를 설득하기 위해서는 LP가 수용할 수 있는 위험 프로파일(Risk Profile)을 제시하는 것을 요구받고 있고, 이에 대한 적극적인 대안으로서 SLB 모델이 제시된 상황이라고 해석된다. IP 증권화나 IP 담보금융과 같은 IP 자산가치 자체에 기반한 펀더(Funder)를 위해서는 IP 투자 자산의 규모가 증가하고, LP들의 IP투자 및 IP평가 경험치의 증가가 필요하다.[84)]

● IP Pool Syndication 구조

1) 기본개념

향후 잠재적 소송 위험이 높거나 풀(Pool) 회원 기업들이 사용할 가능성이 있는 특허들을 펀드가 선제적으로 매입하고, 해당 특허의 실시권을 업종별 신디케이션(Syndication, 공통기업군)업체들에게 부여하여, 연회비를 납부한 회원 기업들이 펀드가 매입한 특허를 공동으로 사용한다.

---

84) 금융위원회 주관으로 조성된 '성장사다리'펀드에서 특히 '창의형 IP 펀드'가 있는데, 이 IP투자펀드는 IP 자산 자체에 대하여 투자할 수 있는 국내 최초의 정부 지원 펀드로서의 의미를 지니고 있다. 그간 중소 · 중견 기업에 대한 IP 금융의 IP 담보대출은 해당 기업의 지분을 필히 확보해야 하는 벤처캐피털형의 조건이 있었던 반면에 이번 '창의형 IP 펀드'는 IP 자산 자체의 평가 금액 및 향후 수익가능성에 대한 평가를 통하여 별도 지분확보 없이 투자가능하게 되었다는 점에서 클레임차트가 있는 수익형 특허권에 투자하는 외국의 IP 펀드와 유사하다. 따라서 본 펀드의 조성은 한국IP 시장에서의 의미있는 새로운 시도로 보여진다.

[그림 4-2] IP Pool Syndication 구조

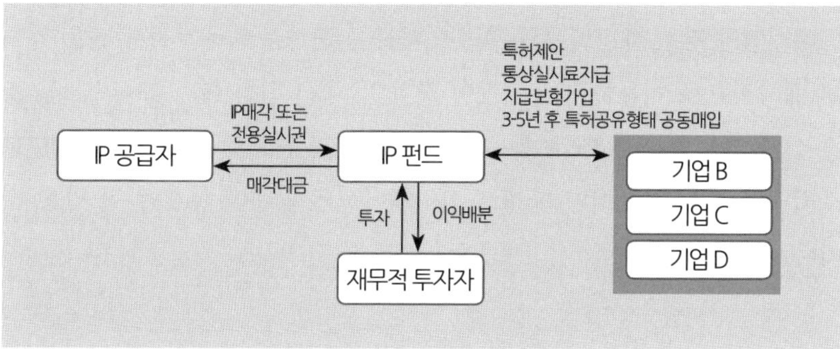

* 자료 : 아이디어브릿지 홈페이지(http://ibridgefund.com/)

소송위험이나 분쟁가능성이 높은 IP를 선제적으로 매입하여 IP 소송을 미연에 방지함으로써 국내기업의 IP 소송 위험을 낮추며, 특히 소송 부담으로 해외 진출을 주저하고 있는 기업의 IP 소송 위험을 낮춤으로써 국내기업의 해외시장 진출 및 수출 확대에 기여할 수 있다. 펀드가 매입한 IP를 업종별 업체들이 신디케이션을 형성하여 공동으로 실시권을 부여받는 형식이므로, 업체들이 개별적으로 IP를 확보하는 것에 비해 IP 확보 부담이 크게 절감된다. 따라서 자금부족으로 인해 독자적으로는 IP 소송대비 및 IP확보가 힘든 중소·중견기업의 IP 소송대비 및 IP 확보에 도움을 줄 수 있다. 또한 개별기업이 아닌 동일업종 신디케이션이 사용하는 IP투자로 개별기업 대상 IP투자대비 위험 감소효과를 가진다.[85)]

특정 회원 기업에서 방어형으로 특정 특허가 필요할 때에는 IP 풀(Pool)에 담겨져 있는 일부 특허를 특정기간 동안 해당 분쟁 또는 소송을 방어하는 목적으로 빌려주는 특허대여(Patent Lease)제도도 특허가 부족한 중소·중견기업에게는 매우 유용한 제도가 될 것으로 보인다.

---

85) 아이디어브릿지 자산운용, 한국시장에서의 IP 펀드 운용, 2012. 6. 22.

2) 대기업과 중소기업의 입장 차이

대기업의 경우 자금력이 풍부하기 때문에 전략적 활용가치가 높은 특허는 배타적으로 이용하려는 경향이 강하며, 대신 위험 헤지 목적으로는 IP 풀 신디케이션(IP Pool Syndication) 구조를 사용할 수도 있을 것이다. 반면, 중소기업의 경우 자금력의 한계로 신디케이션의 형태를 선호할 수 있을 것이다.

RPX와 유사하게 대기업이 참여하는 신디케이션의 경우, 해당 분야의 대기업 및 중견기업을 묶어서 해당 특허를 매입해 주는 방안이 있다. 이때 특허를 매입하고자 하는 중소기업들은 자금여력이 부족하므로 특허전문기업에서 풀(Pool) 특허를 매입하는 역할을 담당해주고 중소기업은 이를 특정목적으로 활용할 수 있게 하고 사용한 만큼의 대가를 지불하게 하는 형태의 특허대여 제도 및 특허공유 제도 등을 발전시켜 나갈 필요성이 있다.

3) IP Pool 운영상의 고려할 점

특정 특허들을 한데 모아서 여러 기업들이 사용하게 하는 Pool 형태의 형성은 무엇보다도 수요기업들이 필요로 하는 특허의 기술분야가 수요의 양에 따라서 특정화되는 것이 효율적이다. 다시 말해 포트폴리오의 형태로 관련된 특허들을 모은 상태에서 해당 기술분야의 특허를 실시하는 기업을 대상으로 해야 한다.

또한, Pool이 실제로 작동되기 위해서는 상당한 규모가 필요하며, 회원비를 지급받는 경우, 유사한 다른 나라의 라이센싱 Pool에 대금을 지급해야 하는 경우가 생긴다. 전세계 기술시장에서 표준화된 기술을 커버하는 표준특허일 경우에는 MPEG LA 나 Sisvel 및 VIA Licensing 등 미국회사 및 이탈리아계 미국회사 등이 전 세계시장을 석권하고 있다.

4) 주요 사례

2012년 Allied Security Trust는 ARM Holdings 거래에 참여하여 MIPs로부터 3억5천만 달러에 500건에 가까운 특허를 취득하여 영국 Imagination Technology 사에 판매하였다.

MIPS TECHNOLOGIES → Allied Security Trust I

유사하게, 2012년에는 Intellectual Ventures는 RPX와 함께 자본 및 인력을 조달하여 Kodak으로부터 5억2,500만 달러에 상당한 수의 특허를 취득하였다.

Kodak → INTELLECTUAL VENTURES → RPX RATIONAL PATENT

마지막으로, Transpacific IP는 Phoenix Technologies의 BIOS 포트폴리오 특허를 취득하여 전 세계 노트북과 PC의 대부분을 생산하는 대만 기업 연합에 이전하는 데 관여하였다. 이는 아시아 회사들이 Transpacific IP의 형태로, 신뢰하는 제3자 및 관리자를 통하여 잠재적으로 위협적인 자산을 시장에서 떼어내는 데 협력한 사례로 새로운 지평을 열었다.[86)]

PHOENIX INTELLECTUAL PROPERTY → Transpacific ip

86) Peter D Holden, The ever-chaning IP monetization marketplace for PAEs, Jul/Aug 2013.

● 원금보장형 Pre Sale구조

1) 기본개념

기업이 보유한 우수 IP를 펀드를 통해 매각하여 수익을 확보하고, 펀드는 이를 다시 활용하여 수익을 창출하여 투자자 간에 분배하는 구조이다.

즉, 기업 A, B, C가 보유한 우수 IP를 펀드가 매입하고 펀드기간 동안 IP 매각 및 수익화를 통해 창출한 수익을 기업 A, B, C와 펀드가 일정비율로 배분하는 구조이다. 만약 펀드의 만기시까지 수익을 내지 못할 경우, 잔여 IP 자산은 기업 A, B, C가 다시 매입하고 펀드에 원금회수를 해줄 수 있도록 풋옵션을 행사할 수 있는 권리를 부여한다. 펀드기간 중 기업 A, B, C의 동의하에 IP 필요기업 D, E, F와 추가 라이센싱을 체결하여, 추가수익 발생 시 펀드와 기업 A, B, C가 이익을 배분한다.

기업 A, B, C 등은 우수 특허 매각 방식으로 수익을 발생시킬 수 있으며, 펀드의 다양한 국내외 IP 네트워크를 활용하여 기업이 직접 매각하는 것과 비교하여 보다 효율적으로 고가에 매각이 가능할 수 있다. 또한 해당 IP에 대해 최초 보유기업이 재매입하는 구조이므로 펀드의 출구(Exit) 모델이 갖는 위험을 낮출 수 있다.[87)]

펀드는 기업 A, B, C에 특허를 가져오는 대가로 일정한 금액(initial fee)을 지불한 후, 기업 A, B, C 입장에서는 반소 가능성, 소송비용 부담, 소송으로 인한 이미지 하락 등의 위험을 부담하기 보다는 투자자로 참여하고 수익지분을 받는 것이 유리하다는 판단하에 참여하게 된다.

---

87) 아이디어브릿지 자산운용, 한국시장에서의 IP 펀드 운용, 2012. 6. 22.

[그림 4-3] 원금보장형 Pre Sale 구조

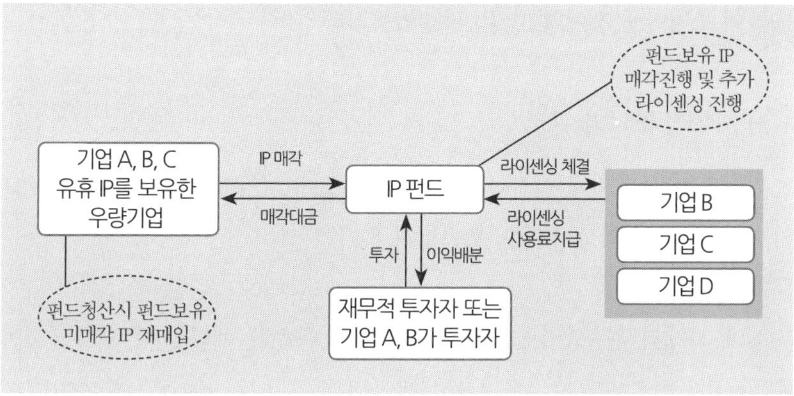

* 자료 : 아이디어브릿지 홈페이지(http://ibridgefund.com/)

전형적인 SPV를 활용한 투자 수익 모델로 좋은 특허를 팔 것을 제안하고, 현물 출자한 특허가 모이면 라이센싱 받을 기업들을 압박하여 또 다른 기업들에게 현물 출자나 현금을 가져오며, 나중에 수입이 생기면 배분한다. 이 모델은 기본적으로 특허의 품질이 높고 수익성이 강해야 가능하다.

펀드가 기업들에게 유휴IP를 투자할 것을 제안하는 경우가 있으나 해당 구조가 동작하기 위해서는 수익성이 높은 시장에서 활용되고 있는 특허가 필요하다.

2) 전략적 투자자(Strategic Investor) 관점

기본적으로 자신의 제조업을 하는 전략적 투자자가 라이센싱 취득 및 투자대비 수익지분을 받는 구조이다. 전략적 투자의 수익성 추구보다는 자사 사업에 대한 리스크 헷지(risk hedge) 성격이 강하다. 해당 특허를 투자하지 않고 경쟁업체가 취득할 경우 보다 많은 리스크에 노출된다는 뜻이다. 전략적 투자자가 보유중인 특허를 현물 출자할 경우 그에 따른 수익의 발생은 상당기간이 소요된다고 생각하기 때문에, 선급금(initial fee)을 받고 싶어할 것이나 이는 재무적 투자자와의 이해관계의 충돌할 수 있으며, 협상을 통하여 조정할 문제이다.

3) 재무적 투자자 관점

기업과는 상반되게 선급금을 줄이고 나중에 기업과 수익을 배분하려고 하며, 이 부분이 협상의 주요 포인트가 된다.

실제 사례로서는 Acacia가 Adaptix로부터 특허를 매입할 때 투자자(초기 매입 참여자)들로부터 자금을 받았는데, 삼성전자와 MicroSoft가 참여하였다. Adaptix가 보유한 특허는 현재 LTE의 기본 통신 방식인 OFDM 기술로서 차세대 기술의 핵심 방식으로 알려져 있으며, Adaptix 특허는 OFDM의 핵심 특허로 알려져 있다.

● IP 소송펀드(Litigation Fund) 구조

IP 소송펀드는 타겟 IP 확보 및 추가 IP 보강 후 IP침해 대상기업으로 소송을 진행하여 소송에 대한 배상 또는 합의를 통해 수익을 확보하는 구조이다. IP 소송을 통한 수익 극대화로 투자자의 니즈를 충족시키며, 핵심 IP를 보유한 후 특허소송을 진행함으로서 IP 시장에서의 펀드 경쟁력을 강화시킬 수 있다. 또한 사모펀드 특성상 수익자 노출이 쉽지 않아 재무적 투자자 및 기업투자자도 참여가 가능하기 때문에 대규모 자금조성이 가능하다. 고위험-고수익 특성을 가지며 기업투자자의 경우 시장경쟁우위를 지니게 된다.

Microsoft를 상대로 2억 9천만 달러의 손해배상액 판결을 받아낸 i4i라는 중소 벤처기업이 있는데, 이 기업이 Microsoft라는 거대기업과 소송을 벌이는 데 있어서 관련 소송비용을 조달하기 위하여 캐나다 벤처 캐피털인 Northwater Capital이 참여하였다. 이는 'IP 소송전문 펀드'라는 형태로 분류되는 새로운 형태의 펀드이다. Northwater Capital은 캐나다 벤처캐피털 전문업체로서 기술 중심의 벤처들에 주로 투자해오던 중, i4i가 보유한 Microsoft 소프트웨어 관련 기술 및 특허에 가치가 있다고 판단하였다. 이후 i4i가 Microsoft를 상대로 소송을 할 때 소송펀드로서 수익배분을 전제로 투자하였다.

[그림 4-4] IP 소송펀드 구조

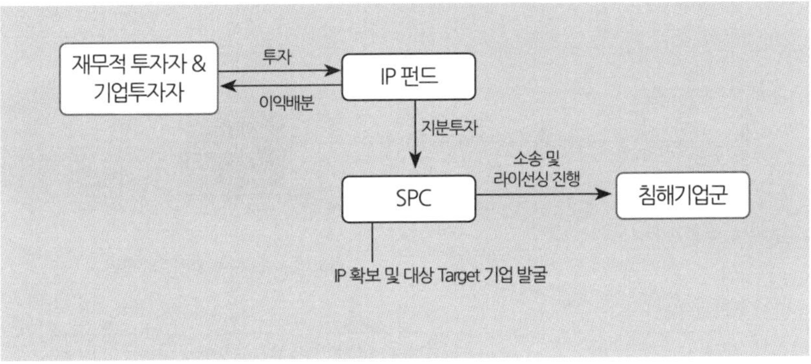

* 자료 : 아이디어브릿지 홈페이지(http://ibridgefund.com/)

● 전략적 투자자와 사모펀드 간의 조인트벤처 구조

특허 보유법인이 가지고 있는 특허를 조인트 벤처(Joint Venture) 형태로 매입하는 것으로, 특허 보유기업 또는 활용기업과 함께 사모펀드(Private Equity Fund)가 공동으로 조인트벤처를 설립하게 된다. 특허 활용 구조 및 절세를 위하여 역내(on shore)가 아닌 역외(off shore)로 설립하여 라이센싱, 소송 등을 통해 투자금을 회수하게 된다. IP 비즈니스 업계에서 역외(off shore)로 SPV를 설립하는 경우에는 조세피난처(tax haven)으로 알려져 있는 버진 아일랜드(Virgin Island), 저지, 바하마 등이 활용된다.

이러한 투자구조는 국내 사모펀드들이 구조조정을 하고자 하는 기업들을 대상으로 파이낸싱하는 방법에서 힌트를 얻은 것이다. 구조조정 대상

기업들의 매각 사업부를 인수하고, 관심 있는 대기업을 끌어들여 사업의 수익성을 높이는 전략을 취하는 구조이다. 서로의 리소스 공유를 통한 시너지를 위해 전략적 투자자와 사모펀드가 연합하여 공동으로 이 사업을 운영한다는 것이 핵심이다.

[그림 4-5] 조인트벤처 구조

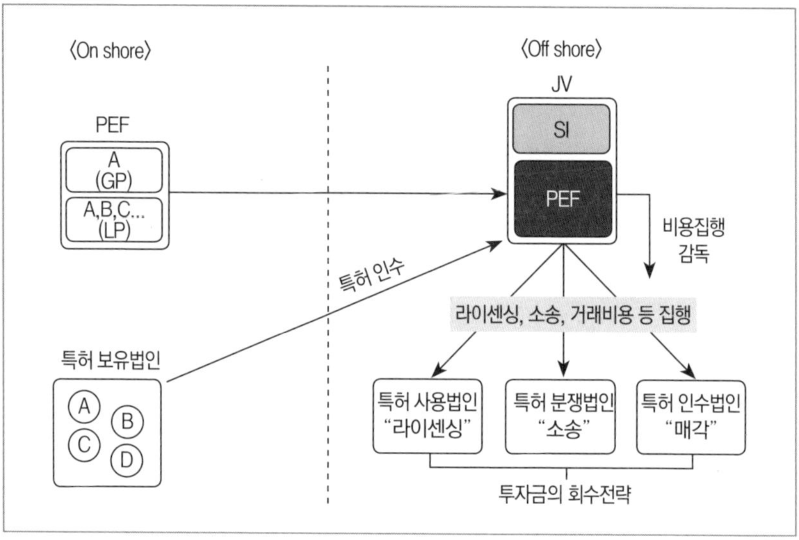

● 익명투자 구조

특허권을 매입하여 행사함으로써 특허료 수익을 창출하고자 할 경우, 다양한 특허권 행사 방안을 구사하게 된다. 이러한 방안으로서, 특허권을 보유 및 행사할 특허권자를 별도로 두고 이러한 특허권자와 협력계약을 체결한다. 특허권자가 획득한 특허료 수익을 취득할 특허전문회사(SPV)를 투자자와 특허권자 사이에 둘 수 있다. 필요한 특허권 소송비용 및 운영비용은 특허전문회사를 통하여 특허권자에게 송금하는 구조를 검토할 수 있다.

SPV의 설립은 제3자를 통하여 하고 투자자는 SPV의 지분을 소유하는 것이 아니라, 익명조합 계약을 체결하여 SPV는 특허사업의 영업자가 되고, 투자자는 익명조합원이 되어 SPV의 특허사업을 위하여 출자하고 그 사업에서 발생하는 이익을 분배받는 구조를 만들어 낼 수 있다.

[그림 4-6] 익명투자 구조

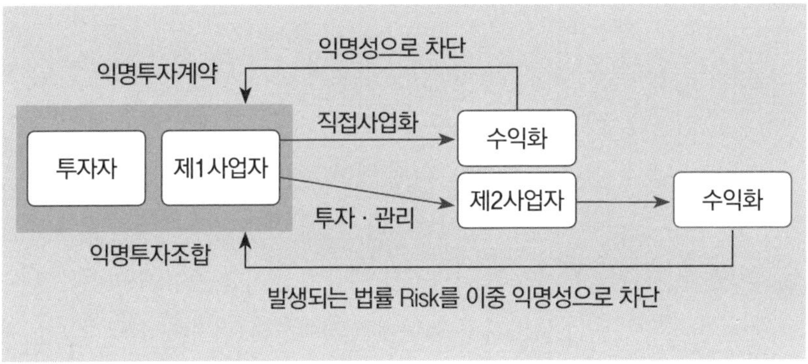

상법상 익명조합은 계약으로 성립하는 공동기업형태이나, 익명조합원과 영업자의 계약관계라 할 수 있다. 익명조합 자체는 법인격을 갖지는 않는다. 익명조합원은 영업자의 영업을 위하여 금전 또는 재산을 출자하게 되고 영업자는 익명조합원에게 영업에서 생기는 이익을 분배할 것을 약정하게 된다. 이때 영업을 수행할 수 있는 권한은 전적으로 영업자에게 귀속되고, 익명조합원은 영업자의 영업을 감시할 권리를 가질 수 있게 된다. 이익분배의 비율은 당사자간의 특약이 있으면 그에 따르게 되고 특약이 없으면 각자의 출자가액에 비례하여 정하여지게 된다. 한편 계약이 종료한 때에는 영업자는 익명조합원에게 그 추자의 가액을 반환하여야 하나, 출자가 손실로 인하여 감소된 때에는 그 잔액을 반환하도록 규정되어 있다. 이러한 익명조합 관계에서 영업자가 행할 수 있는 영업의 범위가 별도로 한정되어 있지 아니하고, 익명조합원이 출자한 금전 또는 재산을 영업에 사용하는 것은 영업자의 권한이라고 할 수 있다. 따라서 투자자가 SPV와 익명조합 계약을 체결하고 익명조합원으로서 일정금액을 출자하여 영업자인 SPV가 이러한 금전 또는 재산을 영업활동에 사용하는 것은 상법상 특별히 제한되는 행위는 아니기 때문에 이러한 구조를 특허사업에 응용하여 활용할 경우 특허사업에서 특히 중요한 익명성을 확보할 수 있다는 장점을 부각시킬 수 있는 구조이다.

특허사업에서의 익명성 확보 차원에서 여러 가지 투자구조들이 검토 및 실행되고 있는데, 이러한 익명투자 구조에서도 그 '공개성'에 대한 의문은 여전히 제기될 수 있다고 보지만, 이에 대한 해당법원의 판결을 인용할 만한 사례는 아직 찾아지지 않은 상태이다. 다만 관련법규에 대한 유권해석상 대부분의 자금을 투자자의 익명조합 계약에 근거한 출자에 의존하고 사업 활동의 상당부분이 투자자의 계획에 의하여 특허권자와 협력계약을 체결하여 특허료 수익을 창출하는 형태인 SPV의 경우, 사실관계가 공개된다면 특허권자나 투자자의 관계회사로 인정될 가능성을 완전히 배제하기는 어려울 수 있다. 그러나 SPV도 익명조합의 영업자로서 특허료 수익의 일부를 독자적 영업이익으로 기록 · 처리할 것이라는 점, 그리고 SPV의 소유 및 경영은 익명조합 계약의 규정 범위 내에서 투자자와 독립적으로 이루어질 것이라는 점 등을 고려할 때, 공정거래법 등 관련법규에 의하여 SPV가 투자자나 특허권자의 관계사로 인정될 가능성은 상대적으로 낮을 수 있다.

투자자가 국내 특허보유기업일 경우에 특허전문회사에게 특허권에 대한 활용을 통하여 특허료 수익을 창출시키고 향후 수익을 배분받고자 할 때, 투자자 자신의 익명성을 보장받고자 원한다면 이러한 '익명투자조합' 구조를 검토해 필요가 있다. 특히 국내에 특허전문회사 또는 특허전문회사의 자회사 형태의 SPV를 설립한 후, 미국, 유럽, 중국 등 특허권을 행사하고자

하는 국가에 특허권을 현물출자하여 별도의 SPV를 추가 설립하여 특허침해소송 등을 추진한다면, 미국의 소송절차에서 가장 염려의 대상인 디스커버리 절차에서의 투자관계 사실관계를 밝혀야 하는 부담을 덜 수 있는 효과적인 대안이 될 수 있다.

● 에이전트(Agent) 활용 구조

특허권자 또는 투자자는 본인의 익명성을 보장받고자 원한다. 그러면서도 동시에 특허권의 행사에 대한 사업전반에 정보를 보고 받길 원하고 결국 본인의 의사결정이 반영되길 희망할 것이다. 이러한 경우 전통적으로 행해져온 투자구조로서, 특허전문회사를 하나의 전속된 에이전트로 활용하는 구조가 활용되어져 왔다. 즉 투자자나 특허권자가 에이전트와 특별목적의 사업을 추진하기 위한 전용계약을 체결하고 에이전트가 특허권자나 투자자의 특허권 행사의 목적 및 취지에 맞추어서 특허사업을 행하여 수익을 창출해내고, 수익의 일정비율을 에이전트의 몫으로 차감하거나 일정금액을 에이전트의 대가로 취득하는 구조이다.

과거에는 낮은 정도의 익명성이라도 시장에서의 스크린 효과(원특허권자의 이름을 가려주는)를 보장받는 가장 활성화된 구조로 활용되어 왔다. 그러나 최근 미국법원에서는 에이전트의 투자계약서상 일정 지분 또는 컨트롤(통상적으로 30% 이상의 수익지분을 가지고 있거나 의사결정을 조정할 수 있는 협상력을 지니고 있다는 뜻)을 가지는 투자자도 소송당사자로 참여하여야 한다는 판례들이 나오고 있어서 과거와 같은 익명성을 더 이상 보장받기는 어려워졌다. 따라서 후속적인 개념에서 사나포선(Privateering)모델이나, 특수목적 법인을 활용하여 다수의 투자자그룹을 결정하여 사업을 추진하는 등 다양한 형태의 모델이 만들어지고 있는 추세이다.

[그림 4-7] 에이전트 계약 구조

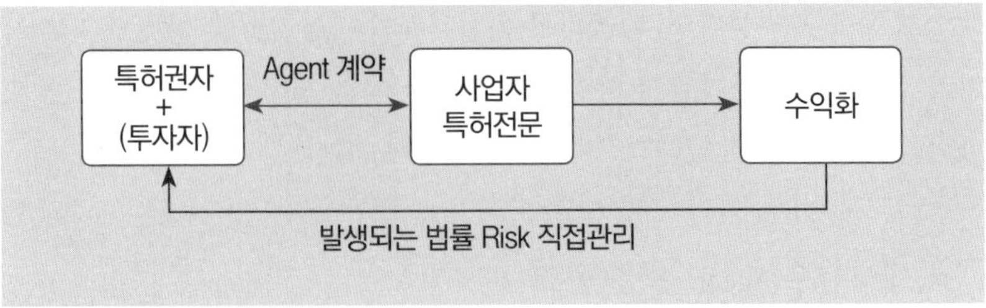

하지만, 굳이 익명성을 보장받을 필요성이 없는 특허권자나 투자자 입장이라면 상황은 달라지는데 특히, 제조 판매할 사업아이템이 없거나, 수출시장에서의 분쟁이 민감하지 않을 경우에는 이러한 전속 에이전트를 통하여 사업을 추진하는 것이 여전히 매력적이라고 할 수 있다. 에이전트는 주로 이 분야에서 이미 성공적인 실적을 보유한 중·대형 특허전문회사들이 주로 선정되는 경향이 있다.

● 사나포선(Privateering) 활용 구조

특허권자는 특허침해소송에 연루되어 해당 법원에 소송당사자로서 연루되고 싶어 하지 않는 본인의 익명성을 보장받고 싶어 한다. 앞서 설명한 에이전트 활용 구조에서는 특허권자나 투자자가 직접 주요 의사결정을 하거나, 50% 이상의 수익지분을 가지면서 직접 당사자로서 참여하는 것도 고려하는 구조이다. 반면, 본 사나포선 활용 구조는 특허 수익화 과정에서의 모든 주요 의사 결정을 사나포선이 담당함으로써 특허권자 입장에서는 특허를 사나포선에게 조건부 매각하거나 현물출자한 이후 향후 수익에서 일정 비율의 수익금을 받으면서 익명성을 보장받는 구조이다. 조건부 매각에는 수익지분을 백엔드(Backend)로 갖게 되는데 이 또한 50% 이하로 합의하는 것이 통상적이다. 이유는 수익화 과정에 소요되는 비용들을 특허권자가 직접 투자하는 것보다는 특허권자는 특허권을 매각하거나 현물투자하고 그에 따른 비용은 별도의 IP 펀드나 특허전문회사 등이 투자하게 구조를 설계하여 역할분담을 할 수 있다. 또한 수익지분을 각각 50% 이하로 적정하게 유지함으로써 특허침해소송의 경우에는 해당 법원에서의 소송당사자로서 참여하지 않는 방향으로 구조를 설계할 수 있는 특징이 있다.

[그림 4-8] 사나포선 계약 구조

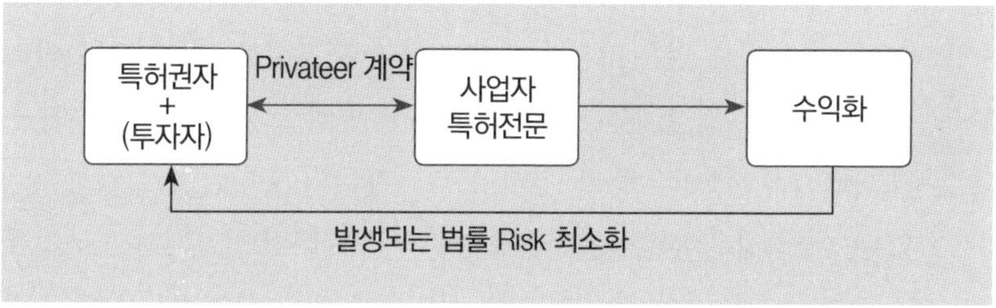

대표적 사례로서는, Nortel의 특허를 Apple, Microsoft의 컨소시엄이 4.5조원에 매입하여 Rockstar라는 사나포선을 만들어서 매입 컨소시엄을 대표하여 경쟁사들을 압박하고 있고 몇몇 한국기업을 포함한 경쟁사들에게는 특허침해소송을 제기한 상태이다. IP전쟁시대에서 한국기업들은 이러한 사나포선에 대한 역학적 이해 및 철저한 분석을 통하여 경쟁사들의 특허활용전략에 적극적으로 대응해 나아갈 필요성이 있다. 기업입장에서의 특허방어목적에서도 사나포선에 대한 단순한 이해단계에서 멈추지 않고 더 나아가 이를 적극적으로 활용할 수 있는 자세가 필요하다.

다만, 미국 등의 특허관련 정책 당국의 규제적 환경을 보면, 특허료 지출이 상대적으로 많은 IT관련 업계에 대한 특허활용 구조에 대한 규제적 분위기가 형성되고 있는 것도 사실이다. 하지만, 이 또한 정당한 특허권의 활용의 측면에서 규제의 대상이 되지 않아야 한다는 반대의견도 만만치 않아 어느 한쪽으로만 치우친 방향으로 규제정책이 결정되지는 않을 것이란 것이

다수의 특허전문가들의 견해라고 할 수 있다.

2 IP 펀드의 실무

■ IP 펀드 운용의 이슈와 실무

IP 펀드를 운용하는 일은 IP 자산에 투자하는 투자금을 신탁형으로 관리하는 자산운용사의 입장에서는 집합투자기구 형태로 펀드를 설정하거나, 특별사모펀드(Private Equity Fund) 형태로 투자자들의 투자금을 설정하거나 할 수 있다. 어느 경우에서든 자산운용사의 펀드매니저 입장에서는 투자금을 어떤 IP 자산에 투자할 것이며, 어떤 사업자를 믿고 사업추진을 맡길 것인가, 과연 사업성은 있는 것인가, 투자금의 규모와 투자 시기는 적정한가, 투자금의 수익배분은 어떤 시점에서 어떤 트리거링 이벤트(Triggering Event)에 배분하는 것이 적절한가, 만약 원금회수 시기가 늦어질 경우에는 어떠한 안전장치를 통하여 투자자들을 안심시키고 수익성을 제고할 것인가, 수익배분이후에는 어떤 과정을 통하여 해당사업의 출구(Exit)전략을 찾을 것인가에 대하여 투자검토시기에서부터 충분하게 검토되어 추진하는 것이 바람직하다. 이 중 가장 근본적인 질문인 "과연 돈 되는 물건(IP 자산)인가"와 "누가 사업을 하는데"의 질문을 통과시키려면 IP업계에 대한 경험과 일정 기간동안의 네트워크가 있어야 제대로 된 판단을 할 수 있거나 적어도 오판은 하지 않을 것이다. 과연 돈 되는 투자 물건인가에 대한 답변은 변리사 등의 전문가를 통하여 간접적인 답을 통하여 결정할 수 있다. 누가 사업을 하는가에 대한 문제는 시장에서의 실적(track record)을 요구하여 객관적으로 체크할 수 있지만, IP업계의 전문적인 특성상 해당업계에서 함께 일하는 전문가들의 현장의 목소리를 알 수 있는 네트워크를 가진 펀드매니저 인가 아닌가에 따라서 사업추진의 성공의 중요 포인트를 놓치지 않을 것이다.

● 의사결정 구조

IP 펀드를 운용하는데 있어서 누가 언제 어떤 사안에 대하여 의사결정 권한을 어떻게 행사하느냐가 중요한 문제이다. IP 자산을 활용하므로 IP 자산의 특성에 대하여 전문적인 지식을 가지고 있는 사업자가 대부분의 수익사업 진행과정을 관장하지만, 얼마의 자금을 어느 시점에서 어떤 방식으로 투입하느냐는 자금관리를 하는 펀드매니저의 역할이라고 할 수 있다. 추후에 어떤 이벤트에서 투자금을 어떤 방식으로 회수하느냐도 각각의 투자의 입장에 따라 상황이 달리 인식될 수 있으므로 이 또한 '투자계약서' 형태로 수익사업 초기에 정해놓는 것이 중요하다. 통상적으로 투자자그룹들의 구성원들의 최종 의사결정 기구를 마련하게 된다. 의사결정 기구에는 각 투자자들을 대표하는 자를 참여시키는 것이 좋고, 지분별로 투표권을 행사하게 할 수도 있고, 각 당사자별 한 표씩을 부여할 수도 있다. 통상적으로는 투자자 그룹내 의사결정을 하는 방식을 정하고 이를 모두 대변하는 투표권과 수익사업을 추진하는 사업자에게 투표권을 부여하는 방식이 있을 수 있다. 또한 사업자에게는 사업에 관한 전권을 위임하는 방식과 투자금의 투입 결정, 회수권한 및 감사권한 등 투자자 그룹의 권한을 각각 분리하여 운영할 수도 있다.

바람직하게는 투자자의 대표와 사업자의 대표 모두 한데 참여하는 '운영위원회'(Steering Committee)와 같은 최고의결기구를 두는 것이 좋다. 평상시 사업의 통상적인 진행에서는 운영위원회를 가동시킬 일이 거의 없겠지만, 사업이 애초 계획대로 진행되지 않거나 또는 예상치 못한 문제점에 봉착하여 해결안을 마련하고자 할 때 및 최종의사결정을 하여야 할때는 꼭 필요한 의사결정기구라고 할 수 있다. 보조적으로는 운영위원회 산하에 실무협의체를 놓고, 형식적인 면을 간소화하여 주간 또는 월간으로 업무진행현황을 확인하고 중대한 의사결정 사안을 도출하여 운영위원회로 안건을 상정하는 역할 등을 수행하는 것도 방법상 고려할 만하다.

● 수익배분시 이슈

투자자들간의 수익배분에도 규칙과 순서가 있기 마련이다. 모두 동순위로 동일 비율로 배분 받는다 라면 이상적이지만, 금융권에서 얘기하는 이해관계 부합(Alliance of Interest) 차원에서 어느 투자자에게도 치우치지 않는 공평한 수익배분을 위한 아이디어가 필요하다. IP 자산을 공동의 현금으로 매입하여 특정사업자에게 사업을 의뢰하는 형태는 공동의 현금을 투자한 투자들의 수익배분은 모두 투자비율로 배분하면 될 것이다.

IP 자산을 매입하여 사업자에게 향후 수익배분의 지분을 별도로 제공하지 않고 서비스료만을 지불하는 경우에는 모든 수익배분의 지분을 투자자그룹 내에서 배분하면 된다는 것이다.

현금만을 투자하는 재정적 투자자(Financial Investor)들만으로는 IP 자산에 투자하여 수익을 내는 IP 펀드의 속성상 IP사업에 대한 이해가 깊은 기업투자자도 함께 참여시키는 것이 좀 더 안정적인 사업운영으로 판단하는 것이 일반적이라고 할 수 있다. 이 경우에는 재정적 투자자는 IP 자산을 투자대상으로만 인식한다는 점에서 해당 IP 자산을 실시하는 기업과 같은 전략적 투자자(Strategy Investor)와 사업자와는 입장이 다르다고 할 수 있다.

따라서 통상적으로 재정적 투자자는 금전적 이익을 우선하므로 향후 수익발생시 배분의 순서를 정할 때는 선순위 배분(1st Recoup)을 요구하는 것이 당연시 된다. 반면 전략적 투자자는 해당 기업에서 실시하는 이익을 현금적 이익보다는 우선시 한다는 측면을 고려하여 후순위 배분(2nd Recoup)조건을 수용하는 것이 일반적이다. 사업자의 경우에는 대형 특허전문기업을 제외하고는 대부분의 특허전문회사들은 투자자그룹(재정적 투자자 및 전략적 투자자를 모두 포함)과의 수익배분에서 후순위분에 인색할 수밖에 없다. 상대적으로 소규모의 자금과 소규모의 인력으로 IP 수익사업만을 추구하는 입장에서는 최우선적인 수익배분을 원하기 때문이다. 따라서 특허전문회사입장에서는 수익이 발생시 그 때까지 사용된 비용을 제외하고 투자자그룹에게 수익을 배분하기 전에 사업자의 지분을 최우선적으로 배분받기를 주장할 것이다. 투자자그룹의 다수지분보다는 상대적으로 작은 지분이므로 이 경우에 투자자그룹에서는 사업자의 요구에 응하거나, 또는 동순위 배분을 차선책으로 협상하게 될 것이다.

투자자 그룹들이 조인트 벤처 형태로 외국에 공동 투자할 경우나, 국내투자자와 해외 투자자가 각각 조인트 벤처 형태로 특수목적 법인을 설립하여 IP사업을 추진할 경우라면, 수익배분시 발생되는 세금을 정밀하게 검토하여야 한다. 특히 투자자의 수익배분 순위가 동순위가 아닌 선순위, 후순위 등으로 특정 순서가 정해지고, 일정 조건을 만족한 뒤에는 공동순위로 배분한다든지 할 경우에는 공동의 사업으로 발생된 세금도 수익배분 순위별로 할당을 해주어야 공평한 세금 배분(tax allocation)이 될 것이다. 조인트벤처의 경우에는 전체 투자금을 넘는 수익배분 때부터 발생되는 세금을 납부하여야 한다. 문제는 바로 그 세금을 납부하기 전에 투자금에 해당되는 금액에 해당되는 원금을 회수하는 구간에서 선순위 수익배분을 받는 투자자가 약정한 투자원금을 모두 회수 할 때까지의 수혜를 얻고 난 후에 후순위 수익배분을 받는 약정인 경우이다. 이 경우 전체 투자금이 50 : 50로 균등하게 배분되는 경우가 아니고서는 추후 발생되는 세금의 배분에 있어서도 수혜비율대로 납부하는 약정을 별도로 하지 않은 경우에는 후순위 수익배분을 받는 투자자는 예상하지 못한 선순위 투자자의 세금납부의 부담까지 떠안을 수 있는 문제가 발생될 수 있다. 따라서 이 경우에는 수익배분을 정하는 약정과 함께 공동사업으로 발생되는 세금의 배분에 있어서도 별도의 약정을 통하여 균등한 세금배분이 될 수 있도록 투자계약 체결시에 검토가 필요한 부분이다.

● IP 펀드 청산시 이슈

IP 펀드는 IP 자산 또는 IP 수익화에 투자한 펀드인데, 투자나 펀드설정은 투자기간 또는 펀드 설정기간이 있기 마련이다. 일정 계약기간이후에는 해당 사업을 마무리하고 해산 또는 청산하게 된다. 목표 수익률의 달성여부와 상관없이 IP 수익 프로젝트의 관련 특허권자, 재정적 투자자 및 사업자 등에 수익, 부채 및 잔여자산을 배분하는 절차를 통하여 원활한 청산을 유도하는 것이 좋다. 수익의 배분은 IP 수익화 프로젝트 이해당사자간 체결한 투자계약서 등에 따르면 이견이 없을 것으로 보인다. 그러나 잔여 IP 자산의 처리방안에 대하여는 이해관계자의 입장에 따라 달라질 수 있다. 즉 IP 자산과 관련하여 투자자로서의 이해관계자가 통상적인 비독점적 실시권의 이득을 취할 수 있는 기업이라면 IP 자산의 처리에 있어서, 그 자산을 매입해가거나 실시권을 취득하는 이득이 있으므로, 이러한 이해관계가 없는 재정적 투자자에게는 이에 상응하는 이득을 금적으로 보상하는 측면이 고려되어야 한다. 그래서 재정적 투자자 입장에서는 IP 자산을 청산시점에서 매각하여 현금화하여 수익지분별로 배분하자고 주장할 수 있다. 또는 해당 IP 자산을 실시하는 기업(앞에서 언급되고 있는 투자자로서의 실시기업)이 해당 IP 자산을 일정기준으로 매입하고 이를 재정적 투자자에게 현금의 이득을 주게 할 수도 있다.

추가로 고려해야 하는 점은 투자 구조가 조합일 경우에는 자본시장통합법에 의한 세제 혜택이 주어진다는 점이 있다. 특히 펀드의 청산시에는 투자시점에서의 투자금 대비 IP 수익 프로젝트의 과정에서 취한 수익금이 많을 경우에 부과되는 과세대상 수익을 어떤 당사자가 부담하게 되는 지에 대하여 검토 및 반영하는 것이 필요하다. 또한 국제적 투자관계로 설정될 경우에는 세금부과가 최저로 될 수 있는 투자구조를 전문 세무, 법무법인 등을 통하여 구조화하는 것이 필요하다. 이는 향후 세금 폭탄으로 인한 투자자들간의 이해관계 상충이 발생하지 않도록 사전적으로 검토되어야 하는 필수 내용이다. 미국 IP 펀드들은 이러한 세금문제를 검토할 때 tax haven이라고 하는 조세특별지역을 이용하는 경우도 있다. 즉 조세특별지역에 특수목적법인(SPV)을 설립하여 이를 IP 수익화 사업자로 활용하고 수익금을 투자자들에게 배분하도록 한다. 다만 이러한 SPV를 이용하고자 할 때에는 투자자가 속한 해당 국가에서의 조세정책에 따라서 '탈세'조사의 대상이 될 수 있으므로 사전에 세무, 회계 전문 법무법인을 통한 면밀한 검토를 통하여 진행하는 것이 요구된다.

■ IP 펀드 결성 프로세스 실무

IP에 투자하는 금융권의 투자자를 찾는 것은 일반 투자물에 대한 투자자를 찾는 일 보다는 전문적이라고 할 수 있다. 즉 무체재산권에 대한 투자이므로 이에 대한 이해가 없는 투자자와는 투자에 대한 협의가 쉽지 않다. 따라서 IP 펀드 투자 구조를 짜는 일은 특허발굴 및 소싱 보다도 더 어려운 실무적 전문성을 요구한다.

특허업계에서 통상적으로 출원, 분쟁대응, 소송, 거래(매입, 매각, 투자) 등의 분야별 전문성이 요구되는데 특히 특허권을 활용하여 수익을 내거나, 특허권에 투자하여 수익을 내는 업무는 기존의 출원, 라이센싱, 소송 등의 업무에 어느 정도 경험을 가진 이후에 추진할 수 있는 최상단의 업무라고 할 수 있다.

IP 자산에 금융권의 투자를 하게끔 하는 일은 특허권활용에서 발생할 수 있는 이득과 위험에 대하여 금융권의 전문가들에게 충분하게 설명할 수 있어야 한다. 무엇보다는 그러한 IP투자를 통하여 수익을 창출한 실적을 가지고 있는지의 여부가 최종적으로 투자결정을 이끌어 내는데 결정적인 요소로 작용한다고 할 수 있다. 하지만 아직 활성화 되지 않은 한국 IP업계에서는 금융권에서 요구하는 수준의 충분한 실적을 쌓아 온 특허전문회사가 적은 상태이므로 초기단계로서 외국계 특허전문회사와 공동추진형태로 추진하거나 정책자금의 도움을 받는 형태로 추진되고 있는 양상이다.

IP 펀드 결정을 위해서는 투자할만한 특허를 발굴하는 것이 가장 필요하다. 투자할 만한 특허를 찾아낸 이후에는 그 특허가 활용도가 많은 기술분야인지, 그 기술을 사용하는 기업들은 많은지, 해당시장의 규모는 어느 정도인지, 해당 특허권의 권리성은 강한지 및 무효성에 대한 위험은 없는지에 대하여 충분한 분석 및 검토가 필요한데 이를 실무적 관점에서 총칭하여 "IP Due Diligence"라고 한다(제3장 참조).

그 다음단계로는 해당특허권의 수익화 방안을 수립하여 투자자와의 투자가능성에 대한 협의를 진행하게 된다.

● 금융권의 이해

미국은 특허 클레임 차트를 평가하여 수익화 프로젝트에 투자하는 IP 전문 펀드(Fortress, IP Navigation Capital)가 있다. 반면 한국의 금융권에서는 아직 IP 자산에만 투자하는 시스템이 구축되어 있지는 않다. 그러나 초기단계로서 중소·벤처기업에 투자하는 정책자금이 유입되면서, 담보력이 약한 중소·벤처기업의 보유 IP를 담보로 투자하는 한국형 IP 금융시스템이 시작되고 있는 점은 고무적이다.

통상적으로 한국 금융권에서는 투자원금 보장의 이슈가 항상 대두된다.

금융권은 투자기간의 종료시에 원금 이하의 수익률이 발생되는 점을 우려하는데 이를 보장하는 풋옵션(Put Option)을 제공해줄 것을 항상 요구한다. 근본적인 이유는 한국 금융권에서는 IP 자산에 투자할 전문성이 아직은 갖춰지지 않았고 동시에 IP 자산에만 투자할 제안들이 풍성하게 발생하고 있지 않기 때문이다. 이렇듯 아직까지는 시장논리에서만 작동될 수 있는 순수 IP 자산 투자로는 중소·벤처기업들에게는 투자될 수 없는 구조라는 반증일 수도 있는데, 어찌되었든 IP 자산에만 투자하는 대상물도 시장을 형성하기에는 매우 작기 때문에 시스템을 갖추는데 까지는 시간이 더 필요할 것으로 예상된다.

● 사업파트너 선정

IP 펀드를 결성하는 데는 동업자라 할 수 있는 파트너선정이 중요하다. IP사업 파트너들간의 중심에는 돈이 되는 특허를 발굴하고 투자자들을 설득하는 역할을 하는 IP 전문가인 '사업자'가 있어야 한다. 사업자는 IP 수익화 프로그램을 설계한 후 투자자들에게 설명하여 투자유치를 하는 등 가장 중요한 역할을 하게 된다.

사업자가 IP 수익화 프로그램을 설계하기 위해서는 투자할 IP 자산에 대한 권리성 및 무효성 등을 전문가적 관점으로 검토하여 사업자가 업무를 추진하는데 여타의 법률적 위험이 없는지에 대하여 검토하여 의견을 제시하는 역할을 하는 IP 전문로펌이 있어야 한다. 만약 IP 수익화 프로그램에 특허침해소송이 필요할 경우에는 해당 소송을 추진할 수 있는 특허소송 경험이 있는 법무법인이 선정되어야 한다. IP 전문 사업자와 로펌이 선정된 이후에는, 투자자를 선정하게 되는데 투자자는 IP 수익화 프로그램에 대한 기초적 이해와 사업자에 대한 신뢰가 있어야 한다.

투자자의 수익회수는 사업자의 수익을 배분으로 이뤄지기 때문에, 사업자의 수익사업을 면밀하게 모니터링하면서 투자자의 이익을 대변할 수 있는 금융업체가 선정될 필요성이 있다. 미국의 창투사들의 경우에는 IP 전문회사에 투자하는 전문창투사들이 IP 전문가들을 확보하고 있고 이들이 IP 시장에서 투자대상물을 발굴하고 심사하여 투자 집행하는 역할을 담당하고 있다. 북미시장에서 IP 펀드를 운영하는 금융업체들로서는 Charles River Ventures, Madrona Ventures, Fortress, Northwater Capital 등의 경우에는 내부에 IP전담 투자팀을 운용하고 있다. IP전담 투자팀을 구성하는 금융전문가와 IP 전문가가 함께 투자검토를 하고 있다.

투자자는 크게 해당 특허를 실시하는 실시기업 또는 실시와는 상관없이 재정적 이익을 추구하는 재정적 투자자로 구분되는데, 실시기업은 자체 보유 특허를 활용하는 방안으로서 IP 펀드나 IP 수익화 사업에 참여하게 되는데, 현물출자로 참여하거나, 현물 및 현금을 모두 투자하는 방식으로 참여하게 된다. 실시기업의 투자는 IP 전문기업인 사업자를 대리인으로 선정하여 해당특허를 맡기는 형태의 IP사업을 추진할 경우에 있어서는 타 우호적 실시기업이나, 재정적 투자자들과 연합하여 공동으로 투자하는 집합투자 형태로 이뤄진다. 이 경우 신디케이션(Syndication, 공동 투자자 집단)의 공통의 이해관계를 대변하는 IP 자산운용사나 IP 전문금융업체가 추가로 필요하게 된다.

이렇듯, IP 펀드 운용에는 IP 전문기업인 사업자, 특허보유기업인 전략적 투자자, 재정적 투자자, IP 전문법무법인, 투자금을 관리하는 IP 전문금융업체들이 한데 어울러져 IP 비즈니스 모델을 매개로 하여 사업을 추진해나가게 된다.

● 라이센싱, 수익화 프로그램 설계

여느 투자사업과 마찬가지로 IP사업의 성공의 열쇠도 결국 수익을 창출하느냐 못하느냐에 달려있다. 투자할만한 특허라는 것은 '돈이 되는 특허'인가? '돈이 안되는 특허인가?'의 여부에 달려있다. 만약 '돈이 되는 특허'라고 판단한다면, 특허권이 어떻게 활용되어 얼마의 수익을 투자자의 손에 돌려줄 수 있는지를 보여주는 '수익화 프로그램'이 설득력 있게 잘 설계되어 있다는 것이다.

모든 사업이 그렇듯이 IP사업도 사업제안서를 만들어서 투자자를 설득하는 작업이 필요하다. 투자자가 기업의 최고경영진과 같은 내부의 고객이든지 또는 금융권의 펀드매니저나 투자심사역 같은 외부의 고객이든지에 따라 전체 포맷이나 내용의 차이는 약간 있을 수 있지만, 그 제안서의 핵심 내용은 '누가, 언제, 어떻게, 어떤 특허를 가지고 라이센싱을 추진하고, 필요하면 어떻게 법적 절차를 통하여 수익을 만들어 낼 것인가?'에 대한 사업추진 프로세스를 정립하여 한눈에 보여줘야 할 것이다. 이 과정에서 투자자들은 수익성 즉, ROI(Return of Investment)를 꼼꼼하게 따질 것이고, 수익의 배분 순서를 누구보다 먼저 배정받기 위한 제안들을 할 것이다. 내부 고객이라면, 수익화 추진을 하게 될 경우, 자사에 미치는 법적인 안정성을 해치는 위험 포인트는 무엇인지에 대하여 질문하고 또한 수익성 관점에서 ROI를 따질 것이다. ROI는 특허를 얼마에 확보했고(내부출원이든 외부에서의 매입이든 계약에 의한 지분확보이든지에 상관없이 총 투입된 비용), 수익화 과정에 투입되는 사업자의 관리비용, 특허관리 비용, 소송비용 등의 모든 비용을 투입비용으로 계산하게 된다. 이익 부분은 수익을 통하여 비용을 제외한 부분을 계산하면 되는데, 투자계약과 함께 수익화 과정에서 발생하는 비용은 향후 수익배분시 정산 하는 것이 통상적이다. 특히 초기 비용을 투자한 투자자의 경우에는 초기비용을 선수익배분 방식으로 정산하고 난후 순이익에 대하여 2차적으로 타투자자들과 지분에 따라 배분하게 되므로 이를 ROI 계산시에 명확하게 해야 한다.

한편 IP 수익화는 독점적 배타권을 활용하여 사용자(침해자)로부터 로열티를 수령하는 것이 수익모델의 핵심이다. 따라서 대부분의 수익화 프로그램에서는 특허권 이든 상표권이든 저작권이든간에 '침해소송'을 통하여 권리주장을 효과적으로 추진한다는 점이 기타 부동산, 선박, 건설업 투자와 다른 점이라 할 수 있다.

따라서 IP업계에서의 '소송'은 법적인 절차를 통하여 '권리확인'을 하는 취지이며, 침해자에 대한 정당한 법적인 '권리행사'로 인식되어진다. 이 부분에 대하여는 이미 'Box 1 특허 수익화(Monetization)에서의 미국특허침해소송의 주요 사항 검토'에서 사례와 함께 언급한바 있다.

IP 수익화의 방법으로는 곧바로 특허침해소송으로 가는 경우보다는 침해자로 예상되는 후보 타켓 업체들에게 경고장을 보내어 나의 권리를 선포하는 것이 매우 중요한데, 경고장은 특허법상 손해배상의 계산 시점으로 인식하는 시점으로 작용하기 때문에 이 또한 법적인 요건을 만족시키느냐 못하느냐에 따라 그 법적 효력이 달라지므로 매우 중요한 이벤트임을 인식해야 한다. 상대방의 사용제품을 모델명과 함께 기재하고 모델명에 관련된 최소한 정보를 설명하며 침해하는 특허권을 해당국가의 특허번호로 명확하게 기재하여야 한다. 만약 특허번호와 모델명이 없는 경우에는 손해배상의 계산시점으로 작용하는 '경고장'으로서의 효력이 없게 되는 것이다. 또한 침해제품이 특허권에 어떻게 침해하는 지에 대한 최소한의 설명이 있어야 한다. 이때 클레임차트와 같은 정형화된 실무적 자료는 첨부할 필요성에 대하여는 '있으면 더 명확'하다는 정도이고 상기 '경고장'의 효력에 직접적 영향을 주는 필수요소는 아닌 것으로 판단된다. 다만 경고장에 명시할 침해제품의 모델명과 함께 해당 제품이 어떻게 특허의 청구항에 명시된 특허권을 침해하고 있는지에 대하여 설명하는 것이 요구된다.

일단 경고장을 발송할 경우, 특허권자로서 침해당사자들에게 '공표(announcement)'하는 프로그램의 주제를 가지고 추진하는 것이 향후 IP 수익화 프로그램을 짧게는 1년 이내, 길게는 3년, 5년 이상을 추진할 때 일관된 주장을 통하여 특허료를 받아내는 데 더 효과적으로 성공할 수 있다. '테마'는 '이 특허권으로 말씀드릴 것 같으면 어떤 분야의 누가 어떻게 개발했고, 개발비로 R&D 비용을 많이 투입했고, 향후 시장에서 큰 파급효과를 가져올 기술이므로, 이를 사용하는 기업에서는 적절한 특허료를 납부해야 한다'는 식의 스토리를 만들어내는 IP 권리자의 '자기공표'이다. 이러한 주제를 만드는 이유는 침해자에게 왜 특허료를 내야하는 지에 대하여 특허전문가들끼리 대화하는 매체물인 클레임 차트와는 달리 기업내의 경영진에게 주는 메시지로서 효과적으로 작용하고, 법정에서는 기술을 잘 모르는 일반 판사에게 효과적으로 작용한다. 또한 미국법정에서는 배심원 판결(Jury Trial)인 경우에는 기술에 무지하고 배심원석에 앉아있는 것 자체가 따분하게 느껴질 수도 있는 일반인들에게 주는 특허권자의 호소문과 같은 것이다.

또한 최근 NPE에 대한 규제가 강화되는 상황에서 소송을 제기하는 특허권자가 우리는 한 두 건의 특허권을 가지고 트롤링(Trolling) 하는 약탈적 NPE가 아니라, 시장에서 인정받아야 할 스토리가 있는 특허권을 가지고 정당한 권리를 주장하는 특허권자라는 것을 공포하는 것이 소송전략상 필요한 경우가 있다. 이러한 주제를 만들어낼 수 있는 특허권일수록 성공할 가능성은 높아진다고 할 수 있다. 이제 IP 수익화도 TV나 영화의 광고매체처럼 광고회사를 통한 스토리텔링(storytelling)을 설득력 있게 만들어내는 재능이 있는 특허전문회사 일수록 더 성공할 가능성이 높아지는 현상도 나타나고 있다.

주제를 만들어내는 작업에는 특허기술을 잘 이해하는 특허기술 전문가와 특허침해 소송 및 라이센싱 협상을 다년간 해본 전문가 뿐만 아니라, 설득력을 지니고 있는 협상전문가 함께 해당 특허를 연구한다면, 파급력있는 주제를 만들어낼 확률이 높아진다고 할 수 있겠다.

주제를 만들어낸 이후에는 타켓 회사를 선정하는 작업이 필요한데, 타켓 회사는 통상 1단계와 2단계 등으로 구분하여 해당 특허를 사용하는 기업들 중 국가별, 규모별, 특허소송의 그간 경험과 대응방안 등을 고려하여 순차적으로 라이센싱 협상 또는 소송으로 압박을 가해가는 전략을 잡는 것이 통상적이다. 1단계에는 협상이나 소송을 제기한 이후 가장 빠른 시일내에 '타결'할 수 있는 쉬운 상대업체를 선정하는 것이 중요하다. 이때 IP 수익화의 긴 여정을 떠날 때 초기 노자돈을 마련하여 긴 여정에 대비하는 전략이 필요하다는 측면이다. IP업계에서는 조기타결을 하는 첫 번째 업체에게만 제공하는 최선의 조건을 당근으로 제시하는 게 일반적인데, 통상 나중에 특허료를 납부하게 되는 업체들보다는 30%~50%의 할인율을 적용하거나, 특허료 납부 외에 일부 특허권을 매각해줄 수도 있는 인센티브를 포함하거나, 특허료 납부와 함께 일부지분을 떼어 주고 향후 타 기업들로 부터의 특허료 수익을 그 지분에 해당하는 비율로 배분하는 형태의 계약도 체결할 수 있다. 이렇게 초기에 확보된 특허료는 다른 타켓업체들을 좀 더 강하게 압박할 수 있는 자금으로 활용되어 IP 수익화 프로그램 전체를 풍부하게 만들어 줄 수 있게 한다. 하나의 사례로서 미국 반도체 업체인 Micron 의 특허를 사나포선 방식으로 수익화 프로그램을 만든 Round Rock Research의 경우, 초기 타결 업체를 만들어 내기 위한 파격적인 방법으로 경매방식으로 통상실시권에 해당되는 불제소약정(Covenant Not to Sue)을 상품화 하여 시장에 판매하였나. 이렇게 확보된 상품 판매액은 그 상품을 매입한 업계의 타 경쟁업체들을 좀 더 강하게 압박하는 것으로 작용되어 전체적으로는 Round Rock Research의 수익화 프로그램이 성공하게 되는 확률을 높아지게 되는 계기가 되었다. 이 때 그 상품을 매입한 해당업체는 단기간에 어떠한 법률 비용을 지불하지 않고, 익명으로 해당특허권에 대한 실시권을 확보하게 됨으로써 사업위험을 제거할 수 있게 되었다.

IP 수익화도 장기화되기보다는 단기에 수익배분하고 이익금을 제2, 제3의 프로젝트에 재투자할 수 있는 선순환 구조를 만드는 것이 좋다. 이를 위하여 장기전의 양상을 띠는 소송보다는 소송의 위협을 주면서도 침해대상기업이 해당특허를 매입해주는 것이 바람직하다. 즉 투입금액을 최소화하면서 수익을 단기에 극대화하는 수익화 프로그램이 '매각'이다. '매각'도 전략이 필요하다. 단순하게 시장에 매물로 내놓는 것보다는 표면적으로는 라이센싱, 소송 프로그램을 시작하면서도 실질적으로는 특허료를 지불해야 할 기업으로 하여금 해당 특허권을 매입하게 유도하는 것이 현명하다고 할 수 있다. 또는 특허권이 패키지화된 다수의 특허포트폴리오 형태라면 부분매각을 통한 지분을 판매하는 방식의 프로그램 설계가 효과적이라고 할 수 있다. 이를 위해 해당특허권을 사용하는 기업별 최근 사업성과와 현금흐름 및 매입동향을 면밀하게 파악하고 이를 프로그램 설계시 반영하는 것이 필요하다.

표준특허에 투자할 경우에는 표준특허Pool이 형성된 특허를 확보하여 일정한 특허료 수익을 기대할 수 있는 특허에 대하여 투자하는 것이 바람직하다는 인식이 형성되어 있다. 표준특허는 전 세계적으로 기존 시장에서의 참고사례가 많고, MPEG LA, VIA Licensing, 및 Sisvel 등 표준특허를 보유한 특허권자들로부터 10% 내외의 에이전트 수수료를 받고 대리권을 행사하여 침해자들을 협상, 소송 등으로 압박하여 특허료를 대신 받아서 표준특허 보유 지분별로 정산해주는 시스템이 잘 확립되어 있으므로 이를 활용하는 것이 일반적이겠다. 또는 표준제정과정에 참여하지 않은 특허권을 소유하고 있을 경우에는 FRAND(Fair Reasonable and Non-discriminant, 표준제정시 동의하여야 하는 비차별) 규정의 준수 의무가 없으므로 좀 더 자유롭게 자체 강제프로그램을 만들어 갈 수 있을 것이다.

최근 미국내 AIA(America Invention Act)로 대변되는 특허법 개혁법안의 추세에 따라서 특허권을 활용한 IP 수익화에 각종 규제들이 제정되는 것에 반대급부로 유럽, 중국에서의 특허침해소송을 활용하는 국가별 전략을 수립하는 것도 생각해 볼 수 있겠다. 그간 미국특허소송은 고의적 침해에 대한 손해배상액의 3배를 부과하는 강력한 법안 및 고액의 손해배상액을 무기로 특허권자의 주요무대로서 작용하였으나, 최근에는 상대적으로 Pro-Patent (특허권자에 유리) 경향을 갖는 유럽시장에서의 특허권 활용이 눈에 띄게 증가하고 있다. 특히 기존 독일법원의 단기간의 결정 및 강력한 가처분 결정 등을 주목할 필요가 있고, 미국에서의 소송수행에 있어서 과도한 변호사 비용을 감안할 때는 독일에서의 특허권 활용계획을 수익화 프로그램에 반영하는 것을 고려할 필요가 있다.

제5장

IP 금융의 동향 – 시장과 참가자

1 IP 자산 시장 동향

■ IP 자산에 대한 인식 확대

주식과 채권 같은 전통적인 투자자산과는 달리 IP는 수익률은 높지만 현금 전환이 용이하지 않다. 또한 IP의 가치는 수요자, 공급자, 실시제품 시장 상황, 대체기술 출현 여부 등 수많은 변수들에 의해 급격히 변하기 때문에 그 가치 또한 상당히 유동적이다. 이로 인해 대체 투자(Alternate Investment: AI) 수단으로서 많은 조명을 받고 있지만, 부동산, 금, 원유와 같은 다른 대체투자 수단만큼 활성화되지 않은 것이 사실이다.

기업이 보유하고 있는 특허를 중심으로 하는 IP의 경우, 보통 제품에 읽혀(read-on)지고 있는 핵심특허(core patent)는 1%~3% 미만이며, 50%정도의 특허는 사업영위를 위한 실시자유(freedom to operate) 확보를 위한 방어적 목적으로만 활용되는 "보유필요 특허(need to have patent)"이며, 나머지 특허는 거의 활용되고 있지 않는 "고아 특허(orphaned patent)"이다.[88] 이로 인해 일부 기업들은 IP를 자산으로 인식하기보다는 유지비용이 발생되는 부담스러운 부분으로 바라보기도 한다.

그러나 기업경영에 있어 기술기반 혁신에 기초한 가치창출활동(value activity)이 차지하는 비중이 점점 높아지고, 개방형 혁신(Open Innovation) 구조의 도입에 따라 내부 R&D를 통해서만이 아닌 외부에서 필요한 기술을 조달하는 사례가 증가하고 있다. 이러한 상황에서 IP를 획득 · 이전 가능한 기업자산의 일종으로 수익 창출의 중심점으로 바라보는 시각이 확산되고 있다. 더욱이 IP 소송을 통해 기업이 거액의 손해배상액을 받는 사례들이 발생됨에 따라, IP만으로도 수익이 발생된다는 인식이 확산되었다. 또한

88) Bruce Berman, From Assets to Profits, Competing for IP Value & Return, 2008.

Intellectual Ventures, Acacia, RPX 등 다양한 성격을 가진 NPE의 대두와 이들을 중심으로 하는 IP 거래 및 수익활동에 따라 IP 자산을 대상으로 하는 2차 시장이 성장하고, 이에 따라 IP를 투자대상 자산으로 평가하고 이를 활용하기 위한 대규모 자본의 유입도 증가하고 있다.

[그림 5-1] 기업 특허 포트폴리오의 일반적 구성

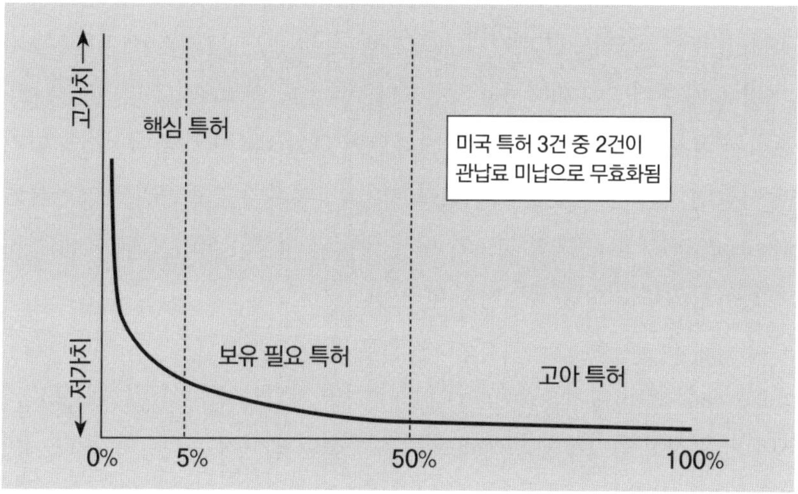

* 자료 : Bruce Berman, From Assets to Profits, 2009.

IP 포트폴리오를 수익화하기 위해서는 상황에 따라 라이센싱 제안 등의 약한 권리주장, 소송 등의 강한 권리주장, 특허 매매, 기술이전, IP 벤처투자 등을 적절히 활용해야 한다. 전략적 IP 투자자들의 입장을 고려하는 경우 포트폴리오 수준에 따라 예측되는 수익, 해당 회사의 평판, 핵심 비즈니스에 미치는 영향 등을 판단하여 수익화 전략을 구사한다.[89] 하지만 재무적 투자자나 NPE의 경우 이러한 전략적 IP 투자자들의 고려사항에서 상대적으로 자유롭다.

89) Peter D. Holden, IP monetization 2010 & Beyond, IPMS Seminar, 2010. 3. 30.

■ IP 거래의 주요 특징

기업간의 특허 판매에 있어서, 실적이 하락하거나 구조조정 또는 비핵심 사업으로 경쟁력이 없는 분야의 자산을 매각하려는 기업들에 의한 IP 매각이 주로 발생되고 있다. 이러한 예로, 2012년 6월, InterDigital은 Intel에 3억7천5백만 달러에 1,700여건의 특허를 판매하였는데, 이는 매출 증대를 기대하는 주주들의 기대에 부응하고 "share buy-back programme"을 적용하기 위해서이다.[90] 전년도의 매각과 비교하면, 건당 22만 달러의 가격은 Nortel의 평균 매각 가격에 비해서는 낮은 수준이다. 즉, Nortel이 건당 75만 달러, 총액 45억 달러에 매각한 거래와 Google이 Motorola Mobility를 125억 달러에 사들인 것보다는 낮은 가격이다. 이는 구매자의 포트폴리오 제한물권(encumbrance)[91] 및 전략적 의도가 매각 당시의 시장 상황과 함께 특허 가치에 있어 중요한 역할을 담당하기 때문이다.[92]

Lexmark가 Funai에 1,500건의 특허와 기술 자산을 판매하였는데, 프린터 시장의 구성이 잉크젯 프린터에서 이윤이 높은 레이저 프린트와 문서 이미지 서비스 사업으로 변화되고 있다는 것을 보여주고 있다. Funai에 있어 아시아에서 정교한 마케팅 채널을 가지고 대량생산과 적은 이윤 생산에 경험을 가지고 있으며, 아시아의 잉크젯 시장이 안정되어 있기 때문에, 해당 거래는 발전성 있는 IP와 기술자산을 매우 매력적인 가격에 취득할 수 있는 기회가 되었다. 2012년 4월 Microsoft가 Facebook에 650건의 특허를 5억5천만 달러에 판매한 거래는 이러한 거래가 단순히 IP 자산의 현금화 고려뿐 만 아니라 두 기업간의 전략적 제휴에 의해서도 가능하다는 것을 보여

---

90) Peter D Holden, The ever-chaning IP monetization marketplace for PAEs, Intellectual Asset Management, Jul/Aug 2013.

91) 특허 매매에 있어 기존의 라이센스 계약 및 은행 저당권 등 특허권의 행사를 제약할 수 있는 모든 요소를 가리키는 말로, 특허 가치평가에 있어 중요한 체크포인트가 된다.

92) GTT Group Annual Patent Deal Review, 2012 Year Petrospective.

주었다.[93)]

반면 제약회사의 특허 포트폴리오는 IT 산업과는 다른 모습을 보이고 있다. 반도체, 무선, 컴퓨터 하드웨어, 소프트웨어 기업의 특허에 비해, 제약회사의 특허 포트폴리오의 경우 약품 제조법은 단지 하나의 특허나 몇 개의 특허에 의해 커버되며, 상대적으로 크로스 라이선스 등이 필요 없는 경우가 많다. 전기전자 분야의 기업의 경우 소기업도 연구개발, 출원 등이 용이하나, 제약 사업의 경우, 최신 연구실과 상당한 자본에 접근하지 않는다면 소기업이나 개인이 이와 유사한 활동을 수행하기 쉽지 않을 것이다. 제약산업에서 신약개발단계에서 CRO를 이용하거나 Licence-in을 하는 경우가 많으므로 IP 거래에 대한 수요는 IT 분야보다 크다고 할 수 있다. 제약 기업들은 수십억 달러 이상의 R&D 비용이 필요한 상황에서 자신들의 연구개발 비용을 효율적으로 사용하고자, 관심 분야, 라이센싱 받을 필요가 있는 발명, 구매할 필요가 있는 특허나 기업들을 찾기 위한 노력을 꾸준히 기울여 왔다.[94)]

■ IP 거래 주요 사례[95)]

근래의 IP 거래 사례를 보면 2000년 초중반에는 Intellectual Ventures와 같은 성격의 NPE들이 특허매입에 적극적이었으나, 이후 다양한 성격의 제조기업 또는 NPE들이 직·간접적인 경로를 통해 특허를 취득하고 있다.

2012년 거래 동향을 살펴보면, Google, RPX, Facebook, UDC 등의 기업들은 특허를 주로 매입한 반면, IBM, AOL, AT&T, HP 등의 기업들은 특허

93) Peter D Holden, The ever-chaning IP monetization marketplace for PAEs, Intellectual Asset Management, Jul/Aug 2013.

94) Bruce Berman, From Assets to Profits, Competing for IP Value & Return, 2008.

95) GTT Group Annual Patent Deal Review, 2012 Year Retrospective.

를 매각해 왔다. Google은 2012년 한해 동안 26건의 거래에서 특허 매입만을 진행하였으며, 그 매입 대상 기업은 HP, Xerox 등으로 구성되었다. 방어형 NPE인 RPX 또한 2012년 20건의 거래에서 730건의 특허매입 위주의 활동을 진행하였다. Microsoft 역시 14건의 거래에서 1,470건의 특허매입 위주의 거래가 이루어졌다. 보유 특허수의 순증가 측면에서는 2012년 Facebook이 1,409건으로 특허 보유건수 순증가가 가장 크며, UDC(1,125건), Google(925건), Pendrell(837건), RPX(750건), Microsoft 등의 순으로 순증하였다.

〈표 5-1〉 특허거래 순위 거래회수 기준

No.	거래 당사자	거래회수
1	Google	26
2	RPX	20
3	Intel	17
4	IBM	17
5	Microsoft	14
6	AT&A	13
7	Intellectual Ventures	12
8	Samsung	10
9	Hewlett-Packard	9
10	Facebook	7

* 자료 : GTT Group Annual Patent Deal Review, 2012 Year Retrospective.

반면 특허매각 위주의 기업을 보면, 2012년 IBM이 17건의 거래에서 1,487건의 특허를 매각하였으며, 보유 특허수 순감소 측면에서는 IBM이 1,487건의 보유특허가 감소하였다. 그 뒤를 Fujifilm(1,302건), AOL(1,012건), IPG(746건), NEC(403건), HP(323건) 등의 순으로 해당 기업의 보유특허가 감소되었다.

이 중 IBM은 상당수의 특허를 Google에 매각하였는데, 이는 몇년전 중국 Lenovo사에 노트북 사업부 전체를 매각한 사례에서 보는 바와 같이 IBM의 사업구조의 변화에 따라 관련 IP 자산을 처분하게된 것이다. AOL이 Microsoft에 900여건의 특허를 11억 달러에, 650건의 특허를 Facebook에 매각한 사례 또한 경영상의 이유라 볼 수 있다.

〈표 5-2〉 특허거래 순위 특허수 기준

No.	거래 당사자	거래대상 특허수
1	IBM	1,487
2	Microsoft	1,470
3	Facebook	1,409
4	Fujifilm	1,304
5	UDC	1,225
6	AOL	1,040
7	Google	925
8	Pendrell	827
9	IPG	758
10	RPX	730

* 자료 : GTT Group Annual Patent Deal Review, 2012 Year Retrospective.

2012년에는 Fujifilm에서 UDC(University Display Corp)로 2차례에 걸쳐 매각된 1,225건의 특허가 가장 큰 규모의 거래이다. OLED와 이미지 기술 관련된 특허로 해당 사업분야 강화를 위한 UDC의 의지를 보여주는 것으로, 가까운 시기에 자신들의 전략적 제휴를 강화하겠다는 의도를 밝힌 후 첫 번째로 성사되었다. 다음으로 AOL은 5회의 거래에 800건의 특허를 Microsoft로 매각하였다. 해당 특허는 검색, 컨텐츠 생성 및 관리, 소셜 네트워킹, 매핑, 멀티미디어 및 스트리밍, 보안 등 인터넷 핵심 기술들에 관한 것들이다. 또한 IBM이 14회에 걸쳐 Facebook에 750건의 특허를 가격을 공개하지 않고 매각하였다. 해당 특허는 인터넷 보안, 광고, 정보 공유에 관련된 특허들이다. 이 거래는 2012년 4월초, Facebook이 Microsoft로 부터 550백만 달러에 650건의 특허를 구매하기 1주일 전에 성사되었다.

마지막으로 Microsoft는 3회에 걸쳐 Facebook에게 650건의 특허를 550백만 달러에 매각하였다. 이들 특허는 이메일, 인스턴트 메시징, 웹 브라우징, 웹 검색, 온라인 광고, 모바일 기술, 전자 상거래 등을 포함하는 디지털 기술에 관련되어 있다. 이 특허들은 2012년 초 AOL이 Microsoft에 판매한 800건의 특허 중 일부이다.

<표 5-3> 특허판매 순위

순위	매각당사자	매입당사자	특허수	주요 기술
1	Fujifilm	UDC	1,225	OLED technololgy, image technology
2	AOL	Microsoft	800+ License	Internet Technology, Online Social Networking, Digital Security, Geolocation
3	IBM	Facebook	750	Internet Technology, Digital Security, Computer Software, Networking
4	IPG	Pendrell	653	Semiconductors, Audio, Mobile Broadband
5	Microsoft	Facebook	650	Computer Software, Internet Technology, Networking, Video, Displays
6	Microsoft	RPX	567	Software, Computer Hardware
7	NEC	Warren & Lewis Investment Corporation	277	Satellite Communications, Mobile Broadband
8	Real Networks	Intel	159	Software, Video, Mobile Application
9	Hewitt-Packard	HTC	158	Video, Networking, Computer Software

* 자료 : GTT Group Annual Patent Deal Review, 2012 Year Retrospective.

아래 표는 2012년에 거래가 가장 활발한 기업들을 나타내고 있다. Bank of Ameria N.A 등의 Banker들과 같은 금융업체들의 IP 거래에 참여하고 있는데, 직접 활용하는 것이 아닌, 담보권 설정으로 인해 IP소유권 이전 데이터베이스에 남겨진 것으로 보인다. 이들 중 658276 Nb Ltd, 658868 Nb Inc은 Mosaid[96]와 관련된 회사로, Mosaid는 업계에 잘 알려진 바와 같이 Nokia의 특허를 활용하여 수익화하는 비즈니스 모델을 영위하는 NPE이다.

〈표 5-4〉 2012년 가장 활발한 IP 활동을 영위한 기업 50개사

기 업	국 가	기 업	국 가
658276 Nb Ltd	캐나다	Mosaid Technologies Incorporated	캐나다
658868 Nb Inc	캐나다	Motorola Mobility Inc	미국
Appie Inc	미국	Nobell Inc	일본
Bank Of America N.A	미국	Pacific Century Motors Inc	중국
Bausch Lomb Incorporated	미국	Pakon Inc	미국
Canon Kabushiki kaisha	일본	Panasonic Corporation	일본
Citicorp North America Inc	미국	Quantum Corporation	미국
Clamate Pty Limited	오스트레일리아	Rockstar Bidco Lp	미국
Covidien Lp	미국	Royal Bank Of Canada	캐나다
Credit Suisse Ag Cayman Islands Branch	미국	Samsung Display Co Ltd	한국
Eastman Kodak Company	미국	Samsung Electronics Co Ltd	한국
General Electric Capital Corporation	미국	Samsung Led Co Ltd	한국
Goldman Sachs Bank Usa	미국	Samsung Mobile Display Co Ltd	한국
Google Inc	미국	Schaeffler Technologies Ag Co Kg	독일
Gore Enterprise Holdings Inc	미국	Schaeffler Technologies Gmbh Co Kg	독일

96) Mosaid는 2013년 9월에 회사명을 Conversant로 바꾸었다.

기업	국가	기업	국가
Hewlett-Packard Company	미국	Schering Corporation	미국
Hewlett-Packard Development Company Lp	미국	Siemens Aktiengesellschaft	독일
Intel Mobile Communications Technology Gmbh	독일	Silicon Valley Bank	미국
International Business Machines Corporation	미국	Silverbrook Research Pty Limited	오스트레일리아
International Engine Intellectual Property Company Llc	미국	Toshiba Mobile Display Co Ltd	일본
International Truck Intellectual Property Company Llc	미국	Tyco Healthcare Group Lp	미국
Jpmorgan Chase Bank Na	미국	W L Gore Associates Inc	미국
Jvc kenwood Coproration	일본	Wells Fargo Bank National Association	미국
Merch Sharp Dohme Corp	미국	Wells Fargo Capital Finance Llc	미국
Momentive Performance Materials Inc	미국	Zamtec Limited	아일랜드

* 자료 : David Jarczyk, Value creators, Intellectual Asset Management, Sept/Oct 2013.

[Intellectual Ventures의 등장과 비즈니스 모델]

2000년 설립된 Intellectual Ventures(이하 "IV")의 등장으로 IP 비즈니스 모델과 대규모 자본의 결합이라는 측면에서 IP 금융의 새로운 전기를 가져왔다.

당시 Microsoft사는 대학교수와 같은 개인발명가와 막강한 소프트웨어 기술을 보유한 벤처기업들뿐만 아니라 Microsoft사업 관련 특허를 매입한 NPE를 포함한 Oracle 및 Sun Microsystems와 같은 경쟁사들로부터의 수많은 소송으로 막내한 손해배상액을 지불하는 등 특허침해를 이유로 많은 공격을 받고 있는 상황이었다.

이를 개선하기 위한 자구책 중의 하나로서 잠재적 라이센시 및 경쟁사들과의 크로스 라이센싱을 먼저 제안하는 적극적인 활동을 시작하게 되었다. 이러한 활동은 IP업계에서 일찌감치 방어적 측면에서의 크로스 라이센싱 체계를 구축 해왔던 IBM 특허팀으로부터 여러 명의 IP 전문가들을 영입함으로써 가능하게 되었던 것으로 알려져 있다. 이들 IBM으로부터 영입된 IP 전문가들의 선진화된 특허전략에 기반하면서 향후 Microsoft사의 CTO 및 핵심 Senior Software Expert였던 Nathan Myhvold와 스탠포드 공대에서 박사를 취득한 한국계 미국인인 Edward Jung 등이 참여하여 "Intellectual Ventures"를 설립하게 되었다. 이와 함께 북부 캘리포니아에 포진하고 있는 주요 IT업계의 특허팀의 전문가 그룹 중에서 Intel 출신 Peter Detkin 등이 함께 참여하게 되었다. 특히 Peter Detkin은 자신이 Intel 특허팀에서 일을 할 때, NPT라는 NPE가 Intel을 소송했을 당시, 제품 생산은 하지 않고 단지 특허권을 활용하여 Intel과 같은 제조업체로부터 특허료만 요구하는 것을 비판하며 특허괴물(Patent Troll)이라고 지칭하면서 IP업계 최초로 특허괴물이라는 단어를 생성해낸 인물로 알려져 있다. "IV"사는 창립자의 출신 회사인 Microsoft, Intel 등을 비롯하여 Cisco, Nokia, Sony, HP 등의 글로벌 IT 기업들을 전략적 투자자(SI)로 참여시켜 50억 달러 이상의 자금을 유치하였다.

■ IP 금융 주요 사례

지난 2013년 상반기에 미국증권거래소(SEC: U.S. Securities and Exchange Commission)를 통하여 공시된 자료를 분석해본 결과 통신 표준특허의 강자로 알려진 Ericsson이 미국 상장사인 Unwired Planet에 수 천 건의 특허를 매각한 사례가 확인된 바 있다. 이에 해당 사례를 통해 IP 금융의 현황을 살펴보고자 한다.

● Unwired planet와 Ericsson의 특허거래에서 IP 금융 적용사례

Unwired Planet은 1996년도에 설립된 Openware라는 모바일 소프트웨어 전문업체로서, Open Handset Alliance를 결성하여 WAP 표준환경을 구축하였으나, 스마트폰의 대두로 인하여 WAP 서비스는 점차 도태됨에 따라 자사 모바일 사업을 매각 후 특허 라이센싱 업체로 전환하였다. 이후 자사 특허로 Apple, Google, RIM등을 상대로 Delaware와 ITC에서 소송을 진행하였다.

한편, Ericsson은 자신들의 강력한 통신표준 특허자산을 활용하여 특허료 수익을 극대화하기 위한 전략의 일환으로, 2012년에 Unwired Planet과 특허거래 및 특허수익모델에 대한 일련의 계약을 체결하고 미국 증권거래소(SEC)사이트에 이를 공개하였다. 또한 Unwired Planet의 홈페이지를 통하여 두 회사간의 특허거래의 주요조건을 공개하면서 자신들의 특허비즈니스 프로그램을 공식적으로 IP 시장에 알렸다.

* 자료 : Peter D Holden, The ever-chaning IP monetization marketplace for PAEs, Intellectual Asset Management, Jul/Aug 2013.

위에서 보는 바와 같이 Openwave의 특허전문성과 Ericsson의 강력한 통신표준특허가 합쳐져서 활발히 진행되고 있는 통신업계 사나포선화 형태로 또 하나의 축을 이룰 것으로 기대된다. 이 과정에서 보는 바와 같이 특허거래에 있어서 매도자와 매수자만이 존재하는 것이 아닌 Evercore, Indaba와 같은 투자은행이 개입되어 있다는 사실을 알 수 있는데, 업계에 따르면 Evercore가 아래 거래 조건에 소요되는 수익창출 비즈니스의 비용을 투자한 것으로 알려져 있다. 이는 전형적인 NPE 특허 비즈니스 금융구조에서 재정적 투자, 전략적 투자자, 특허전문업체 등이 개입한 진화된 형태로서, 당분간은 이러한 구조가 IP업계에서 선행적 모델로서 널리 활용될 것으로 보인다.

〈표 5-5〉 Ericsson과 Unwired Planet 간의 IP 거래 조건

누적수익	Unwired Planet	Ericsson	비고
$1-100M	80%	20%	Unwired Planet의 최소수익 보장 및 소송비용 부담
$100-500M	50%	50%	Licensing 예상수익의 main portion: 5:5 분배
$500M-	30%	70%	추가수익 달성시 3:7 분배 $654M 이상 수익 달성시 Ericsson이 Revenue 역전

Unwired Planet은 이렇게 Ericsson LTE, Mobile Appication 특허를 매입함과 동시에 IP 펀드로부터 추가투자를 받았다. 사모펀드(PEF)인 Indaba Capital로부터 50백만 달러를 받았으며, Evercore Investment Bank로부터 알려지지 않은 금액을 투자 받았다.

이러한 거래구조는 이전의 파이낸싱 구조와 유사하다는 점에서 그다지 새롭지는 않다. 그러나 이들의 거래에서 앞으로 특허를 보유한 실시기업과 NPE간의 거래 방향성을 예측할 수 있는 대목이 있다. 특히 주목할 만한 점은 바로 Clean Sale이 아닌 선급금이라는 통상의 NPE 매입조건에서 초기 선급금 부분마저도 뺐다는 점이다. 즉 모든 특허를 아무런 선급금 없이 전액 후정산 방식(Backend Portion)으로 취득한 수익에 대해 성과기여의 정도에 따라 수익을 배분받는다.

이후 또 하나의 특이할 만 한 점은 매년 몇 십 건의 특허를 Ericsson이 Unwired Planet에 지속적으로 넘긴다는 점이다. 이 또한 Unwired Planet의 특허공격을 방어해야 하는 실시기업에게 일시적 방어책으로는 힘들다는 점을 아예 프로그램 기획 단계에서 선전포고하는 것으로 받아들여지게 된다. 이는 해당 타깃 기업의 방어 의지를 꺾어놓는 효과를 기대할 수 있을 것이다.

통상적으로 실시기업이 NPE의 특허를 방어하기 위해서는 NPE가 공격하는 특허들의 약점 즉, 무효주장이나 비침해 주장을 펼치는 것이 최선책인데, 그러한 방어를 매년 추가되는 특허들에 대하여도 연속적으로 해야 한다면, 분명 실시기업 입장에서는 그 해당 NPE가 보유한 모든 특허와 향후 보유하게 될 모든 특허들에 대하여도 일시에 포괄적인 라이센스를 받는 것이 현명하다고 판단할 것이다. 따라서 Ericsson과 Unwired Planet은 이러한 실시기업의 맹점을 누구보다도 잘 간파하고 이를 그들의 Enforcement Program에 일찌감치 반영한 것으로 풀이된다.

[그림 5-2] Ericsson의 지속적 특허양도 구조

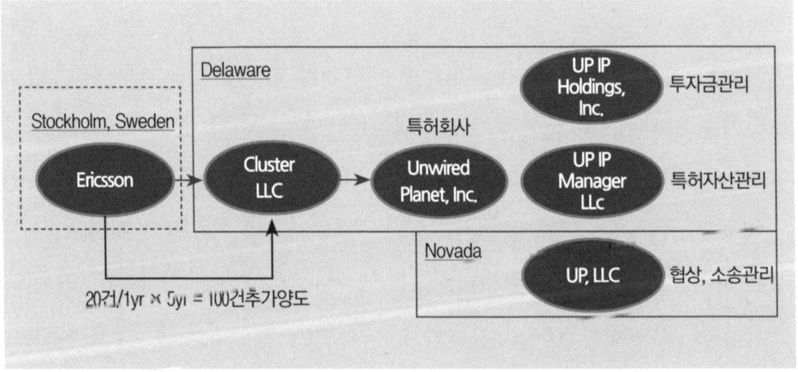

또한 선급금을 받지 않고도 Ericsson이 Unwired Planet에 특허를 양도할

수 있었던 것은 자신들의 특허의 미래가치에 대해 확신하고 Unwired Planet에 대한 IP 전문 Enforcement NPE로서의 실력을 믿었기 때문일 것이다.

● Altitude Capital의 IP 금융 적용 사례

Altitude Capital은 사모펀드로서 2005년 6월에 출범해서 IP 자산과 IP 중심의 회사에만 투자하는 IP투자 전문 펀드로서 활동해오고 있다. 사모펀드의 주요 투자처는 월스트리트의 헤지펀드와의 투자설정계약이 되어 있는 것으로 알려져 있다.

현재까지 순수 라이센싱과 소송에 집중 투자하여 총 17건의 주요 거래에서 총 2억 달러를 투자하였다. 현재까지의 최종 누적 성과로서는 투자금 대비 2.5배의 수익을 올렸고, 51.5% IRR을 기록 중이다.

Altitude는 가전기기와 통신서비스에 관련된 IP 라이센싱 회사(LLC형태의 SPV)를 설립하여 펀딩을 하고, IP를 집중적으로 매입해 갔는데, 이렇게 매입된 IP들에 대하여 곧바로 라이센싱 및 수익화 활동으로 재무적 수익을 만들어내는 데 집중하였다. 전략적으로 추진하는 펀딩의 규모로 통상적인 수준인, 약 5천만 달러의 초기 캐피탈 투자약정을 통한 특허포트폴리오를 구축하고, 파트너들이 서로 유기적으로 움직일 수 있는 구조를 만들어갔다.

Altitude가 주요 실적을 달성하는데 사용한 SPV와 라이선시(licensee)는 아래와 같다. 특히 Saxon의 경우 2010년도에 1억 달러가 넘는 거래가액을 기록했다고 알려져 있다.

〈표 5-6〉 Altitude의 대표적 특허 포트폴리오 및 라이선시

Altitude의 대표적 특허 포트폴리오	라이선시
Intrinsity	Apple
MercExchange	eBay
Visto	Microsoft/RIM
Saxon	LG, Nokia, RIM, Sharp, Nintendo, HTC

* 자료 : 이원일, NPEs 비즈니스 모델 분석을 통한 IP 투자기법 연구, 2012

여러 건의 지방법원 소송과 핵심적 프로젝트에는 시기적절한 ITC소송 활용을 통하여 라이센시들로 하여금 소송비용 절감이라는 명분을 제공하면서 거래를 유도하는 형태를 띠고 있다.

특허매입에서의 주안점은 주요 실시기업들로부터 현물출자와 현금출자의 콤비네이션을 유도해냈다는 점이 특이하다. 즉, 사업을 주요 이윤창출의 목적으로 삼는 실시기업이 현물출자나 현금출자를 하지 않을 경우, 결국 소송을 제기 당할 수 있다는 위협에 처해있는 상황이라는 점을 인지시켜 실시기업은 선불리 거절 할 수 없는 입장이 된다.

● Digitude의 등장과 Apple의 현물출자

헤지펀드와 같은 특수목적의 펀드로서 2.5배에 가까운 고수익을 안겨주는 IP 비즈니스 창출 수단은 매우 매력적인 투자처로 인식되고 있다. Altitude는 이러한 투자환경을 십분 발휘하여 성공한 모델로 여겨지고 있으며, Digitude라는 SPV를 설립하여 전 세계 주요업체를 대상으로 ITC에 소송을 제기하면서 그 진가를 유감없이 발휘하고 있다.

Digitude가 ITC소송에 사용한 특허들을 분석해보면, 이메일 수신알림 상

태를 표시하는 내용의 특허로, 원특허권자는 일본의 Mitsubishi였는데, IP 시장에 매물로 나온 것을 애플이 일괄 매입했고, Altitude Capital의 특허저장소 역할을 하는 각 섬에 축적해 두었다가, 이를 다시 Digitude로 가져와서 ITC소송 및 수익활동에 활용하고 있는 것으로 파악되고 있다. 위 상황을 미루어 볼 때 운영회사(Operation Company)의 대명사인 애플도 필요에 따라서는 IP 펀드들과 전략적 파트너십을 형성해나가고 있는 것으로 보인다.

[그림 5-3] Digitude의 원소유자별 미국특허 보유현황

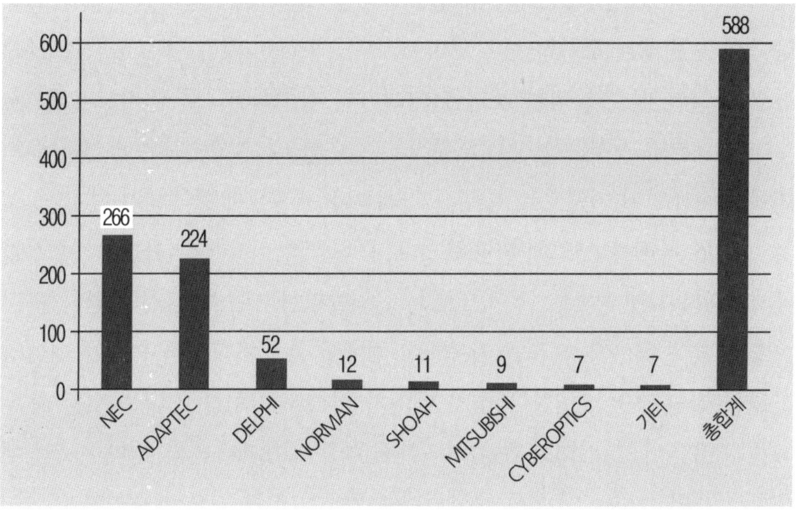

* 자료 : 이원일, NPEs 비즈니스 모델 분석을 통한 IP 투자기법 연구, 2012.

2012년 5월경 언론에서 발표했듯이, Digitude는 삼성, 엘지, Sony, Google, Panasonic, Nokia 등을 ITC에 제소하였고, RPX와의 협상을 통하여 이들 피고들만이 별도의 타결액을 신디케이션(특별 집단화한 타결액을 원고와 협상하여 타결을 시도하는 해결책)을 통하여 제시하고자 하였다.

해결안에는, Digitude의 소송특허는 물론이고, 모펀드인 Altitude Capital의 모든 특허와 향후 몇 년간 매입하게 될 특허들도 타결의 대가로서 피고들에게 모두 라이센스되는 조건으로 알려져 있고, RPX의 신디케이션 타결액의 규모는 Digitude가 애초에 매입하였던 특허들에 투자한 투자규모를 웃도는 수익성을 달성한 것으로 알려져 있다.

● Ocean Tomo, IPXI, ICAP 등을 통한 경매방식의 특허거래

과거 약 7년 동안 많은 양의 특허들이 경매방식으로 거래되어오고 있다. 이들은 특허의 가치에 특허등급(Patent Rating)이라고 하는 각 특허별 인용(Citation)을 주요 바탕으로 하여 많은 인용을 갖고 있는 특허일수록 점수를 많이 주는 형태를 포함하는 지표(Indext)화를 통하여 많은 양의 특허를 신속하고 동일한 기준에 의한 평가로 거래가의 평준화를 이루어가고 있었다. 그러나 특허의 가치는 일괄된 기준으로 점수를 매긴다는 것은 파이낸싱 측면에서는 통일된 기준으로 특허를 거래한다는 점에서 설득력이 있지만, 결국 매입된 특허를 사업에 활용하거나, 특허공격 · 특허방어를 통하여 기업에서의 활용도를 높이는 목적으로는 신뢰할만한 기준이 되지 못한다는 것이 밝혀졌다. 즉 특정가격을 지불하고 경매를 통하여 매입한 특허는 매입의 간편함은 있지만, 매입한 특허가 매매가 이상의 가치를 지니는 것을 보장해주지 않음이 그 특허의 활용 과정에서 여실히 드러나면서, 경매 시스템에 대한 업계의 신뢰는 더 이상 개선되지는 못하고 있는 것으로 보인다.

한편 오션토모의 일부 전문가들은 Ocean Tomo 300 Index라는 이름으로 거래의 대상으로서의 IP를 한층 더 혁신적인 아이디어와 결합시켜서 '탄소배출권'과 같은 일정 쿼터를 배정받아 지표화된 특허실시권을 획득하거나 특허권을 매입하는 거래시장을 만들기 위해 시카고 증권시장과 손잡고 실제 거래시장에서 시험해 보고 있다. 하지만 결국 특허실시권이나 특허매매의 최종소비자인 기업들이 이러한 지표를 이해하고 실물경제에서 거래된 현금가치 만큼의 동일한 가치를 해당 특허권으로부터 거둘 수 있는지는 의문이라는 것이 대부분의 업계 전문가들의 의견이다. Ocean Tomo 300 Index는 Ocean Tomo사의 홈페이지에 상세히 기술되어 있다.[97)]

IPXI는 특허권 등을 모아서 ULR(Unit License Rights)이라는 하나의 단위로 만들어 상장시켜 거래한다는 모델이다. ULR는 소유권 이전보다는 사용권을 제공해서 IP 자산을 보다 손쉽게 이용할 수 있게 만들겠다는 목표를 가지고 출발한 것으로, 탄소배출권 거래와 유사한 개념이다.[98)]

한편, IPXI의 아이디어에서처럼 특허실시권 또한 개별 특허와 동일하게 거래의 대상으로 보고 실시간 경매를 통한 일괄적 판매 모델을 제안하였다. Ocean Tomo의 중개업 부문을 인수합병한 ICAP Patent Brokerage사는 공개 경매 외에 연간 3만개의 특허 6,000개의 특허포트폴리오를 분석해 특허 소유권자와 투자자·수요자를 연결해 수익을 올리고 있다.[99)]

미국 반도체회사인 Micron Technology가 보유하고 있던 전체 특허중 약 50% 이상을 조건부 매각 방식으로 외부 NPE에 특허를 매각하고 이 NPE를 통하여 특허권을 활용한 수익활동으로 수익이 발생하면 이중에서 몇십 퍼센트를 다시 후정산 방식(Backend Recovery)으로 받는 조건의 IP 금융 구조를 통하여 새로운 비즈니스 모델을 추진한 사례가 있다.[100)] 최소 몇 백만불에서 몇 천만불의 선급 수수료를 특허권자인 Micron Technology사에 지불한 것으로 알려져 있으며, Round Rock Research사는 초기 특허매입비용을 약정기간 내에 조달하기 위하여 자사의 특허 포트폴리오를 ICAP Brokerage사의 경매방식을 통하여 "Covenant Not To Sue"라는 방식으로 시장에 내놓

97) http://www.oceantomo.com/productsandservices/investments/indexes/ot300.

98) http://news.mk.co.kr/newsRead.php?sc=60100119&year=2013&no=60953, 2013. 12. 17 방문.

99) 전게 자료.

100) http://www.ipvalue.com/partners/round-rock-research.php.

게 된다. 본 물건은 경매시장에 등장한 단일 거래물로는 현재까지 알려진 바에 의하여 최고가를 기록했을 것으로 추정되고 있지만, 위에서 기술했듯이 아직 거래시장에서 확립되지 않은 지표나 애매모호한 특허평가에 따른 매도자와 매수자의 어려운 의사결정을 기대하는 것을 일찍 과감하게 포기하고, 해당 특허권에 대한 실시권 허여형태를 띠는 "Covenant Not To Sue"를 상품처럼 일시적인 경매으로 판매하겠다는 공개 청약을 하게 된 것이다. 이를 다시 특정일 특정시간에 해당 "Covenant Not To Sue"를 공개석상에서 공개적인 경매를 통하여 판매하겠다는 획기적인 거래가 제안된 것이다.

▨ Box 2 – 은행권에서 나오는 질문들 : Nokia와 MS 간 Deal의 해석

어느날 국내 큰 은행의 투자전문 금융전문가로부터의 전화를 받았다. 그의 질문은 Microsoft와 Nokia의 핸드폰 사업부문 인수에 관한 기사를 어떻게 생각하느냐 하는 것이었다.

Nokia는 2009년까지 자타공인의 핸드폰 업계 최강자였다. 매출액이나 영업이익 기술력 등의 종합적 평가에서 2위권이었던 모토롤라, 삼성, 엘지 등의 기업들이 추월하기 어려웠던 성역으로 느껴질 정도라는 의견도 있었다. 업계 전문가들 대부분은 Nokia는 망할 수 없는 건강한 사업구조를 가졌다고까지 했다. 그런 Nokia에 변화의 바람이 거세게 불어닥친 것은 바로 애플의 아이폰의 등장이었다. 아이폰의 등장으로 기존 피쳐폰에서의 강자도 더 이상 스마트폰의 강자가 아닐 수 있다는 깨달음을 시장에 던져주었다. Nokia는 회사의 영업이익의 상당액수를 세계 통신 표준기술 리더쉽 확보를 위하여 IEEF802.11/16 등 표준활동을 통한 3G/4G표준특허확보에 많은 투자를 해왔고, 아마도 세계 최강의 표준특허 포트폴리오를 구축하였다는 평가를 받고 있었다.

통신표준관련 회의체에 참석해보면, 항상 약 30여명의 대형군단을 이끌어 나타나는 회사가 바로 Nokia였다. Nokia 군단의 왕성한 기술제안과 발표력은 타 업체의 추종을 불허했다. 이렇게 활발한 투자로 인하여 양산된 많은 수의 표준 특허들은 경쟁사들에게는 큰 부담으로 작용하고 있었다. 특히 Nokia가 스마트폰 시장에서 고전을 면치 못하게 되면서 회사의 대표자산인 특허자산의 일부를 NPE에 매각하면서 회사의 적자를 메워가는 처지에 이르렀다. Nokia는 지금까지 수천건의 특허를 Mosaid, Pendrell와 같은 친Nokia 특허 NPE에 매각하여 경쟁사들에게 특허 라이센스 체결과 특허료 납부 압력을 가하고 있으며, Sony와 결합하여 양사 보유 통신 표준관련 특허를 일부 MPEG LA에 현물출자하는 형태로 Joint Venture인 "Mobile Multimedia Ideas(MMI)"를 설립하고 MPEG LA의 전문적인 Licensing 역량을 바탕으로 경쟁사들을 또 한번 경악하게 만들면서 지속적인 특허료 납부 압박을 가해오고 있다.

이에 멈추지 않고, 기존과 같이 특허를 조목조목 매각하는 방식과 같이 적극적인 다양한 특허 수익화 전략을 추구하고 있었는데, 이번에 또다시 모든 사업부문을 Microsoft에 매각함으로써 기존에 매각했던 특허권의 수익활동 및 현재 보유중인 특허권에 대한 향후 모든 수익활동에서의 자율성을 좀 더 확고하게 확보하였다고 할 수 있다. 즉 Nokia의 Mobile사업부의 매출액은 2009년도 최고치에 비하면 현저히 줄었지만 여전히 경쟁사들의 Counter-Claim의 대상이 되기에 충분한 정도의 물량을 판매하고 있고, 특히 중저가 폰의 판매대수는 무시하지 못할 수준을 유지하고 있었다. 이제 걸림돌로 여길 수 있었던 사업부문을 모두 Microsoft에 넘겼으니 그야말로 Patent Troll과 같이 막힘없는 공격만을 구사할 수 있게 되었다. 결국 Nokia와의 그 동안 특허분쟁상태에 놓여있던 경쟁사들은 더 이상 Counter-Claim을 제기할 만한 이유가 없어졌기 때문에 일방적인 방어형태의 협상으로 전환될 수밖에 없게 되었다. 만약 본 거래 성사 전에 Nokia사업부문에 대하여 공격을 개시했거나 Counter-Claim으로 이미 반소를 제기해놓은 상태이고 이를 인수한 Microsoft와의 별도의 크로스라이센스 등의 계약관계가 없는 경우라면 '받을 것 받고 줄 것 주는' 방식으로 문제를 해결하는 데는 크게 달라질 게 없다고 할 수 있다. 하지만 대부분의 Mobile 제조, 판매 업체들은 Microsoft가 보유하고 있는 오퍼레이팅 시스템(OS특허) 관련 특허에 대한 위협을 느껴서 본 거래 이전에 거의 모든 모바일 업체들이 크로스라이센스 관계를 맺고 있는 것으로 알려져 있기 때문에, Microsoft의 계산된 인수·합병 계획하에 본 거래 이전에 거의 모든 업체들과 크로스라이센스 계약을 체결하고자 의도적으로 협상에 임했다는 추측을 할 수 있게 되었다.

더군다나 Microsoft는 인수한 Nokia 모바일 사업부문은 기존 Nokia가 보유하고 있던 특허권 보유 및 관리부문에 대해서는 인수대상물이 아님을 밝혔고 현재 Nokia가 보유한 모든 특허에 대하여 향후 10년간 특허라이센스를 허여받는 것까지 인수대가에 포함시켰다고 하였다.

업계 전문가들은 Microsoft가 Nokia특허의 미래 특허권 사업으로 얻은 수익의 일부분에 대한 수익지분까지 확보했을 것으로 추정하고 있다. 이렇게 Nokia 특허권의 강화된 수익화 활동이 본격화 되면 한국 핸드폰 제조3사 삼성, 엘지, 팬택에 고스란히 그 피해액이 발생 될 것으로 우려되고 있다.

한편, Microsoft는 Nokia 사업부문을 인수하면서 Nokia가 보유한 특허는 인수하지 못하고, 향후 10년간 실시권만을 취득했다. 그러나 업계에서는 이에 그치지 않고, 향후 Nokia가 특허활용을 통한 특허수익료에서 일정비율의 수익지분을 약 몇 퍼센트 정도를 가져가는 조건이 이번 인수합병에 포함되어 있을 것으로 추정하고 있다.

모바일 오퍼레이팅 업계 측면에서는, Microsoft의 Nokia 인수는 얼마전 Google의 Motorola 인수와 유사한 사업적 전략을 구사한 것으로서 모바일 오퍼레이팅 3각 구도의 비즈니스와 특허권 확보의 인수형태라고 해석되어진다. '3각

구도'라 함은 당분간은 향후 통신, 모바일 분야는 iOS, Windows OS, Android OS의 3파전으로 압축되어 있는 구도를 말한다.

현재 양대 최강의 Android 진영(Google+Motorola, 삼성, 엘지 등)과 iOS 진영(Apple의 iPhone)에 맞서기 위하여 Windows로서는 핸드폰 제조업체가 필요했을 것이다. 그간 심비안이라는 자체OS와 Windows OS를 일부 합작 제조, 판매해온 Nokia가 가장 쉬운 인수 · 합병대상이 될 것으로 일찌감치 업계에서는 예상한 바 있다.

산업계 재편구도상 Microsoft와 Nokia의 합병은 전략적 제휴의 수순을 밟아 간다고 할 수 있지만, 그로 인하여 특허업계에 또 하나의 초대형 통신특허 NPE도 함께 탄생하게 된 것이다. 그간 통신업계의 최대 NPE는 Interdigital로 통해 왔다. 그간 통신제조업체들로부터 수조원에 달하는 특허료를 받아가는 Patent Troll로 미움을 받아왔는데, 최근 Nokia의 특허활용전략의 변화에 따라서 국내 핸드폰 제조 3사는 대응해야 하는 PAE가 하나 더 늘어난 셈이다.

그렇다면, 국내 기업들은 이러한 PAE의 공세에 수동적으로만 대응해야 하는 것인지 아니면 한국 업체들도 뭔가 반격할 수 있는 여지는 없는지 그 대안은 과연 있는 것인지 하는 질문들을 은행권의 금융전문가들도 하고 있다. 과거에 비하면 정말 많은 관심을 보여주고 있는 것이다.

그간 국내 업체들에 대한 미국, 일본, 유럽 등지의 선진업체들과 그들이 보유하고 있던 특허들이 NPE에 넘어가고 이때 선진 금융기법이 가미된 IP 수익화 비즈니스 모델로 중무장한 NPE들로 부터의 위협은 과거 7~8년동안 지속적으로 증가하고 있고 2013년도 3분까지 이미 그 최고치에 도달하고 있는 상황이다. 2013년 12월 발행된 "전자신문 미래기술연구센터(ETRC)"의 "2014년 특허분쟁 전국시대"에서는 2015년까지 국제 특허분쟁은 2배 이상 증가할 것으로 전망하고 있다. 소송 피해 규모는 2010년 2,400억원에서 2015년 5,000억원으로 증가한다는 것이다. 총 분쟁 피해 규모는 2010년 3조 6,000억원에서 2015년 7조 5,000억원에 이른다고 예상하고 있다. 어마어마한 규모이지만, 필자는 핸드폰 제조업체의 특허분쟁을 다뤄본 경험상 이 숫자가 현실적인 숫자라고 동의한다. 오히려 그 이상이 되지 않기를 바라는 심정이다. 전자신문의 본 전망치와 분석기사에서는 이러한 피해액 증가추세의 그 이면에는 그동안 미국을 중심으로 한 특허괴물의 비즈니스 모델 뒤에는 그들에게 특허의 매집과 수익활동을 가능케 하는 소송비용, 운영비용을 감당할 수 있는 투자구조를 만들어내는 IP 펀드 회사들과 조직들이 많다는 것이다. 이들 IP 펀드 중심의 투자금들은 2008년도의 글로벌 금융위기 발생한 이후 정부의 현금지원책 강화를 통하여 풀린 현금을 일부 이러한 특허비즈니스에 투자되기 시작했고 일부에서 고수익을 올리면서 뉴욕 월스트리트에서의 알만한 사람들은 다 안다고 할 정도로 유행처럼 IP 펀드들이 성업하고 있고, 특히 헤지 펀드를 중심으로 거액의 투자금이 NPE 비즈니스에 투자되기 시작했다. 2009년부터 2012년 동안 투자되어 왔던 투자금들에 대한 투자금 회수시기가 2015년을 정점으로 도래하기 때문에 이를 재촉하기 위한 막바지 소송들이 급증하고 있다. 최근 개정된 미국특허법(America Invention Act)에서도 NPE들의 소송요건이 강화되는 법안들이 상정되어 있는 만큼, NPE의 수익에 대한 정부와 산업계의 제재 움직임 때문에 이러한 투자금 환수시기와 맞물려서 더욱 더 기존 소송의 논리와 법리를 최대한 활용하고자 할 것으로 예상된다.

산업계의 논리상 Microsoft와 Nokia가 합병하면서 또 다시 국내 핸드폰 제조업체에 그 피해액이 고스란히 증가하는 것을 직접 막을 길은 없겠지만, 한국에서 보유하고 있거나, 보유하고 있지 않으면 외국에서 매입해 와서라도 대응해야 할 것이다. 또한 특허전문가와 금융전문가를 양성하고, 이들이 운용할 수 있는 IP 펀드를 만들어내야 하는 과제를 풀어나가야 한다.

2 IP 금융 플레이어 동향

IP 비즈니스 모델의 분석은 IP 공급자와 수요자의 의도부터 시작해야 한다. 이들이 새로운 비즈니스 영역에 진입하기 위하여 다양한 품질의 특허 포트폴리오를 구축하고자 하는 전략적 기업 투자자 인지, 혹은 소송이 가능하고 반소(counterclaim) 목적에 맞는 클레임 차트를 보유한 특허를 구매하고자 하는 구체적이고 대단히 타켓팅된 단기적 목적의 니즈를 보유한 전술적 기업 투자자인지 여부를 파악하는 것이 중요하다. 혹은 특허 거래가 기업의 비즈니스 모델을 충족시키기 위한 목적인지 혹은 순수하게 투자에 대한 금융 수익이 목적인지 여부 또한 그 분석의 대상이 되어야 한다.[101)]

NPE의 특성을 파악하기 위해서, 우선 해당 NPE의 특허 포트폴리오를 구축하고 권리행사를 하는데 사용된 펀드가 기업 측인지, 금융투자기관 측인지가 중요한 판단기준이 될 것이다. 펀드 규모가 가장 크고 많은 특허 수를 확보하고 있는 Intellectual Ventures는 전 세계 거의 모든 대기업들을 회원사로 소송 방어 목적으로 출발하였으며, GE-Licensing은 GE기업의 라이센싱 수익화 및 내부 R&D 지원을 목적으로 활동하고 있다. 또한 Open Invention Network은 리눅스 진영을 소송에서 보호하기 위한 목적으로 기업의 투자로 만들어 졌으며, AST는 기업들의 집단의사결정으로 특허를 매입하고 방어적 용도로 해당 특허를 사용한다.[102)]

이에 비하여 투자금융에 의해 설립된 NPE들은 조금 더 독자적인 생존을 모색하고 있는 것으로 보인다. 대표적 공격형 NPE라 할 수 있는 Acacia의 경우 특정기업의 특허 포트폴리오에 의존하거나 특정기업의 필요에 따라

---

101) Peter D Holden, New models in response to changes in the global IP market, Intellectual Asset Management, Jul/Aug 2011.

102) 이원일, NPEs 비즈니스 모델 분석을 통한 IP 투자기법 연구, 한국지식재산연구원 2012.

움직이지 않고 자체적인 판단에 따라 특허를 매입하고 라이센싱과 소송을 진행한다. 이렇게 자체적인 판단에 따라 특허포트폴리오를 구성하는 점에 있어서는 Acacia와 대척점에 서 있는 대표적 방어형 NPE로서 RPX도 유사한 행태를 띤다는 점에 주목할 필요가 있다. 또한 대표적 투자금융 펀드라 할 수 있는 Coller Capital은 시장에서 활동하는 다양한 비즈니스 모델을 띠는 NPE들에 동시에 투자를 하여 안정적인 현금흐름을 확보하고 있다는 점에 주목할 필요가 있을 것이다.[103)]

특허 monetization 생태계에 있어 몇몇 기업들을 도식화하면 다음과 같다. 우선 공개기업인지 비공개 기업인지의 여부로 구분할 수 있으며, 확보된 특허가 내부에서 만들어진 것인지 혹은 외부에서 조달하였는지에 의해 구분할 수 있다.[104)] 기업공개라 불리는 IPO가 전통적인 공격형 NPE인 Acacia와 InterDigital 등을 필두로 하여, 방어형 비즈니스 모델을 성공적으로 정착시킨 RPX에 이르기까지 유행처럼 번지고 있다. IPO를 통해 NPE는 자금조달의 수단을 다양화함은 물론, 해당 NPE에 지분(equity)을 투자한 펀드의 입장에서는 IPO를 통한 주식가격 상승을 통한 투자수익 창출이라는 새로운 형태의 출구경로(exit route)를 확보했으며, IPO를 통해 펀딩 출처로서 공개적인 주식시장까지 확장할 수 있게 되었다. 아래 그림과 같이 다수의 NPE들이 속속 기업공개를 하고 있다는 것은 NPE가 지속가능한 비즈니스 모델로서 자리를 잡아가고 있음을 보여주고 있다.

103) 전게서.

104) Peter D Holden, The ever-chaning IP monetization marketplace for PAEs, Intellectual Asset Management, Jul/Aug 2013.

[그림 5-4] IP업계의 주요 플레이어의 성격에 따른 분류

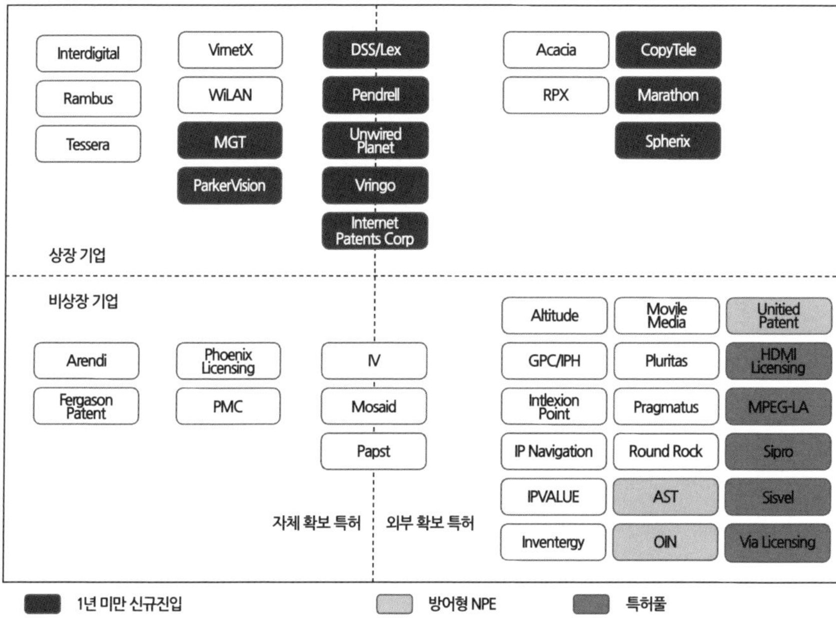

* 자료 : The ever-chaning IP monetization marketplace for PAEs, IAM, 60 July/August 2013.

■ 공격 성향의 주요 IP 펀드 및 PAE

● 주요 IP 펀드

대체투자의 하나로 IP에 투자하는 헤지펀드(Hedge Fund) 또는 사모펀드(PEF)들도 높은 수익률을 기대하며 공격형 PAE(patent assertion entity)에 투자하거나 자체적으로 PAE 조직을 보유하고 있다.

ⓐ Fortress

Fortress Investment Group LLC는 2007년 기업 공개 이후, 사모펀드, 헤지펀드(liquid hedge funds), 크레디트 펀드(credit funds) 등의 형태로 IP 자산을 포

함한 대체 자산에 투자하고 있다. 2013년 6월 현재, 556억 달러의 자산을 운용하고 있는 것으로 알려져 있다.[105]

Fortress는 Nokia를 상대로 178억 달러 규모의 특허침해 소송을 제기한 독일의 IPCom에 투자하였다. 최근 Fortress가 관심을 받고 있는 이유는 자산 담보 대출(asset-based load) 형태로 지식재산을 활용하고 있기 때문이다. Fortress는 10%에서 15% 범위에서 담보 대출 관련 수익을 발생시키고 있다. 담보 기업이 파산 상황(default situation)에 빠지는 경우 지식재산 담보물을 현금화하여 자산 담보 대출금을 회수한다.[106]

ⓑ Coller Capital

영국 런던에 본부를 둔 Coller Capital은 사모 2차시장(private equity secondary market) 시장의 선두 주자 중의 하나이다. 2,500개 이상의 회사를 커버하는 300개 이상의 사모펀드와 지분에 투자하고 있으며, 전 세계를 커버하는 다국적 투자팀을 보유하고 있다.[107]

105) http://en.wikipedia.org/wiki/Fortress_Investment_Group

106) Peter D Holden, The ever-chaning IP monetization marketplace for PAEs, Intellectual Asset Management, Jul/Aug 2013.

107) http://en.wikipedia.org/wiki/Coller_Capital

[그림 5-5] Coller Capital의 ROI 추이

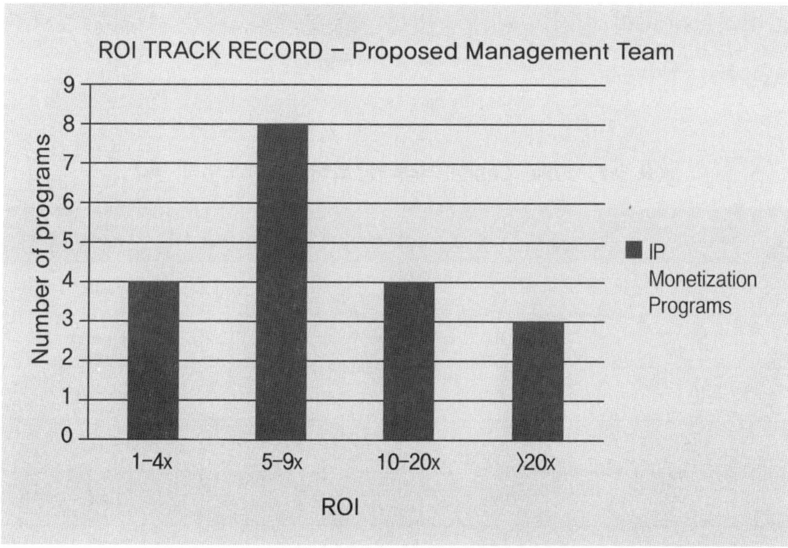

* 자료 : Peter D. Holden, IP monetization 2010 & Beyond, 2010. 3. 30.

그중 IP 수익화 프로그램에 있어, 2009년 Coller Capital은 사모펀드(private equity funds)로는 15%의 평균 내부수익률을 기록하였다. 중기로서는 3년내 1배의 수익을 달성하였으며, 침해증거와 특허 청구항을 연결한 클레임 차트 작성을 통해 특허 가치를 상승시키고, 소송전 빠른 수익화 전략을 통해 6년이 지나기 전에 2.5배에서 3배의 수익을 달성하였다.

위험을 줄이기 위하여, 크고 다양한 포트폴리오를 가지고 다양한 전략을 활용하였으며, IP 거래 수요가 크고 IP가 제품 및 서비스에 있어 가치 창출의 핵심이 되는 기술분야에 집중하고 있다. 또한 글로벌 네트워크를 가지고, ROI에 집중하고, 단순히 소송이나 방어 라이센싱이 아닌 비즈니스 라이센싱을 하는데 적합한 특허 관리팀을 선임하였다.[108] 그러나 최근 Coller IP

108) Peter D. Holden, IP monetization 2010 & Beyond, IPMS Seminar, 2010. 3. 30.

전략이 바뀜으로써 IP투자를 줄이는 상황이고 대표 펀드 매니저가 IP Value로 이적함에 따라 이전과 같은 활발한 활동을 기대하기는 어려울 것으로 보인다.

〈표 5-7〉 Coller Capital 거래대상 특허의 ROI와 수익 전략

특허 개수	Price/Return	투자대비 수익(ROI)	전략
91	12	6	Sale
20	6	6	License
10	5	5	License
134	11	4	Sale
1	0.95	2	Sale
4	6.5	4	Sale
300	750	20	License
20	15	30	License
12	30	30	License
750	200	1.5	License
1	5	20	Sale
1	6	20	License
10	60	30	Sale
2	28	7.5	Sale
4	15	7.5	Sale
1	2.9	7.5	Sale
1	0.5	5	Sale
115	22	7.5	License

* 자료 : Peter D. Holden, IP monetization 2010 & Beyond, IPMS Semina, 2010. 3. 30.

ⓒ 기타

Fortress, Coller Capital 외에 공격전략의 사모펀드에는 Alpha Funds, Altitude Capital, Inv Capital Partners, NW Patent Funding, Panoptis, Paradox Capital, Rembrandt, Techquity, Bessemer, Sequoia, Bechmark, Cerberus, Silver Lake, Deutsche Bank, Goldman Sachs 등이 있다.

● PAE(Patent Assertion Entity)

공격형 NPE를 지칭하며, 제조업을 하지 않고 특허권 행사를 통하여 수익을 추구하는 특허전문관리회사를 말한다.

ⓐ Unwired Planet

모바일 무선 소프트웨어 분야의 기업인 Openwave로 시작하여 현재는 보유특허를 기반으로 라이센싱 활동을 수익원으로 하는 기업으로, 2012년 Apple과 Google을 상대로 특허침해 소송을 제기하고, 2013년 초반에 Ericsson의 특허 2,400건을 취득하는 등 모바일 무선 분야에 집중해 활동하고 있다. 최근 Lenovo가 Motorola 핸드폰 제조 부문을 인수한 이후에 미국 시장에서 특허방어력을 높이기 위하여 Unwired Planet으로부터 Ericsson 특허의 일부를 약 1,000억원 규모로 매입한 바 있다.

ⓑ Pendrell

Pendrell은 태블릿, 스마트폰, 기타 가전제품 분야의 1,600여건 특허를 보유하고 있으며, ContentGuard사를 Time Warner사와 공동 소유하고 있으며, 이를 통하여 DRM 분야 세계 각지에 297건의 등록 특허와 169건의 공개 특허를 보유하고 있다. ContentGuard사는 Casio, Fujitsu, LG전자, Microsoft, Nokia, Pantech, Sony 등의 기업들과 라이센싱 계약을 체결하고 있다. 또한 2013년 Provitro Biosciences사의 대주주가 되어 식물 번식분야(plant propagation)의 기술과 특허를 확보하고 있다.[109)]

2013년 Pendrell은 Nokia로부터 메모리 기술분야의 특허 125건을 취득하였으며, 그 중 81건은 표준 필수특허로 알려져 있다.[110)] 또한 Ovidian Group을 자회사로 두어 IP 포트폴리오 분석, 가치평가, 수익화, 소송 전략 서비스를 기술 선두 기업, 사모펀드, 헤지펀드, 투자회사에 제공해 주고 있다.[111)] IP 시장에서 Pendrell은 노키아(Nokia)의 프라이비티어(Privateer)로 불리고 있다.

〈Pendrell의 주요 활동이력〉

ICO Global Communications (ICOG) : 1995년에 설립하여 위성을 통한 모바일 통신을 제공

⬇

2011년 1월 : Pendrell (PCO)로 이름을 변경하고 IP 수익화에 집중함. IP 컨설팅 회사인 Ovidian을 인수

⬇

2011년 10월 : ContentGuard 특허 보유회사를 인수

⬇

2012년 2월 : ZTE를 상대로 소송제기
2012년 4월 : 5번의 거래에서 1,300여건의 특허를 취득
2013년 5월 : 125건의 Nokia 특허 취득

---

109) http://pendrell.com/about/overview

110) http://pendrell.com/sites/default/files/Pendrell%20Nokia%20FINAL%20032413.pdf

111) http://pendrell.com/about/overview

ⓒ Acacia Research Corporation

특허 매집, 라이센싱, 소송을 통해 수익활동을 영위하는 대표적인 NPE로 알려져 있으며, 의료기기, 이미징 기술, 보안, 무선분야에 걸쳐 250여개의 특허 포트폴리오를 보유하고 있다. 2012년에는 Nokia Siemens Networks사로 부터 핵심적인 무선특허를 획득하였으며, 4G기술의 개척자인 Adaptix사를 사모펀드 기업인 Baker Capital사로 부터 160백만 달러에 인수하여 무선 기술 특허 포트폴리오를 보강하였다. 2012년에는 Apple, AT&T, Sprint, Verizon 등을 상대로 소송을 제기하였다.[112)]

350건 이상으로 추정되는 소송을 진행하는 등 상당히 공격적인 전략을 구사하고 있다. IP 펀드사이즈는 100백만 달러 이상으로 추산되며, 회계년도 2008년 및 2009년 수익은 60백만 달러이며, 2.6백만 달러의 손실을 기록하였다. 2009년 2분기에 21건의 새로운 라이선시들, 8건의 새로운 특허 확보, Yahoo를 대상으로 6백만 달러 이상의 손해배상 판결을 받았다. 1,786건의 미국 특허를 보유하고 있으며, 2012년 하반기에 Apple, AT&T, Sprint, Verizon사를 대상으로 소송을 제기하였다.[113)][114)][115)]

Acacia의 경우를 살펴보면, 수익과 특허포트폴리오가 상호 비례관계에 있음을 알 수 있는데, 과거 7년 동안 200백만 달러 규모의 매출액을 달성하였으며, 그에 상당하는 특허들을 매입·확보하는 데 투자를 아끼지 않았다. 또한 확보한 총 특허들 중에서 약 50% 정도의 특허들이 실질적인 매출확보에 기여를 하였고, 지속적인 매출확보를 위한 신규 특허를 확보하고 있다.

---

112) http://www.ipcheckups.com/npe-tracker/npe-tracker-list/#acacia

113) Peter D. Holden, IP monetization 2010 & Beyond, IPMS Seminar, 2010. 3. 30.

114) http://www.ipcheckups.com/npe-tracker/npe-tracker-list/. 2013. 11.27 방문.

115) https://www.patentfreedom/com/about-npes/holdings/. 2013. 11. 27 방문.

[그림 5-6] Acacia의 특허자산증가와 매출액증가의 상관관계도

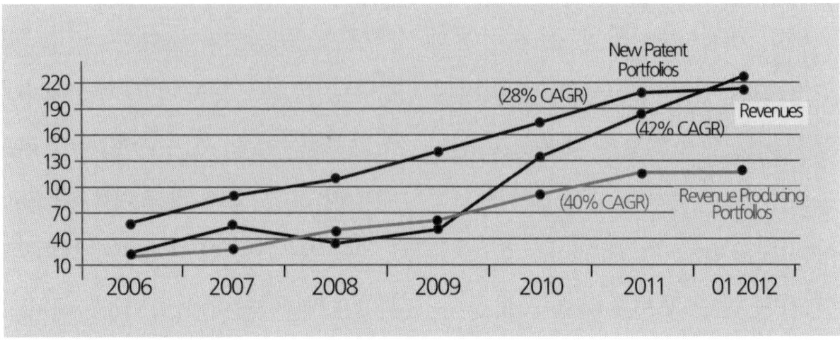

* 자료 : 인텔렉추얼디스커버리, 아이시스특허사무소, IP 펀드와의 전략적 파트너십, 2012. 7.

ⓓ Round Rock Research

2009년, Round Rock Research는 DRAM 제조회사인 Micron의 4,000 여건의 특허를 구매하여, Apple, 삼성, Sony 등의 라이센시들을 확보하였다. Round Rock을 설립하는데 관여한 로펌인 Desmerais LLS가 Intellectual Ventures를 대리하여 Micron에 IV사의 포트폴리오를 라이센싱한 실적을 감안할 때, Intellectual Ventures와 Round Rock Research는 일정 관계를 유지하고 있음을 추정할 수 있다. 한편, 이들 특허들은 Kirkland & Ellis의 특허소송팀의 리더 변호사인 John Desmarais로 하여금 독점적인 파트너십을 가지고 해당 특허권의 수익화 활동을 할 수 있는 계약관계를 가지고 있다.

Round Rock Research(RRR)가 보유한 약 4,500여건의 특허 중에는 반도체 특허들 외에도 시스템 관련 특허를 다수 포함하고 있어 시스템 제조업체들도 특허침해로부터 자유롭기 어려운 것으로 알려져 있다.

RRR은 IP Value가 설립한 10여개의 SPV 중 하나인데, IP Value가 GP(General Partner)로서 역할을 하고, Goldman Sachs와 General Atlantic(미국 캘리포니아주 기술중심의 최대 사모펀드)이 특허자산에 대한 금융적 투자자로서 참여를

하고 있다. 전략적 투자자인 Micron은 현물투자의 대가로 선급금과 성과금을 받는 형태로 구성된 대표적인 사례 중 하나이다.

ⓔ Wi-Lan WiLAN

무선분야 R&D 및 관련 제품 생산이 주요 사업이었으나, 현재 모든 수익은 IP 라이센싱을 통해 발생되고 있다.[116] IP 펀드 규모는 75백만 달러로 추정되며, 2008년 회계연도 기준 수익은 25백만 달러이며, 이익은 10백만 달러이다. 864건의 미국 특허를 보유하고 있는 것으로 알려져 있다.[117]

〈표 5-8〉 WILAN's 재무성과

	2000	2005	2010
Licence revenue	1.116M	0.44M	46.895M
Other revenue	62.275M	24.3M	3.830M
R&D % of revenue	11.81%	36.649%	7.438%
Pre-tax profit	(25.774M)	(25.774M)	(20.772M)
Cash & short-term	3.706M	3.706M	107.015M

* 자료 : Pat Kennedy, Play the Game, IAM, Issue 53 May/June 2012.

WiLan의 특허 포트폴리오는 Wi-Fi, 블루투스, 3G 및 4G 기술, DSL 및 DOCSIS 기술, 디지털 TV용 V-Chip 기술 등을 포함하고 있다. 2012년, 무선 네트워킹(wireless networking space) 분야의 특허를 Siemens로부터 40여건, Alvarion사로부터 150여건을 취득하였다. 2012년 Apple, HTC, Sierra Wireless사를 대상으로 LTE기술과 3G HSPA 핸드셋 제품 침해를 이유로 소송을 제기하였으며, RIM사를 상대로 블루투스 기술 침해를 주장하여 소송

116) Peter D. Holden, IP Monetization & Beyond, 2013. 3. 30.

117) https://www.patentfreedom/com/about-npes/holdings/. 2013. 11. 27 방문.

을 제기하였다.[118)]

ⓕ Rockstar **Rockstar**

Rockstar Consortium(이전에는 Rockstar Bidco로 불림)은 2011년 Nortel Network의 파산절차에 따라 획득된 특허를 라이센싱하는 회사이다. Apple, Microsoft, RIM, Ericsson, Sony 등에 의해 공동소유 하에 있으며, 네트워킹, 통신, 인터넷 기술에 관련된 약 4,000건의 Nortel 특허를 획득하기 위하여 Apple의 26억 달러를 포함 총 45억 달러를 투자하였다. 2012년에 Apple은 Rockstar로 부터 1,204건의 특허를 재구매하여 모바일 통신 특허 포트폴리오를 강화하였다.[119)] 공동소유자들끼리 핵심특허의 일부분을 나눠 갖고 나머지는 타경쟁사를 공격하는데 활용하고 있다. Rockstar는 현재 한국 핸드폰 제조업체들을 공격하고 있다.

ⓖ IPCom **IPCom**

IPCom GombH & Co. KG은 2007년 Robert Bosch GmbH로부터 모바일 기술 관련 특허 포트폴리오를 인수하여 라이센싱 활동을 하고 있는 회사이다. Fortress사에서 투자를 받았으며, 독일에 위치해 있다.[120)] Nokia를 상대로 178억 달러를 요구하는 특허침해 소송을 제기하는 등, 모바일 업체를 상대로 다양한 소송을 진행하고 있다.[121)]

현재 IPCom는 1,200여개의 특허로 구성된 특허 포트폴리오를 보유하고 있으며, 2.5G(GSM/GPRS0, 3G(UMTS), LTE 분야의 필수 표준특허 등이 포함

---

118) http://www.ipcheckups.com/npe-tracker/npe-tracker-list/#wilan

119) http://www.ipcheckups.com/npe-tracker/npe-tracker-list/. 2013. 11. 27 방문.

120) http://en.wikipedia.org/wiki/IPCom_GmbH_%26_Co._KG

121) http://www.theregister.co.uk/2010/01/19/ipcom_patents/

된 것으로 알려져 있다.[122)]

● PAE와 IP Fund의 복합 형태

PAE는 특허권 매입할 자금과 수익화 활동에 소요되는 소송비용 및 운영 비용을 IP 전문펀드로부터 투자를 받는 것이 일반적이다.

ⓐ IP Navigation IP NAV THE WORLD'S LEADING full service patent monetization firm helping forward-thinking corporations, universities, organizations, and individuals profit from innovation.

IP Navigation은 "특허 수익화를 위한 풀서비스" 회사를 표방하고 있으며, 다른 NPE들과는 달리 특허권자들의 소유권을 이전없이 수익활동을 하고 있다. 2012년 RPX NPE 활동 보고서에 따르면 2012년 305건의 소송을 제기하였으며, 소송 상대기업은 357개사에 이르고 있다.

IP Navigation의 창립자이자 소유주인 Erich Spangenberg는 1990년대 후반 사내 변호사이자 투자은행 직원이었을 당시 Smartalk라는 작은 통신회사로부터 특허침해 소송을 받은 후 NPE 비즈니스를 시작하게 되었다. 특허 소유권자의 소유권 이전을 통하지 않고, 특허 수익화를 위한 원스톱 서비스 제공을 통하여 급격히 성장하였다. 또한 기업에 특허권을 담보로 자금을 제공하고 있다(patent-back lending).[123)]

ⓑ Rembrandt REMBRANDT Patent Infringement Solutions

매우 공격적인 특허 수익화 전략을 추구하고 있으며, 2009년 3건 등 2000

122) http://www.fosspatents.com/2013/06/patent-firm-ipcom-settles-with-t-mobile.html

123) Jack Ellis, You can call me troll, Intellectual Asset Management, Jan/Feb 2014.

년 이후 23건의 소송을 제기하였다. Rembrandt는 발명자로 부터 포트폴리오를 획득한 후 contingency fee를 받는 로펌을 통하여 권리행사를 진행한다.[124]

IP 펀드 규모는 150백만 달러이며, 수익이나 이익은 알려지지 않았다. 2013년 11월 현재 120건의 미국 공개 및 등록 특허를 보유하고 있는 것으로 확인되었다.[125]

ⓒ IP Value IPVALUE™ Return on Invention™

IP Value는 2001년 General Atalantic과 Goldman Sachs의 합 자 회 사 인 iFormation Group안에 설립되었다. 2002년 BT와 파트너십을 맺고 IP 수익화 활동을 시작하였다. IP 어드바이저 및 특허기래 중개자로서 BT, Xerox, Palo Alto Research Center, Multimedia Patent Trust, Round Rock Research 등의 제조기업 및 NPE에 서비스를 제공해 주고 있다.[126]

특허 매각과 라이센싱 등에 있어 총합 10억 달러 이상의 거래를 성사시켰으며, 주요 기술 기업들과 다년간의 독점적 관계를 통해 15,000건 이상의 특허 패밀리들에 대한 상업화 프로그램을 진행하였다.[127]

● 기타

이밖에 ARCA fund, Juridicia, Katz-RAK technology, Paradox Capital, Techquity, Turble bay 등의 복합 기업들이 활동하고 있다.

---

124) Peter D. Holden, IP monetization 2010 & Beyond, IPMS Seminar, 2010. 3. 30.

125) Focust DB 검색, 2013년 11월 27일.

126) http://www.ipvalue.com/company/

127) http://www.ipvalue.com/company/

■ 공격 성향의 기업 펀드

재무적 투자자(FI) 위주의 펀딩 뿐만 아니라 전략적 투자자(SI)들을 소수 또는 다수 포함하는 펀드로, 공격 성향의 PAE활동을 통해 수익을 창출한다.

● Intellectual Ventures INTELLECTUAL VENTURES®

2000년에 설립된 Intellectual Ventures는 대표적인 공격적 IP 매집기업으로서 워싱턴주 Bellevue시에 본사를 두고 있으며, 마이크로소프트(MS) CTO 출신인 Nathan Myhrvold와 Edward Jung, Intel 출신 Peter Detkin, Perkins Coie에 의해 창립되었다.

업무조직은 이학 또는 공학을 전공한 발명가 그룹과 특허, 법률, 기획 등을 담당하는 전문가 그룹으로 구성되어 있다. IV는 기술 분야당 발명 인력을 다수 보유함으로써 자체 발명 창출을 수행하고 있는 것이 특징이며, 개인 또는 기업의 아이디어를 발굴하고 투자하며 새로운 아이디어를 개발하여 자금화시키는 모든 수익모델을 이용하고 있다.[128]

특허 매입을 위한 자금을 모으기 위해 IV사는 펀드를 구성하여 투자자를 모집하고 있으며, 현재까지 50억 달러의 자금을 유치하였다. Apple, Google, Intel, Microsoft, Cisco, Nokia, Sony 등이 전략 투자자(SI)로 참여한 것으로 알려져 있다. 또한 JPMorgan Chase 은행, McKinsey & Company 등이 조성한 펀드와 미국 주요 대학과 개인 재단들이 투자자로 참여하였으며, Rockefeller 재단, Bush 재단, William and Flora Hewlett 재단 등이 금융투자자(FI)로 참여했다. 또한 미국 동부 명문 대학들인 펜실베니아대, 코넬대, 브라운대는 물론 노스웨스턴대, 미네소타대, 서던캘리포니아대 등 미국 주

---

128) 정연덕, 특허기술거래 활성화를 위한 Invention Capital 도입 필요성 검토, 특허청, 2008.12., 4-5면.

요 대학들이 이 펀드에 투자자로 참여하고 있다.[129]

라이센스 계약을 체결하는 회사들이 IV사에 투자하는 투자자가 되고 있다. 즉, 기술 관련 제조 기업들이 IV사로부터 잠재적인 특허 소송을 예방하기 위해서 라이센스 특허료 지불에 동의하고 IV사의 펀드 또는 지분에 투자하고 있다.[130]

● InterDigital INTERDIGITAL

음성과 데이터 전송을 위한 무선 디지털 기술을 라이센싱하는 R&D 회사이다. 특허 포트폴리오는 2G, 3G, 4G, IEEE 802에 관련된 표준 필수 특허를 포함하고 있다. 2012년 9월 약 1,700건의 특허를 Intel에 375백만 달러에 판매하였다. 2013년 1월에는 Huawei, Nokia, 삼성, ZTE 등을 대상으로 ITC에 제소하였다.[131] 3,542건의 미국 특허를 보유하고 있는 것으로 알려져 있다.[132]

〈표 5-9〉 InterDigital의 재무성과($US)

	1995	2000	2005	2010
Licence revenue	67.393M	51,244M	144.100M	370.200M
Other revenue	17.262M	5,634M	19.025M	24.345M
R&D % of revenue	14.33%	46.00%	43.79%	18.12%
Pre-tax profit	40.436M	9.299M	20.25M	238.447M
Cash & short-term investments	64.487M	88.987M	105.708M	541.669M

* 자료 : Issue 53 May/June 2012, Play the game, Pat Kennedy, 30.

129) http://news.mk.co.kr/newsRead.php?sc=60100119&year=2013&no=48212, 2013. 12. 17 방문.
130) 서주원, 한국의 지식재산 서비스 산업 현실과 향후 전망에 대한 조사 연구, 특허청 2009. 12, 26면.
131) http://www.ipcheckups.com/npe-tracker/npe-tracker-list/. 2013. 11. 27 방문.
132) https://www.patentfreedom/com/about-npes/holdings/. 2013. 11. 27 방문.

• Conversant (Mosaid) conversant INTELLECTUAL PROPERTY MANAGEMENT

메모리와 반도체 제조를 주요 사업으로 하였으나, 현재 모든 수익은 IP 라이센싱에서 발생하고 있다. 주요 라이센시는 Fujitsu, NEC, Toshiba, Nokia, Panasonic, 삼성, LG 등이 있다. 2,023건의 미국 특허를 보유하고 있는 것으로 알려져 있다.[133][134]

IP 펀드 사이즈는 100백만 달러로 추정되며, 2009년 회계연도 기준 수익은 62.5백만 달러이며, 주요 기술분야로는 DRAM, 무선, 통신 분야이다. 메모리 분야의 R&D는 내부적으로 계속하면서 포트폴리오를 강화시키기 위해 외부특허를 획득하고 있다.[135] 2013년 9월 회사명을 Mosaid에서 Conversant로 변경하였다.

〈표 5-10〉 Mosaid의 재무성과($US)

	2000	2005	2010
Licence revenue	47.044M	49.743M	71.110M
R&D % of revenue	39.219%	15.359%	4.182%
Pre-tax profit	2.830M	13.974M	33.421M
Cash & short-term investments	31.147M	65.864M	97.809M

* Issue 53 May/June 2012, Play the game, Pat Kennedy, 30.

Conversant는 최근 홈페이지에 "Patent Licensing Principles"라는 명칭으로 자사 IP정책을 밝힌 바 있는데, 그간 제도적 권력 남용으로 치부되었던 NPE들과 달리 '진정한 소유권'을 공지하는 등 시장에서 신뢰를 받을 수 있는 새로운 NPE 비즈니스를 시도하고 있다.

133) http://www.ipcheckups.com/npe-tracker/npe-tracker-list/. 2013. 11. 27 방문.

134) https://www.patentfreedom/com/about-npes/holdings/. 2013. 11. 27 방문.

135) Peter D. Holden, IP monetization 2010 & Beyond, IPMS Seminar, 2010. 3. 30.

• Rambus **Rambus**

원래는 제조사였으나 현재는 기술개발과 라이센싱 업체로, 고속 메모리 칩 등에 주력하고 있으며, 최근 몇년 사이에는 DDR-SDRAM 분야 표준특허에 집중하고 있다. 2012년에는 SK Hynix와의 특허소송에서 승소하였으나, 2012년 11월에 Micron, SK Hynix와의 40억 달러에 이르는 반독점 소송에 패소하였다. 2013년 1월에는 문서파기를 이유로 12건의 특허에 대해 Micron에 로열티 요구를 할 수 없다는 법원 판결을 받았다. 현재 1,566건의 미국 특허를 보유하고 있는 것으로 알려져 있다.[136)137)]

〈표 5-11〉 Rambus의 재무성과($US)

	2000	2005	2010
Licence revenue	32.628M	26.876M	320.155M
Other revenue	39.683M	130.322M	3.235M
R&D % of revenue	15.90%	15.10%	28.667%
Pre-tax profit	(138.794)M*	38.761M	208.044M
Cash & short-term investments	122.220M	160.807M	512.009M

* 자료 : Issue 53 May/June 2012, Play the game, Pat Kennedy, 30.

• Tessera **TESSERA**

chip-scale 및 wafer-level 패키지, silicon-level interconnect 및 3D 패키징, 무소음 공기 냉각 등을 통한 소형화 기술(miniaturization)을 개발하고 라이센싱 한다. DigitalOptics사라는 자회사를 통하여 모바일 기기에 대한 카메라와 이미지 개선 기술을 개발한다. 2013년 1월에 SK Hynix와 특허 분쟁을 종

136) https://www.patentfreedom/com/about-npes/holdings/. 2013. 11. 27 방문.

137) http://www.ipcheckups.com/npe-tracker/npe-tracker-list/. 2013. 11. 27 방문.

결하면서 8년간의 특허 라이센싱 계약을 체결하였다.[138] 1,324건의 미국 특허를 보유하고 있는 것으로 알려져 있다.[139]

2012년 12월 31일, Tessera의 전체 매출은 2억3천4백만 달러이며, Tessera 지식재산 분야 매출액은 지속적으로 감소하는 추세를 보이고 있다.

〈표 5-12〉 Tessera 매출액 구성 및 추이

(단위 : 천 달러)

매 출	2010	2011	2012
지식재산 부문 :			
로열티와 라이선스 수수료	$264,030	$213,412	$168,097
과거 생산 수수료	–	–	24,729
제품 및 서비스 매출	–	–	66
전체 지식재산 매출	**264,030**	**213,412**	**192,892**
Digital Optics 부문 :			
로열티와 라이선스 수수료	15,593	23,789	14,424
생산 및 서비스 매출	21,770	17,375	26,707
전체 Digital Optics 매출	**37,363**	**41,164**	**41,131**
전체 매출	**301,393**	**254,576**	**234,023**

2013년 3분기 Tessera의 지식재산 분야 매출은 32.3백만 달러로, 전년도 동일 분기 매출인 57.9백만 달러에 비해 25.5백만 달러 감소추세를 보이고 있는데, 이는 2012년 5월에 만료된 Micron Technology와 2012년 3분기에 마지막 지불된 Powertech Technology Inc.(PTI)에 기인한 것이다.

138) http://www.ipcheckups.com/npe-tracker/npe-tracker-list/. 2013. 11. 27 방문.

139) https://www.patentfreedom/com/about-npes/holdings/. 2013. 11. 27 방문.

다음 그림은 2004년부터 2012년까지 Tessera의 IP 매출과 소송비용을 나타내고 있다. 2006년에서 2012년까지 소송비용이 증가하고 있음을 보여주고 있으며, 라이센싱 매출은 2009년 정점에 도달한 후 2010년 이후 꾸준히 감소하고 있음을 볼 수 있다.

[그림 5-7] Tessera의 IP 매출과 소송비용

(단위 : 백만 달러)

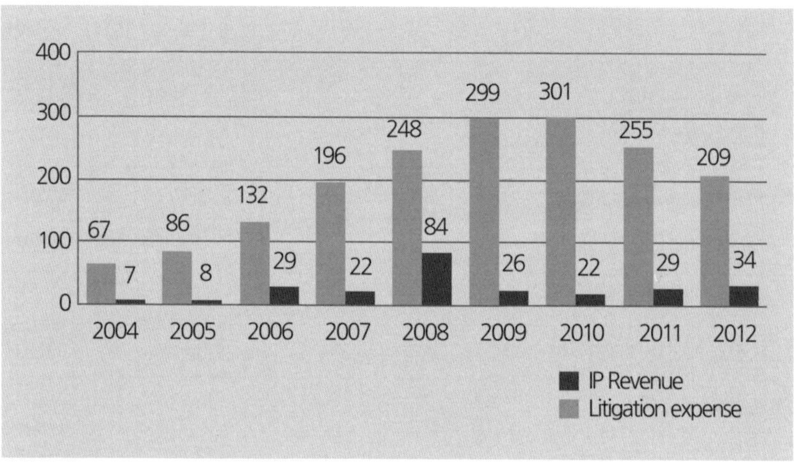

■ 연구 기반의 NPE/ IP Incubation

광의의 NPE로서 특허를 보유하면서 직접 실시는 하지 않고 R&D를 그 본래 기능으로 하는 주체들을 지칭한다. 최근 NPE 비즈니스 모델이 각광을 받음에 따라 IP를 활용한 수익화 활동을 하고 있다. 특히 각국 정부출연 연구소들의 R&D 성과물로서 창출된 IP를 수익화의 수단으로 적극 활용하기 시작했다는 점이 특징이다.

● ITRI

ITRI(Industrial Technolgy Research Institute)는 1973년에 설립되어 만여건

이상의 특허를 보유한 대만의 대표적 연구기관으로, 세계 1위 및 2위 파운드리 업체인 TSMS와 UMC도 ITRI로부터 1987년, 1980년 각각 기술이전 받아 글로벌 기업으로 성장하였다.[140]

2010년 미국에서 삼성전자를 상대로 7건의 소송을 제기하였으며,[141] 2012년에는 LG전자를 상대로 소송을 제기[142]하는 등 우리 기업을 상대로 적극적인 소송에 나서고 있다.

- ETRI

1976년, 정보, 통신, 전자, 방송 및 융복합기술 분야의 산업원천기술 개발을 위해 설립된 세계 굴지의 연구원이다. 정부기관, 연구소, 대학 등을 포함한 미국 등록특허 통합 부문에서 세계 1위를 차지하였다.[143]

ETRI는 2008년경 Sony Ericsson, HTC 등을 상대로 ETRI 보유 특허 침해와 관련하여 미국에서 소송을 제기한 적이 있으며, 2009년부터 SPH America를 통하여 Nokia, Motorola 등 19개 휴대전화 제조사를 상대로 특허침해 소송을 진행한 바 있다. ETRI는 자체 R&D로 개발한 우수 특허를 활용하여 소송과 라이센싱 프로그램을 통하여 상당한 금액의 로열티 수입을 실현하고 있다.[144]

근래에는 Sisvel과 같은 국제표준특허 Pool Licensing에 적극 참여하여 LTE 표준특허를 활용하여 특허료 수익 창출사업 등을 추진 중인 것으로 알

140) http://www.hankyung.com/news/app/newsview.php?aid=2010053108381

141) http://m.hankyung.com/apps/news.view?category=general&aid=2010060264641

142) http://finance.daum.net/rich/news/finance/photo/MD20130917163310788.daum

143) Intellectual Property Today, 2012. 4.의 발표로, 미국 캘리포니아대가 2위, 대만 ITRI가 3위, 미국 MIT가 4위, 독일 프라운호퍼연구소가 10위를 차지하였다.

144) http://m.news.naver.com/read.nhn?mode=LSD&mid=sec&sid1=10f&oid=032&aid=0002047489

려져 있다.[145)]

- WARF WARF Wisconsin Alumni Research Foundation

WARF(Wisconsin Alumni Research Foundation)는 Wisconsin-Madison 대학의 민간, 비영리 기술이전 조직으로 설립이후, 800백만 달러 이상의 라이센싱 수익을 거두고 있다. 2012년 12월 WH Nutritionals와 Virtus Pharmaceuticals사를 상대로 식품보조제로 개미산칼슘(Calcium Formate)에 관련된 특허 침해를 이유로 소송을 제기하였다.[146)]

또한 WARF는 미국 국채, 미국 주식, 해외 주식, 사모펀드 등으로 구성된 24억 달러의 자산을 운용하면서, 2012년 9월 말 기준 WARF의 1년간 평균 수익률은 17.09%에 달하며, 지난 10년간 연평균 11.22% 수익률을 거뒀다. 지금까지 12억 4000만달러를 대학 연구활동과 인센티브로 지급했다.[147)]

- 기타

Credit Suisse, Deutsche Bank, GE Licensing, IPGest, Chiron (biotech), Columbia University, Stanford, Independent Investors 등이 R&D 기반의 NPE로 활동하고 있다.

■ 방어 전략의 기업 펀드

회원기업들에게 IV, Acacia 등 공격성향의 NPE로부터 보호해주는 것을 비즈니스 모델로 하고 있다.

---

145) http://www.sisvel.com/index.php/lte/patent-owners, MK 뉴스, 2013. 9.

146) http://www.ipcheckups.com/npe-tracker/npe-tracker-list/#warf

147) http://news.mk.co.kr/newsRead.php?sc=60100119&year=2013&no=48214, 2013. 12. 17 방문.

• RPX Corporation RPX RATIONAL PATENT®

2008년 미국 샌프란시스코에서 설립되었으며, 벤처 캐피탈 회사 Kleiner Perkins Caufield & Byers와 Charles River Ventures로 부터 자금을 공급받았다.[148] CEO로는 IV 라이센싱 전문가 출신인 John A. Amster로, 삼성전자, LG전자, Cisco, Sony, Nokia, HP, IBM, Philips 등을 회원사로 보유하고 있다.

영리추구를 위한 대표적인 특허방어모델을 주요 비즈니스 모델로 갖고 있으며, NPE로 인해 발생된 특허 위험과 비용을 최소화하기 위한 목적으로 설립된 회사로 분쟁 중인 특허를 매입하여 회원들의 분쟁이 해결되도록 한다.[149]

NPE가 보유할 위험이 있는 특허를 선점하여 특허권 행사의 위험을 감소시키고 있다. 회원사의 분석을 통해 위험특허를 구매하여, 가입기간에 따라, 회원사들에게 RPX 보유 특허 전부에 대한 기간제한 라이센스(Term License) 혹은 영구 라이센스(Perpetual License)를 제공하며, 보유특허 전체에 대한 라이센스를 부여한다. 회원사는 RPX에 투자를 하지 않기 때문에 특정 회원의 의견에 좌우되지 않는다. 다시 말해, "related party transaction" 제약 없이 회원들과의 특별한 거래가 가능하다.[150]

회원사나 비회원사 모두 보유 특허를 이용하여 특허침해 소송을 하지 않고, 기업규모에 따라 연회비가 차등 적용된다. 연회비는 회원사의 영업이익(operating income)에 따라 4만 달러에서 5백2십만 달러 사이이며, 3년 동안

---

148) Tomoya Yanagisawa and Dominique Guellec, The Emerging Patent Marketplace, 2009. 9, 43-44면.

149) 서주원, 한국의 지식재산 서비스 산업 현실과 향후 전망에 대한 조사 연구, 특허청 2009. 12, 22-23면.

150) RPX (http://www.rpxcorp.com/), 2010. 10. 05 방문.

보유한 후 영구 라이센스(perpetual license) 가능하고, 2년 이후, 구매 가격의 50% 내에서 영구 라이센스를 구매할 수 있는 권리를 부여하고 있다.[151)]

현재 회원사는 130여 개로 알려져 있다. 삼성전자, LG전자, SK Hynix는 물론 Google, Intel, Microsoft, Sony 같은 세계적인 IT기업들이 모두 회원사다. Best Buy 같은 유통회사까지 회원으로 참여했다. 2012년 1~3분기에 매출 1억4600만 달러를 올렸다. 이 기간 순이익은 3,480만달러로 매출 대비 23.8%에 달했다. 2009년 3,280만달러에 불과했던 매출은 2011년 1억5400만 달러 등으로 급증하였다.[152)] 하지만 최근에는 회원사 증가 둔화에 따라서 방어적 특허매입 외에도 자체적인 수익모델을 찾고 있는데, 수익형 특허를 매입하거나 브로커리지를 시도하고 있다.

• AST AlliedSecurityTrust

AST는 RPX와 달리 상대적으로 저렴한 회비를 받는다. 가입비 15만달러에 연회비는 20만달러로 고정돼 있다. AST는 이제까지 23개 회원을 확보했다. 순전히 회원사 이해관계에 맞춰 특허를 사들이며, IBM, HP, Philips, Cisco, Intel, Oracle, Sony 등 23개 회원사 모두가 이사회 구성원이다. 방어 목적으로 특허를 사고 팔면서 어떤 특허는 투자 대비 10% 이익을 내기도 하고 최대 3배까지 이익을 내기도 한다. 수많은 특허 매입 의뢰를 받는데, 철저한 검증을 거쳐 이들 중에서 방어 목적으로 살 수 있는 특허를 선별하며, 1만5000여 개 특허를 검토하고 이 중 5%를 진지하게 분석하며 약 1.5%를 매입한다. 현재까지 매입한 특허는 약 1,100건이다.[153)]

---

151) 전게 자료.

152) http://news.mk.co.kr/newsRead.php?sc=60100119&year=2013&no=51155, 2013. 12. 17 방문.

153) 전게 자료.

■ IP 서비스 업체

NPE 비즈니스가 작동하기 위해 필요한 기반서비스의 제공을 전문으로 하는 업체들이다. IP 서비스 업체는 다른 유형의 NPE 비즈니스를 같이 수행하는 경우가 많다.

● 중개업무

중개 업체는 미국 100개, 한국 20개, 유럽 50개 정도, 일본 20개 등이 활동하고 있으며, 미국의 경우, IP Value, Pluritas, IV, Global IP Law Group, Ocean Tomo, Transpacific, Inflexion Point, ThinkFire, IPotential Ocean Tomo 등, 일본의 경우 PJ Parker & Co 등, 한국의 경우 이디리서치, P&IB, IP T&A 등이 활동하고 있다.

● 라이센싱 대행 업체

라이센싱 대행업체로는 PAPST Licensing, Pluritas, Mosaid, UTEK, Acacia Technologies, General Patent Corp., Intellectual Ventures, Coller IP Capital 등이 있다.

3 IP 금융 국가별 동향[154)]

■ 시장형

● 미국

NPE의 시작이라 할 수 있는 Intellectual Ventures는 Microsoft 등 미국 기업 중심의 투자를 받아 설립된 미국 기업이며, 주요 전략적 투자자나 사모

154) Miyuki Monroig, Patent Funds, Intellectual Asset Management, Jul/Aug 2012.

펀드 등을 포함하는 재무적 투자자도 대부분 미국에 소재해 있다. 또한 투자 대상이 되는 IP들도 미국 특허들이 다수를 차지하고 있으며, 소송도 대부분 미국에서 일어나고 있다.

고도로 발달된 금융시장과 적극적인 금융기관을 보유한 미국은 다양한 IP 펀드를 포함, 자생적인 IP 비즈니스 시장을 가지고 있어 아시아나 유럽 국가들처럼 IP 금융 활성화를 위한 직접적인 정책적 노력은 제한적이다. 기본적으로 시장원리에 기초한 IP 금융 성장을 보이고 있다.

하지만 NPE들의 과도한 활동이 오히려 제조기업의 혁신을 저해한다는 비판이 꾸준히 제기되어, AIA(America Invents Act)에서 이를 규제하기 위해 특허의 품질 향상 및 NPE 활동비용 증가를 유도하는 제도적인 장치를 마련하고 있다. 추가적으로 오바마 행정부는 NPE 규제 및 특허법 제도를 위한 의회입법권고 및 행정명령을 발하였으며, 의회에서는 SHIELD Act, Patent Quality Improvement Act, End Anonymous Patents Act, Vermont Patent Troll Act, Patent Abuse Reduction Act 등 입법안을 발의하였다.

■ 정책형

● 일본

2013년 7월, 일본의 대표적 정책펀드인 산업혁신기구(Innovation Network Corporation of Japan), Panasonic, Mitsui & Co 등이 연합하여 초기 투자액 30백만 달러, 향후 300백만 달러 형성을 목표로 IP Bridge를 설립하였다. IP Bridge의 목표는 일본 기업들이 보유하고 있는 휴면특허를 매집하여, 이를 다른 일본 기업에 라이센싱 주는 것이다.[155)]

---

155) iam blog, Asia's patent funds : who they are, what they do, 2013. 8. 23.

수십년간 지속된 일본의 장기불황, 가전 부문에 있어서의 일본 기업의 국제 경쟁력 악화 등으로 인하여, 일본 기업들은 지속적인 경영난을 겪고 있으며, 이로 인해 일본의 우수한 IP들이 해외로 매각되고 있었다. 일본 정부에서는 IP Bridge의 설립에 관여하여 IP의 해외 유출을 막고자 노력하고 있다.

이전에도 일본정부의 IP 투자는 꾸준히 진행되어 왔다. 최초의 일본 특허 펀드인 생명과학 IP 플랫폼 펀드(LSIP)는 2010년 8월에 생성되었다. 이의 주요 투자자는 산업혁신기구이다.

생명과학 IP 플랫폼 펀드의 공식적 목표는 서로 다른 대학과 연구소들로부터 특허들은 한곳에 모으고, 해당 특허 그룹을 기업들에게 라이센싱함으로서 기업들에게 새로운 제품을 개발하고 발명을 좀 더 이용할 수 있는 도구를 제공하는 것이다. 타겟 분야로는 바이오마커, 줄기세포, 암, 알츠하이머 질환 등 4가지 생명과학 연구분야이다.

일본 대학들이 활용하는 상당수의 특허들의 총 수익은 미국 대학이 거두는 수익의 단지 1%에 불과한 것으로 추정되고 있으며, 많은 정부 관계자들과 학자들은 이러한 경향이 세계 시장에서 일본의 경쟁력을 떨어뜨릴 것이라고 우려하여 설립하게 되었다.[156)]

해당 펀드는 "산업 재활성화 및 혁신을 위한 특별조치법" 하에서 15년의 기간에 걸쳐 설립되었다. 산업혁신기구는 6백만 달러를 투자하였으며, 일본의 대형 제약기업들은 매년 30만 달러를 각각 투자하였다.

생명과학 IP 플랫폼은 두 개의 주요 서비스를 제공하고 있다. 첫째, 대학과 연구기관으로부터 특허를 입수하여 포트폴리오를 구성하는데, 이때 잠

156) 인텔렉추얼디스커버리, 아이시스특허사무소, IP 펀드와의 전략적 파트너십, 2012. 7.

재적 가치를 평가하고 몇몇의 경우에 있어 시장에서 특허를 추가적으로 구입하여 이들을 결합하여 포트폴리오를 구성한다. 특허 클러스터가 생성된 경우, 기업에게 해당 클러스터를 라이선스하고, 발생된 이익을 최초 기여자들과 공유한다. 이러한 활동은 결과적으로 외국 기업들이 대학 특허를 구매하는 것을 방지하게 된다.

두 번째 서비스는 "IP 인큐베이션"으로 알려져 있다. 생명과학 IP 플랫폼은 출원비용, 해외출원, 기존의 특허를 강화하기 위한 추가 연구개발 비용 등을 지불하는 대가로 특허를 활용하는 독점적 권리를 가지게 된다. 특허가 라이선스 된다면, 생명과학 IP 플랫폼은 로열티 중 일부를 받게 된다.

● 중국 및 대만

중국에는 두 가지 주요 IP 펀드가 존재한다. 2010년 9월 14일에 설립된 중국 IP은행과 2011년 6월 11일 설립된 텐진 빈하이 국제 IP 거래소가 그것이다. 중국의 과학기술 국가개발 2006~2020의 중장기 계획은 과학, 기술, 금융의 통합, 그리고 기술개발 결과의 수익화 등을 목표로 하는데, 이를 위한 주요한 수단이라 할 수 있다.

Infinity Group은 2010년 9월 14일에 중국 IP 은행의 설립을 공표하였다. 중국 IP 은행은 이스라엘 대기업인 IDB, 중국 개발은행(China Development Bank)이 공동 창립하였으며, 추가로 3개의 중국 및 이스라엘 기업들이 참여하였다. 의료기기, 농업, 용수, 그린 에너지, 소재 등 다양한 분야의 IP 상용화를 위하여, 회사, 브랜드, IP 등을 매집하고 있다.

700백만 달러와 20억 위안을 운용하고 있으며, 중국 정부의 통제를 받는 중국 개발 은행에서 주로 위안을 공급받고 있으며, 달러는 전세계의 투자자들로부터 공급받고 있다. 중국내 15개 기관에서 중국 및 이스라엘 전문가로 구성된 90여개 팀이 운용되고 있다.

중국 IP 은행은 이스라엘 기업의 특허를 발굴하여 이를 중국 기업에 판매하며, 이를 통하여 기업의 성장 및 제품 개발까지 관여하고 있다. Infinity Group 관계자에 따르면, 자신들은 단순히 특허를 판매하여 이윤을 남기는 것이 아닌, 국제적으로 IP를 조달하여, 중국 기업의 시장 진출에 도움을 주며, 이러한 결과를 함께 나누는데 중점을 두고 있다고 밝히고 있다.[157][158]

다음으로, 번하이 IP 거래소가 있는데, 새로운 형태의 IP 거래를 발전시키고, 응용연구의 활용을 촉진시키고, 중소기업에게 기술이전에 대한 저렴한 접근 수단을 제공하기 위해 설립되었다. 텐진 IP 서비스 센터, 싱젠타이(Xinzhengtai) 투자, 싱가폴 홍딩 생시(Zhongding Shengshi) 국제 투자의 지원을 받고 있다. 또한 중국 시티은행, 다섯 개의 다른 중국 은행, 로펌, 평가업체 등을 포함하여 10개 이상의 기업들이 빈하이 IP 거래소과 전략적 협력관계를 맺고 있다.

반하이 IP 거래소에서는 IP권리 매매, 다른 기업들의 IP권리를 위해 민간기업들의 주식 거래, IP 기반의 지분(equity) 투자와 금융 파생상품의 거래 등이 이루어진다.

● 프랑스

France Brevets은 EU에서 유일하게 IP에 기반한 공공금융지원을 수행하며, 특허권의 수익화 및 유동화를 원하는 프랑스 기업들을 지원하기 위해

157) Miyuki Monroig, patent funds, Intellectual Asset Management, Jul/Aug 2012.

158) http://www.iam-magazine.com/blog/Detail.aspx?g=87902868-1d0e-4bad-999b-6ac09f533613

2011년 6월 국가연구청 등의 기금을 기반으로 설립되었다.[159)]

France Brevets은 프랑스 정부의 주도로, 프랑스 전문가가 조직화하여, 자국의 특허의 보호와 수익화 활동에 적극적으로 나서고 있으며, 국가 간의 특허전쟁의 틀로서 활용되고 있는 대표적 사례라 할 수 있다. Thomson 사의 특허팀 전문가가 핵심적으로 활동하고 있다.

최근 France Brevets은 LG 전자 및 HTC를 상대로 NFC 관련 특허[160)] 침해를 주장하며 미국과 유럽에서 소송을 제기하였다. 해당 특허들은 Inside Contactless라는 프랑스 기업이 출원하여 Inside Secure라는 회사에 권리가 이전된 이력을 가지고 있다.

이와 같은 정부주도의 NPE인 France Brevets의 한국 기업 소송은 한국내 NPE의 사업모델 변화에 자극제가 되고 있다.

● 한국

2010년 한국에서는 두 개의 창의자본(Invention Capital)이 설립되었는데, 바로 아이피큐브 파트너스와 인텔렉추얼 디스커버리이다.

● IP큐브 파트너스

2009년 모태펀드 출자에 기반한 KDB특허사업화펀드가 245억원을 투자하여 출범하였다.[161)] 발명을 매입하여 출원하는 것은 물론, 기업 투자자들의 SI들의

159) 손수정, 창조경제를 촉진하는 IP 금융 기반 구축, 2013. 9. 15.

160) 관련 특허는 미국 특허를 기준으로, US6,700,551("Antenna signal amplitude modulation method")와 US7,665,664("Inductive coupling reader comprising means for extracting a power supply voltage") 등이다.

161) 고정식, 지식재산 경영의 미래, 한국경제신문 한경 BP, 151면.

동의를 받아 특허 매입을 진행하고, 라이센싱 및 특허 매각 등을 통해 수익을 창출하고 있는 것으로 알려져 있다.

● 인텔렉추얼 디스커버리 Intellectual Discovery

인텔렉추얼 디스커버리는 투자기관, 기업 등으로부터 창의자본을 조성하여, 4가지 비즈니스 모델을 중심으로 사업을 영위하고 있다. 수요기업에 대한 라이센싱 활동을 하는 IP Licensing 사업, 기존 표준 특허풀 또는 표준특허풀 설립을 목표로 하는 표준특허 Pool사업, 기업들에게 회원제 서비스를 통하여 분쟁대응 특허 및 컨설팅 등을 제공하는 IP Pool 사업, 기업 또는 예비창업자가 사업화시 필요한 핵심 IP와 소요 자금 등을 지원하는 IP 기술사업화 등을 핵심 비즈니스 모델로 하고 있다.

또한 2012년에는 IP 펀드 전문운용회사인 아이디어브릿지 자산운용사, IP중심의 벤처투자 전문회사인 아이디벤처스를 자회사로 설립하였다.

IP큐브 파트너스는 2009년도 말에 모태펀드를 지원받아 일부기업들과의 매칭펀드 형태로 출자금을 받아 투자조합을 설립하여 탄생하였다. 이 투자조합은 여느 일반 투자조합과 그 출자 구조 및 투자자들 간의 관계 및 투자조합의 정관 등이 상이하지 않으며, 다만 투자의 대상이 IP 전문회사에 투자금의 70% 이상을 투자하여야 한다는 단서가 붙어 있다.

투자구조는 역시 마찬가지로 출자금을 투자한 그룹에서 FI(Financing Investor)라 불리는 재정적 투자자인 은행과 증권사와 함께, SI(Strategic Investor)라 불리는 전략적 투자자인 기업체들이 함께 LP(Limited Partner) 들로서 참여했고, 이들에 모태펀드의 지원금을 투자한 특허청을 특별조합원으로 규정하였다. 이들 투자자들의 출자금을 관리하는 책임과 의무를 가지는 무한책임 조합원은 GP(General Partner)라 부르는데, IP큐브 파트너스는 산업은행캐피털이 그 역할을 맡게 되었다.

인텔렉추얼 디스커버리는 라이센싱, 표준특허풀, 기술사업화, SME Pool 등의 사업을 수행하고 있다. 사업초기부터 3년여 동안은 신소재, 스마트카, 에너지 등 관련 다양한 기술분야에서의 국내외 특허공급자들로부터 매입 활동에 집중해왔다.

국내 중소·중견기업들에게는 회원제 서비스 차원에서 라이센싱 및 컨설팅을 해주는 SME Pool사업도 해오고 있다. 인텔렉추얼 디스커버리는 금융에 전문성을 갖고 있는 자회사를 두고 특허와 금융을 결합시킨다는 점이 다른 글로벌 특허전문회사와는 차별화 요소로 작용하고 있다.

[그림 5-8] ID그룹의 시너지

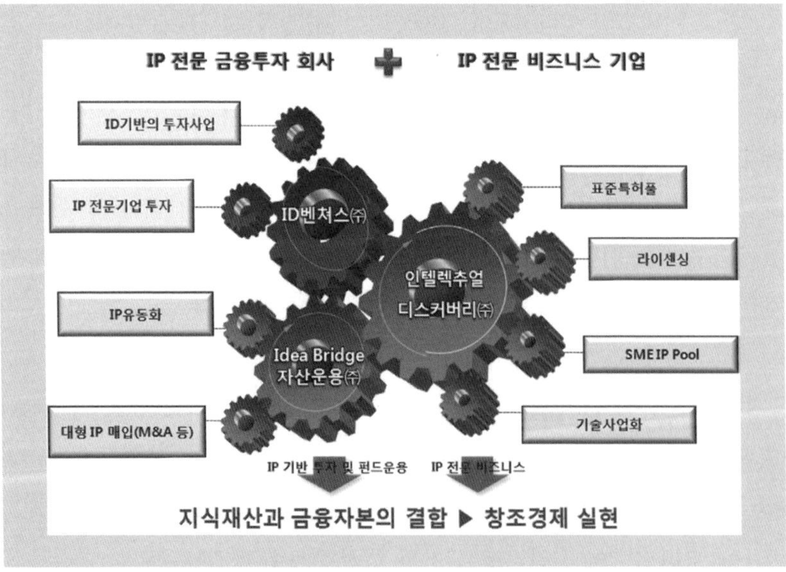

*자료: 인텔렉추얼 디스커버리 발표자료, 2014.

IP 전문 자산운용사인 아이디어브릿지가 수행하고 있는 IP 기반 SLB(Sale & License Back)는 금융시장에서 IP 금융의 주요사업으로 자리잡아 가고 있으며, IP 특성을 반영하는 비율을 높이는 등 좀 더 보완된 형태의 SLB모델로 진화해나가고 있다. IP 전문 창투사인 아이디벤처스는 IP 기반의 창투업을 바탕으로 투자사업을 진행해나가고 있으며, 이들 3개사 그룹은 모회사와 자회사간 특성을 연계한 시너지효과를 발휘할 수 있는 구도를 지향하고 있다.

● 대만

다수의 대만 회사들이 특허침해를 이유로 외국회사로부터 소송을 제기 당해왔다. 국립 치아호통 대학의 기술법 기관의 연구에 의하면, 2002년에서 2010년 사이에 미국에서 LCD 스크린과 관련된 소송의 80%이상이 대만 기업들과 연관되어 있다. 2011년에는 애플은 스마트폰 특허 침해를 주장하며 HTC를 상대로 소송을 제기해 승소하였다.

이에 대만의 ITRI(Industrial Technology Research Institute)는 2011년 11월에 IP 은행을 발족시키게 되었다. 대만 IP 은행은 국제 IP 관련 소송에서 기업들을 보호하는 목적 뿐만 아니라 새로운 기업 활동을 개발하기 위해 필요로 하는 특허 획득을 지원하는 것을 목표로 한다. 첫 번째 분야로 스마트폰과 LED를 설정하였으며, 바이오기술과 환경 혁신과 같은 분야도 고려하고 있다.

대만 IP 은행은 다른 아시아 IP 펀드에 의해 영감을 받았지만, 좀 더 효율적으로 운영하기 위하여 정부와는 독립적으로 남을 것이라고 알려져 있다. 당시 수상인 위 덴이는 정부는 해당 펀드의 운영에 관여하지 않을 것이라는 것을 강조하여, 해당 펀드가 민간에서 운용되기를 희망하고 있다.

대만 IP 은행은 민간 IT 기업과 같은 투자자들을 찾고 있다. Acer, Asus, HTM 등과 같은 기업들을 잠재적 파트너로 간주한다. 이는 해당 기업들의 국제적 위치로 인해 잠재적으로 국제 특허소송에 노출될 여지를 가지고 있기 때문이다.

또한, 대만정부는 2011년 8월 16일에 대만 의약기술 펀드를 설립하였는데 이는 대만의 바이오의약 산업을 강화하고 국제적 수준의 선도 기업을 탄생시키기 위한 것이다. 해당 펀드는 심장병, 당뇨, 불면증, 비만, 말초 신경장애, 운동신경 질환(motor neurone disease), 원격진료, 간호 관리 등의 연구를 지원한다. 일본과 마찬가지로, 대만은 가장 강한 분야에 집중하기보다는 발전을 원하는 분야에 초점을 맞추고 있다.

해당 펀드는 유대창이 이끌고 있는데, 그는 벤처캐피털의 파트너이자 의약 전문가이다. Acer의 창립자인 스탄 시가 이끄는 사모펀드는 투자할 기술과 회사들을 발굴하기 위한 전략적 파트너가 되었다.

타이완 의약기술 펀드는 2011년 말에 1억7천2백만 달러를 모금하는 것을 목표로 하고 있는데, 20%는 정부, 20%는 준공공기업과 공공은행, 60%는 민간 기업들로 충당하며, 분사기업 및 신규생성 기업들을 위주로 바이오의약 회사들에 투자한다.

제6장

IP 금융 활성화의 조건 – 인프라

1 IP 가치평가(IP Valuation)의 실무적 접근

■ 거래목적에 따른 다양한 가치평가 및 이슈

특허의 가치평가는 여러 가지 다양한 목적으로 행해지고 있으나, 특허업계에서는 주로, 1) 특허거래(일반적인 특허거래의 경우, 특허의 라이센싱 수익을 감안한 특허가치까지 포함한 의미임)의 매매가격을 산정하기 위한 가치평가, 2) 기업대출의 담보대상물로서의 가치평가, 3) 특허소송에서의 손해배상 청구시 손해배상액 산정 목적의 가치평가, 4) 기업 M&A나 구조조정시의 해당사업부문이 보유하고 있는 IP 자산에 대한 실사를 통한 회계적 가치평가 등으로 분류하고 있다.

일반적으로 알려져 있는 방법론은 로열티접근법, 시장접근법, 비용접근법 등으로 IP 가치평가를 통하여 특정 금액을 산정하는 것은 재무 · 회계적 관점에서 필요하나, IP거래에서는 경제적 가치와 함께 권리성에 대한 평가가 대단히 중요하다. 특정 IP 자산에 대한 가치평가는 어떠한 입장에서, 어떠한 용도로, 또한 어떠한 시각인가에 따라 그 평가 결과가 완전히 달라지기 때문에 이를 명확히 규정하는 것이 필요하다.[162)]

특허거래는 매매 당사자들간의 거래이기 때문에, 매우 사적이며, 비밀스럽게 이루어지고 있다. 다만 몇몇 상장기업들의 공시나 홍보문건들에 의하여 크고 굵직한 특허거래에 대한 정보를 증시에서 구하는 것이 일반적이다. 증시에 공시된 큰 규모의 특허거래들은 이미 성사된 거래에 대해서만 공시되고 있지만, 만약 공시의무에 해당되지 않는 정도의 거래는 공개하지 않기 때문에, 매우 소수인 것으로 여겨질수도 있지만, 공개된 숫자보다 더 많은 건수가 있는 것으로 알려져 있다. 공시가 되지 않는 비상장기업들 간의 특

162) 고영희 등, 지식재산전략, 한국발명진흥회, 2011. 5. 30.

허거래나, 대학, 연구소들과 NPE들간의 특허거래는 특허수익활동을 통하여 세상에 알려지기 전까지는 공개되기 쉽지 않은 정보들이기 때문에, 성사된 거래에 대하여만 확인가능하다는 한계가 있다.

그러나 소수의 성사된 특허거래 마저도 거래가 완료되기까지는 매입하고자하는 특허를 찾아내는 것과 매각하고자하는 특허들의 잠재적 매수자를 물색하는 것과 관련된 면밀한 Due Diligence를 통하여 최적의 정보 분석을 통한 매입전략 또는 매각전략을 각각 수립하는 것이 바람직한다.

특허거래의 매매가격 협상은 매도자와 매수자가 협상을 통하여 결정한다. 경우에 따라서는 특허거래 성사 소요기간이 짧게는 하루일수도 있고, 길게는 수년간 소요될 수 있는데, 이들 거래의 대부분은 제3의 외부기관 등을 통한 특허가치평가 보고서에 제시된 금액에 의거하여 협상을 하여 일부 조정한 결과로 매매계약을 체결하는 식의 틀에 박힌 거래형태가 필수적이지는 않는다. 일반적인 IP 거래시장에서는 매수자가 기꺼이 지불하고자 하는 금액에 대하여 매도자가 수용하여 두 당사자간의 합의가 있으면 거래가 성사되는 것이다.

한편, 실패한 거래들은 IP의 질이 기대치보다 낮았거나, 활용도에 대한 관점이 상이하여, 매도자와 매수자 각각의 평가금액이 다르게 나타났을 것이다. 여러가지 이유가 있겠지만, 대량의 매도 물건으로서의 IP들이 시장에 나와 있고, 오늘 하루도 전세계 수많은 잠재적 매수자들과 매도자들이 거래를 성사시키기 위하여 물건(IP)들을 찾고 있을 것이다.

통상의 특허거래에서는 거래가 성사되기 위하여 매도자와 매수자간의 상호 거래가격이 합의되어야 한다. 그 '합의'가 이뤄지려면 과연 특허의 거래가격은 누가, 어떻게 평가할 것이고, 과연 그 평가금액이 가능한 금액이거나 수용가능한 수준의 금액인가? 하는 질문을 가질 것이다.

기업 입장에서(특허전문기업 또는 제조업체 모두 동일하게) 특허를 매매하는 경우에 해당 특허의 가격을 산정하는 가치평가와 중소기업이 특허권 담보대출을 통하여 사업상 필요한 융자금을 투자은행에서 대출받기 위해 가치평가를 받는 것과, 법원에서 특허침해소송에서 특허권자가 침해자에게 받아야 할 손해배상액으로서의 손해배상액(Damage) 산정에서의 평가액과 평가방법은 어떤 관점에서 상호 달라져야 한다. 이러한 개념을 현재 IP 시장에서는 구분하고 있는지에 대하여 간략하게 살펴볼 필요가 있다.

따라서 다양한 용도 및 유형별 가치평가에 대하여 살펴보기로 한다.

● 특허매매자의 유형에 따른 가치평가

매매자가 기업일 때(예: HP, IBM의 특허매각)는 매수자가 매입하여 그 특허를 어떻게 활용할지 여부에 따라 가치평가 방법은 달라진다. 매수자 내부분석 및 평가를 통하여 저렴하게 매입하고자 하기 때문에 매도자의 가치평가액은 이론적인 평가방법으로 산출된 경우 그 금액과는 전혀 다른 금액으로 최종 거래될 것이기 때문에 전형적인 가치평가방법인 시장접근법, 수익접근법, 비용접근법 등의 이론적인 평가방법을 사용하는 경우는 세금 문제나 공정거래법상 요구되는 경우 외에는 매우 드물다. 그 이유는 그들 평가방법에 의하여 평가된 금액과는 예측불가능하게 많은 차이를 두고 거래되는 경우가 대부분이고, 구매자의 매매 대상 특허 매매가격은 투자 대비 가치 실현이란 관점에 의해 좌우되기 때문이다.

또한 이론적인 평가방법에서 간과하고 있는 특허 “권리성”에 대한 분석의 정밀성 여부에 따라서 특허권의 가치가 "0"이 될 수도 있고, "매우 높은 숫자"가 될 수도 있기 때문이다. 사실 기업이 구매자로서 특허를 매입하고자 하는 목적에는 여러 가지가 있을 수 있는데, 당장 경쟁사로부터의 특허 공격을 당하고 있는 경우에 시급하게 외부로 부터의 특허매입을 할 필요가 있다. 예를 들어서 한국기업들이 반도체 사업을 시작하여 수익을 처음내고 있던 1990년 후반 당시, 메모리반도체 기술에 대한 원천특허를 침해했다고 주장하는 일본, 독일, 미국업체들로부터 수많은 특허침해소송을 당하고 있었다. 이에 한국기업들은 어떻게 방어를 할 것인지에 대하여 고민하고 있을 때 미국내 파산한 하이테크 기업(예를 들어, Wang Laboratories)이 있었고, 모든 특허권을 시장에 매각하고자 내놓고 매수자를 물색하고 있었다. 이를 매입하여 반소를 제기함으로써 효과적으로 막대한 특허료를 내놓을 수밖에 없었던 상황을 반전시킬 수 있었던 사례는 전세계 IP업계에서는 아주 유명하다. 특히, 한국기업은 반소목적을 달성하는 성과 외에 이들 매입특허를 밸류업 및 재구성하여 외국기업들을 상대로 라이센싱 및 수익활동을 통하여 방어와 동시에 공격활동을 적극적으로 추진하였다.

이처럼, 기업에서의 특허매입 목적은 향후 개발할 기술을 커버함은 물론, 해당 기술분야에서의 원천특허 또는 방어용도 등으로 활용가능할 만한 특허를 찾아내서 매입하는 경우가 매우 전형적이라 할 수 있다.

최근에는 NPE 비즈니스가 활발해지면서, 기업에서 추진하는 사업과 기술적 관련성이 없는 특허라 하더라도 특허비즈니스 자체에 대한 수익성과 사업상 전략적 이용가능성을 보고 매입하거나 매각하는 형태가 나타나고 있다. 미국의 IP 선진업체들은 이미 이러한 특허비즈니스를 정규 조직내에서 주요 수익화의 수단으로 추진하고 있다. 또한 일반적으로는 자사 특허 포트폴리오를 강화하여 특허분쟁에 대응력을 증대시키거나 자사의 기술

지배력을 높이기 위한 목적으로 특허매입을 하는 기업들도 꾸준히 증가하고 있다.

한편, 매도자로서 특허를 판매하려는 목적이 사업 매각인 경우, 관련 특허권을 일괄매각하거나 파산할 경우 특허자산을 매각하는 경우가 전통적인 사례라고 할 수 있었다. 최근에는 기업들이 특허를 수익창출의 대상물로 인식하면서부터 특허를 한건이라도 매각할 수 있다는 입장이고, 일부 지분을 매각하거나, 매각시에 특허담보나 특허판매 · 라이센스백계약(Sale & License Back)과 같은 형태의 IP 금융기법을 이용한 매각형태가 나타나고 있다.

기업에서 매입 대상 특허권의 가치를 검토하는 데 있어서 가장 중요하게 생각하는 조건들이 있는데, 크게 기술적 조건, 전략적 조건, 시장 조건 등 세 가지로 나누어 볼 수 있다.

1) 기술적 조건

(1) 사용 가능성에 대한 명확한 증거(Claim Chart/Evidence of Use)

"특허"는 법률에 의하여 성립하는 권리이며 그 범위는 법의 해석기준에 따라 결정된다. 특허의 권리성 평가가 특허가치평가의 핵심전제이다. 특허의 권리성이 약한데도 불구하고 특허의 가치가 과다하게 산정되어서는 안된다. 다시 말해서 가치평가를 한다는 전제는 해당 특허권의 권리로서의 안정성과 권리범위에 대한 검증이 바탕이 되어야 한다. 특허권리에 대한 평가는 해당 기술분야 특허전문가와 해당 기술분야 특허분쟁을 많이 다뤄본 특허변호사 또는 변리사가 함께 평가를 행하는 가장 적당하다. 이들 전문가들은 해당특허를 사용하는 제품의 존재여부와 특허의 청구범위가 제품의 침해여부를 항목별로 일목요연하게 보여주는 클레임 차트를 작성 및 분석하게 된다. 클레임 차트는 좀더 유연한 표현으로 특허사용증빙(Evidence of Use)이라고도 하는데, 매수자 입장에서는 매매가 이뤄지지 않을 경우, 혹시나 본인에게 침해 책임을 향후에 추궁할 수 있다는 의미가 담긴 클레임차트보다는 해당 검토특허에 대한 일반적으로 "특허사용증빙" 이라는 용어를 사용하는 것이 편리할 것이다. 그러나 특허침해성을 검토하는 자료로서는 동일한 효과를 가지고 있다. 요약하면 "클레임 차트"는 시장에 현존하는 제품의 특허 침해 또는 향후 사용 가능성에 대한 근거와 특허 클레임(Claim)과의 구성요소완비의 법칙에 따라서 청구항의 각 요소와 제품의 각 단위별 요소들을 상호 매칭한 것이라 할 수 있다.

클레임 차트는 특허사용의 여부를 판가름하는 데 필수적인 자료이자 전문가들간의 상호 분석내용 공유의 기본자료라 할 수 있다. 클레임 차트의 정밀도가 높아질수록 특허평가점수는 높아진다고 할 수 있다. 클레임차트에 대한 평가가 끝났다면, 이제는 무효성 여부에 대한 판단이 남는데, 무효성에 대한 판단은 명백한 자료가 존재하지 않는 한 무효라는 확실성 있는 평가를 내리기 어려운 문제이다. 무효성의 가능성이 어느 정도 있는지 또는 없는지에 대한 개략적인 평가가 될 것이며, 무효가능성의 정도가 특허 가치에 반영되어야 한다. 그러나 특허 무효가 확실하지 않고(신규성 문제), 무효가능성(진보성 문제)의 개연성만 있는 특허권리라 하더라도 침해성에서 높은 점수를 받을 수 있는 특허권이라면 매매가능성이 충분히 있다고 하겠다. 한번 등록된 특허는 일단 유효한 상태에 있고, 등록이 무효화 될 수 있는지 여부는 무효 심판 등이 제기되어야 하고 그 결과를 누구도 속단할 수 없으므로, 구매자가 특허의 사용가능성이 있다면 해당 특허침해의 위험도 상존하기 때문이다.

(2) 특허기술 회피(Design Around) 가능 여부

해당 특허에 대한 침해성이 확실시 되더라도, 잠재적인 침해자가 쉽게 회피할 수 있는 기술이라면, 매입할 가치는 떨어진다고 할 수 있다. 표준기술에 해당되는 표준특허라 할지라도 해당기술이 표준문서에서 '필수적'이냐 아니면 '선택적'이냐 하는 것을 필히 따지는 이유도 바로 '필수적'인 표준문서의 한 부분을 차지하는 특허권리일 경우와 그렇지 않을 경우의 특허권리의 가치 또는 매매가격의 차이는 극명하기 때문이다. 그 일례로, 삼성 vs. 애플 소송에서의 애플의 "페이지 밀어서 끝을 알려주는 바운스백" 기술[163]에 대한 특허는 오퍼레이팅 시스템을 만지는 소프트웨어 엔지니어 입장에서는 어렵지 않은 회피설계 대상물이었다고 할 수 있다. 그 소송이 얼마 진행되지 않아서, 구글과 삼성의 엔지니어들은 곧바로 "페이지 화면의 끝부분에 와있다는 신호를 색감(현재는 하늘색에서 파란색으로 변화)으로 표현하는 방식"으로 해당 특허를 완벽하게 회피설계해 버렸다. 이로 인하여 해당 애플의 특허 한건은 영원히 해당 특허소송에서 더 이상 힘을 발휘할 수 없게 되는 것이다. 다만, 회피 가능한 기술이라 하더라도 기업은 회피 설계로 인하여 잃게 되는 손실, 즉 회피에 따른 설계 비용, 영업상 제품 경쟁력의 저하 여부, 생산 비용의 증가 여부, 시장에 적기 공급의 차질 또는 기회의 상실 등을 고려하여, 특허 거래 비용이 적다면 회피 설계보다 특허 거래의 성사를 선택할 수 있다. 삼성과 구글의 경우에는 애플과의 특허 소송 비용이 매우 클 것으로 예상되기 때문에 손실이 적은 회피 설계를 선택한 것이다.

따라서 면밀한 특허 가치평가가 이뤄지기 위하여 해당 기술분야의 특허 전문가(이때 꼭 제품설계 전문가일 필요보다는 해당 기술분야의 특허를 약 5년~10년 이상 분석해본 특허분석가라면 기술과 특허법리를 종합적으로 검토가능하므로 더욱 더

---

163) 특허제목: List scrolling and document translation, scaling, and rotation on a touch-screen displa, US 7469381 B2.

신뢰성이 커질 수 있다)의 평가에 대한 참여는 매우 필수적이라 할 수 있다. 회피 설계 가능성은 특허 청구항의 권리범위와 밀접하게 관련되기 때문이다. 즉 해당 특허 청구항의 구성요소의 어느 하나만 삭제 또는 변경하여도 침해에서 벗어날 가능성이 있다고 할 수 있지만, 단순한 기술적 비교를 벗어나서 특허법리적으로 청구항의 해석을 어떻게 하느냐에 따라 회피 설계 부분이 균등 침해의 범위에 속할 가능성도 존재하기 때문이다.

(3) 침해제품에서의 경제적 기여도

특허침해는 해당제품이 해당특허의 기술을 반드시 제품 내에서 사용하여야 하는데, 사용의 정도에 따라서 또는 해당 특허기술이 제품 내에 있어도 그만 없어도 그만 하는 정도의 가벼운 기술에 해당되는지 꼭 필수적이면서도 제품의 사용자가 주로 사용하는 주요 기능에 해당되는 기술인지, 어쩌다가 한번 사용하는 사용빈도가 매우 낮은 기술인지 등에 따라서 특허기술의 기여도를 판단할 수가 있다. 컴퓨터로 말하면 중앙처리장치와 이 중앙처리장치가 동작하는 데 필수적인 캐쉬메모리와 주메모리, 또 이들을 연결하는 멀티버스, 그리고 입출력장치들과 연결되는 멀티버스와 이들 연결장치들 간의 교통정리를 도와주는 칩셋에 해당되는 기술들은 컴퓨터의 주요기능이라 할 수 있다. 하지만, 컴퓨터의 입력장치 중의 하나인 키보드나 마우스관련 기술이라든지 보조 메모리기술인 Serial Bus 관련 기술 등의 대체 가능한 기술일 경우에는 평가 점수도 달라질 수 있을 것이다. 그러나 기술의 기여도를 평가하는 것은 매우 신중해야 하는데, 그 제품의 소비자 수요를 창출하는 데 해당되는 기술이라면 기술적으로는 비핵심기능이라 하더라도 경제적인 기여도가 막중하다 할 수 있으므로 이를 함께 고려하여 기여도를 종합적으로 감안하여야 한다. 따라서 특허기술의 기여도는 제품 전체 중에 그 구성부분이 차지하는 단순 비율만으로 평가할 수는 없다.

특허기술의 기여도는 경제적인 측면에서, 자사 제품의 경쟁력 강화 측면(예컨대, 생산 원가 절감, 경쟁 제품 대비 기술적 우위성, 기능 추가에 따른 마케팅 차별화 등)에서 자사 제품의 매출 증대 또는 비용 절감에 기여하는 경우가 많으므로, 이러한 경제적인 측면에서도 그 기술의 기여도와 함께 고려하여야 할 것이다.

2) 전략적 조건

(1) 시장에서 실시(Practice)되고 있는지 여부

미국에서는 최근 NPE 규제법안들이 국회에 상정되어 있다. 전부 또는 일부 법안이라도 국회에서 통과되는 것은 그리 쉬워보이지는 않지만, 최근 미국의 정책방향성은 NPE를 규제하자는 쪽이 대세인 듯하다. 하지만, 법원입장에서는 어떤 당사자이냐가 중요하다기보다는 해당 소송특허가 실제 시장에서 현재 실시되고 있는 특허인지, 즉 시장에서 필요로 하는 기술에 대한 특허인지 아니면 실시되고 있지 않은 비실시에 해당되는지 여부에 따라서 손해배상산정에 지대한 영향을 준다. 그러나 비실시 특허권자(NPE)가 제조업체에 이미 라이선스를 허여하여 그 제조업체에 의해 사용되고 있다면, 이는 실시로 보아야 할 것이다. 또한 특허권자가 제조업체인 경우와 비제조자인 대학 또는 연구소인 경우를 차별하는 것은 특허법에 근거하지 않는다는 측면이 있다.

(2) 특허 사용제품의 수량(많을수록 가치 상승)

특허를 사용하는 제품의 해당 시장규모가 클수록 또 시장규모에서 차지하는 제품의 수량이 많을수록 특허가치는 비례적으로 올라간다. 특허 가치평가는 '특허 자체의 가치×해당 제품의 수량'이라 할 수 있으므로, 해당 제품의 수량에 따라 가치평가 금액이 좌우된다. 여기서 해당 제품의 시장 물량은 손해배상 기산점에서부터 동 제품의 미래 시장 물량이 될 것이나, 미래 시장의 물량은 예측하기 어려운 점이 많다. 이는 그 특허기술의 시장 점유와 수명에 따라 대체품의 출현 등에 따라서 달라질 수 있기 때문이다. 이때 주의할 점은 해당제품이 부품인지 또는 완제품인지에 따라서 특허료 징구대상이 달라지면 완제품일 경우에는 부품업체 또는 완제품업체 및 완제품을 판매하는 판매업자들 모두가 특허침해의 책임이 있으므로, 그중 특허료 징구전략에 따라서 선택적으로 어느 한 업체를 골라서 특허료를 요구할 수 있다. 특허료 징구는 어느 업체에 주장하느냐는 선택의 문제이지만, 일단 부품업체 또는 완제품 중 어느 한 부품업체에 대하여 특허료를 징구했다면 그 부품을 사용했던 완제품에 대하여는 중복적으로 징구할 수 없다. 즉 침해제품의 부품과 완제품 사이에 어느 부분에 겹치는 부분이 있을 것으로 가정할 때 동일한 특허에 대하여 이중적으로 특허료를 징구할 수 없는 '특허소진의 원칙(doctrine of patent exhaustion)'이 적용된다는 점이다. 이는 LGE vs. Asustek, Quanta 의 미국대법원 판례에서 재확인된 바가 있다. 따라서 특허의 가치를 평가할 때 해당 시장의 사용제품의 수량은 중복적으로 계산할 수 없고, 해당 제품의 부품에 관한 특허인지, 또는 시스템 즉 완제품에 관한 특허인지에 대한 판단도 매우 중요한 요소 중의 하나이다.[164)]

특허의 기술적인 측면 뿐만 아니라 청구범위의 작성에 따른 표현방식의 차이에 따라서 부품특허로 볼 수도 있고, 시스템 특허로 볼 수도 있다. 이 부분도 미국침해사건인 경우에는 해당 특허전문가들의 의견이 매우 중요한 요소이므로 특허가치평가에서 특허전문가의 몫은 해당 특허로 징구할 수 있는 특허료를 산정하는데 있어서 매우 필수적인 요소라는 점을 다시 한 번 강조하고 싶다.

164) 배동석, 특허소모 원칙과 묵시적 실시권, 2004, 연세대학교 법무대학원 석사논문.

또다른 예로 핸드폰의 일부분인 카메라 모듈 내부에 존재는 요소들로만 청구항의 구성요소들이 동작을 완료한다면 이는 부품특허라고 특징지을 수 있고, 카메라를 사용하는 핸드폰 제조업체에 대하여 특허권 침해를 주장할 수 있는 선택적 권리를 행사했다 할지라도, 해당 특허의 특허료 산정범위는 부품특허라는 점에서 카메라 모듈의 공급가격을 넘지 못할 수 있다. 예컨대 핵심 부품으로서 그 부품이 적용된 제품이 다른 경쟁 제품에 대비하여 소비자 수요 창출에 역할을 하는 경우에는, 완제품의 판매 가격을 기준으로 특허료율(royalty rate)를 산정할 수 있을 것이다. 이 경우 특허가치평가보고서에서 해당 핸드폰의 판매가에 특허료율(royalty rate)을 곱하는 경우에 있어서 그 평가금액의 차이는 매우 큰 차이를 나타낸 사례도 있었다. 통상적으로 핸드폰의 가격이 $500~$700 미화달러일 경우, 카메라 모듈의 공급가는 약 $10~$50 미화달러로서 평균 약 10%이내의 금액이다. 따라서 이러한 특허별 특징에 따른 특허료 산정의 결과는 상당히 달라질 수 있기 때문에 특허전문가의 정밀한 분석은 가장 기본적인 요소가 된다고 할 수 있다.

한편, 이는 최근 미국판례법상 손해배상산정에 있어서 'As smallest as possible rule'이 나타나는 보수적 경향을 반영하는 것과 동일한데, 침해제품에서 최소한의 단위에 해당되는 제품에 대하여만 합리적인 특허료율(reasonable royalty rate)을 곱할 수 있는 대상물로 인정하는 추세이다. 즉 다양한 기능이 하나의 디지털 칩으로 통합화 되면서 핸드폰의 모든 기능이 Qualcomm 또는 Intel 등의 베이스밴드 칩(baseband chip)과 에플리케이션 칩(application chip)내에 거의 모든 기능이 통합되어 가고 있기 때문에, 핸드폰에 관한 특허라고 광범위하게 특정하여 핸드폰 가격에 어떤 비율을 곱하는 식의 대략적인 특허료 산정은 허점이 많다는 지적을 면치 못할 것이다. 즉 핸드폰 관련 특허의 경우 오퍼레이션 시스템 소프트웨어에 속하는지 혹은 베이스밴드 칩과 애플리케이션칩에 속하는지 여부에 따라 특허료 산정이 크게 달라지게 된다.

침해 특허로 인하여 특허권자가 입은 손해를 산정하기 위한 가치평가방법은 상대적으로 전통적인 가치평가방법과는 대비적이라고 할 수 있다. 그야말로 침해하고 있는 대상제품이 해당기술을 사용하여서 해당 시장이 형성되었기 때문에, 업계의 합리적 특허료(reasonable royalty) 산정에 있어서 그 정확도가 한층 더 높아질 수 있고, 관련 업계의 선례가 많이 존재할 수 있기 때문에 금액산정에 있어서 더 용이해진다고 할 수 있다.

(3) 매입된 특허의 제한조건(encumbrance)

특허매매, 특허거래에서 가장 입수하기 어려운 정보중의 하나가 바로 매도자의 매도특허에 해당되는 기존 라이센스 계약의 존재 여부 및 계약의 내용이다. 계약의 내용에는 계약특허의 정의 및 계약특허의 사용에 해당되는 라이센스 제품의 정의, 라이선스의 조건 및 제한 조항, 예컨대 라이센스 범위, 지역, 독점 또는 비독점 여부, 판매 제한, 전용실시권(sub-license 권한), 대용실시(have-made) 권한, 최혜적 라이센스(MFL, Most Favorite License) 조항, 선불지급(Up-front Fee) 여부, 지불 조건, 보증 여부 등 라이센스 취득 기간 등 알아야만 할 내용이 모두 들어 있다고 할 수 있는데, 이 정보를 종합적으로 "Encumbrance"라고 한다. 특허매매 전략을 수립할 때에 가장 중요한 정보라고 할 수 있는 것으로서, 기존계약에서 자유로운 제품만이 매입할 특허권을 활용하여 거둬들이는 특허료의 징구대상물이다. 따라서 모든 정보 하나하나가 곧 특허권의 가치평가액으로 반영되는 만큼 "Encumbrance" 정보의 정확성 여부는 곧 매매가격에 직접적인 영향을 미치는 중요한 요소가 되는 것이다. 또한 법적으로도 이러한 정보가 부정확할 경우 법적인 보증조항에 따라 매매계약의 해제 또는 해지의 원인이 되기도 하고, 거래가격의 일부분을 손해배상 형태로 지불해야 하는 경우가 발생하기도 한다. 이를 좀 더 확실하고도 안전하게 처리하는 실무상 방법으로는 매도자와 매수자 상호간 우량정보리스트(White List)를 작성하여 관련 정보 여부에 대하여 재확인하는 식으로 사전에 상호 노력을 기울이는 것이 매우 중요하다. 이때 우량정보리스트는 잠재적 매수자 입장에서는 해당 특허권을 매입 후 활용해야 할 타켓 회사들의 목록을 사전에 작성하여 매도자로 하여금 라이센스 여부를 확인받는 목적으로 작성한 리스트를 지칭한다.

매도 전에 해당 계약자와의 비밀유지조항에 의거하여 잠재적 매수자들에게 해당 계약조건을 제공해서는 안 되는지 여부에 대하여 사전 분석이 필요하다. 실무적으로는 기존 계약자들에게 매각을 위한 비밀유지조항의 저촉여부에 대하여 사전허락을 득하는 경우가 있는데, 매도자와 기존계약자간의 통상적으로 통용(Trade Off)할 사항이 있거나, 상호 협력관계가 돈독한 경우를 제외하고는 대부분의 경우 '불허'하는 것이 통상적인 경우가 되겠다. 따라서 사전허락을 요청하더라도 'Attorney's Eye's Only'형태로 문의하거나 잠재적 매수자에게 최소한의 정보만을 제공하는 수준에서 진술 및 보증(Representation & Warranty) 조항으로 나머지 비밀조항에 의거하여 제공할 수 없는 제품의 라이센스 여부, 범위 등에 대하여 잠재적 매수자로 하여금 사전인지시키는 것이 안전한 거래를 하는 데 도움이 된다.

3) 시장 상황에 따라서 고려하여야 할 조건

(1) 공개적으로 알려진 특허거래 혹은 라이센스 가격

통상 합리적인 특허료(Reasonable Royalty)라 함은 특허사용료를 정하기 위한 특허사용제품 수량에 곱하는 단위당 금액 또는 비율을 의미한다. 부동산 시장으로 말하자면 일종의 공시 시가라고 볼 수 있다. 특허료 대상 제품의 판매대수는 시장환경이나 업체별, 연도별로 변경될 수 있지만, 사용제품에 곱하는 비율은 계약조건이기 때문에, 계약조건이 보정되거나 만료되기 전까지는 변경되지 않는다. 합리적인 특허료 산정은 각국별로 특허법이나, 민법, 민사소송법 등을 적용하거나 판례에 의하여 정립되고 있는데, 미국법의 경우 제 284조와 제271조와 미국판례[165]에서 정립된 Georgia Pacific Rule이 적용되어 왔다.

하지만, 2013년 4월에 시애틀의 중앙지법에서의 Motorola(Google이 M&A함) vs. Microsoft 케이스[166]에서의 James L. Robert 판사는 미국 IP업계 뿐 만아니라 전 세계적으로 'FRAND 조건에 지배되는 표준특허'에 대한 가치평가에 있어서 특허료를 산정하는데 있어서의 새로운 평가기준을 제시하는 판결을 하였다.

이 판결은 일명, Modified Georgia Pacific Rule과 특허료 스태킹(Royalty Staking)[167]이라는 이론에 의거하여 원고인 Motorola가 주장한 40억 달러의 손해배상액은 결국 2백만 달러가 되어야 한다는 것이다. 그 이론을 자세하게 설명한 자료는 판결문 전문과 더불어서 인터넷 등에 다수 존재하므로, 이 책에서는 별도 설명을 피하기로 하고, 여기서는 시장조건으로서의 가치평가에 있어서, Reasonable Royalty가 어떤 기준으로 정해지고, 가치평가에 어떻게 작용되고 있는가를 살펴보는 것으로 한다.

합리적인 특허료 비율(rate)을 법원판결에 따라서 또는 기술변화에 따라서 트랜드도 반영해야 하기 때문에 특허비즈니스를 하고 있는 특허전문가

---

165) Georgia-Pacific 케이스 Georgia-Pacific Corp. v. U.S. Plywood Corp. 446 F.2d 295 (2nd Cir. 1971).

166) Microsoft v. Motorola, Case No. C10-1823JLR (W.D.Wa, April 25, 2013)

167) Royalty Stacking, 즉, 로열티 율을 형성하는 구성요소가 총 특허수와 총 라이센서들 내에서 가감해야 한다는 것이다. 즉 각 업체들이 제각각의 로열티 율을 주장할 경우에는 해당제품의 제조업체는 예를 들어서 과장한다면 판매가격의 80%를 로열티로 내야 하는 상황에 봉착할 수 있다는 가정을 하여, Royalty Rate를 이루는 구성을 벗어나는 로열티 율을 넘어설 수 없다는 개념.

들의 검토와 리뷰를 꼭 받아야 현실적인 평가결과를 도출할 수 있다.

(2) 소송에 사용된 특허의 배상액

미국소송에서 손해배상 평가관련 판례이론이 잘 정립되어 있기 때문에 동종업계 관련 손해배상액을 참조하는 것이 매우 설득력 있는 방법이라 할 수 있다. 표준기술에 해당되는 소송특허인 경우에는, 해당 업계 또는 유사업계의 표준 Pool 계약조건에서의 각 업체들에 공지 된 특허료 조건을 참조하는 것이 통상적이다. 이때, Microsoft v. Motorola 판례와 같이 표준 Pool에서의 총특허수와 Licensor들의 숫자는 해당 표준 Pool에서의 최종 로열티율을 적용할 때 로열티 스태킹 이론을 적용하는 것이 최근 미국 침해소송에서의 판례의 동향이라는 점들을 고려하여야 한다.

특허권의 가치산정에 있어서, 위와 같은 여러 조건들을 모두 면밀히 살펴보는 것이 우선시되고 있으며, 이후에 해당 특허들이 현실적으로 활용되면서 특허료를 절감하거나, 수익을 창출할 때의 경우를 시뮬레이션해야 한다. 그리고 향후 기술 트렌드 및 특허 권리성 등에 대한 판결 및 트랜드를 반영한 가중치를 적용하여 최종 매매가격을 산정하는 것이다.

이때 매매가격은 희망가격일 뿐, 실제 거래될 가격은 아닐 것이므로, 절대적인 가격은 아니라는 점을 이해해야 한다. 최종 매매가격은 실거래가이며, 매도자와 매수자가 모든 상황과 사실을 고려한 '합의가격'이 될 것이다. 즉, 매수자가 기꺼이 지불할 가격이 될 것이고, 매도자가 기꺼이 그 가격에 합의하는 가격이 될 것이다. 그래서 가치평가의 불필요성을 주장하는 사람들도 많다. 가치평가를 행하는데 소요되는 노력과 비용 대비, 매매거래 성사가능성이나 합의를 도출하는데 오히려 장애물로서 작용되는 사례들도 많기 때문이다.

또한, 이와 같이 산정된 매매가격이 매도자와 매수자의 입장에 따라서 달라질 수도 있고, 협상 테이블에서 누가 더 협상력(Bargaining Power)를 가지고 있느냐에 따라서 가격이 달라지는 경우도 많기 때문이다.

다만, 매도자가 대학이나 연구소인 경우에는 일반적으로 아직 시장에서 실시되고 있지 않거나 출원상태에서 특허거래가 이루어지고 있는 경우가 많다. 발명이 시장에서 실시되고 있지 않는 경우 로열티 수준을 참조할 만한 사례를 찾기도 어렵고, 곱할 대상의 판매제품이 없는 경우에는, 시장상황을 적용하는 시장접근법을 적용할 수 없는 경우가 많다. 따라서 대학이나 연구소가 기술을 개발하기까지 소요된 비용을 산정하여 매매가격에 포함시키는 방식인 비용접근법을 사용하는 경우가 존재한다. 단, 출원이 지연되는 경우 등록까지 4~5년 소요되며 그 사이에 시장에서 실시되기도 하는데 이때 비용접근법과 함께 시장접근법이나 수익접근법으로 보완하기도 한다.

그러나 대부분의 매수자에 해당하는 기업체에서도 해당 특허를 매입하는 용도에 따라 다르겠지만, 추가적인 기술개발의 필요성 및 시장진입을 위한 추가적인 인력투입, 개발, 제조비용, 시장마케팅비용, 영업비용 등을 투입하고도 최종적으로 시장진입이 안되거나 시장이 열리지 않아 사업이 실패할 경우는 해당 특허를 매입하지 않았더라면 하는 반대급부의 기회비용을 소요하는 것이다. 따라서 판매자와 매수자가 모두 해당 위험을 공유하는 방식으로 협상해나가는 것이 바람직하다. 이러한 관점에서 비용접근법에서 고려해야 할 사항 중 하나는 실 소요된 금액의 누적금액 전액을 매수자가 부담하는 것으로 할지, 아니면 일부만을 부담하게 하면서, 나머지 및 미래가치는 향후 시장에서의 사업 성공을 전제로 향후 수익을 분배하는 형태의 거래 조건을 만들어가는 것이 추천하는 방안이 될 것이다.

양당사자의 관점의 차이를 좁히기는 쉽지 않은 경우도 있는데, 매수자 입장에서는 비용접근법을 적용하여 발명개발의 비용 보전을 원할 것이고, 매도자 입장에서의 수익접근법은 향후 산업 발전에 따라 얻을 수 있는 수익에 대한 기대치를 미리 반영하고자 하는 욕망이 커질수록 거래 성사로 이뤄지기는 어려워지는 것이다. 따라서 양당사자의 입장을 반반씩 반영하는 식의 비용접근법의 가치평가가 되는 것이 바람직하다.

● IP 투자자 관점에서의 가치평가

특허수익화프로젝트(예를 들어서, 특허라이센싱, 특허침해소송, NPE에 대한 직접적 투자)의 투자자들에 있어 중요한 것은 투자 위험에 대해 수익실현의 가시성을 높이는 측면에서, 정교하게 계량화된 수익 시나리오(returns scenarios) 및 불확실성을 완화하는 방법을 찾는 것이다. 투자자들은 수익프로젝트 관리자들이 라이센싱 프로젝트를 관리하는데 있어 좀더 적극적이기를 바라며, 이는 라이센싱 프로그램을 좀 더 신속하게 종결하며, 상대적으로 중요하지 않은 자산을 매각하며, 비용을 최소화하며 수익을 조기에 창출시키기를 바라고 있다.[168)]

투자자들의 관심은 다음의 두 가지 요소에 집중될 것이다.

첫째로는 전체 특허 수익화 프로그램의 비용과 수익의 이해를 포함하여 자산의 적절한 가격산정이다. 둘째, 수익전략, 수행 및 위험요소 등을 평가해내는 것 등이다. 이를 위하여 [그림 6-1]에서 보는 바와 같이 전통적인 가치평가의 목적을 재구성하여, 추가적인 할인요소(discount factor)들에 주목하여 관리팀의 자격(management credentials), IP 수익화 전략(단일 전략 혹은 성공을

168) Peter D Holden, The ever-chaning IP monetization marketplace for PAEs, Intellectual Asset Management, Jul/Aug 2013.

위한 Plan B가 있는 구조), 수익화 까지의 시간, 클레임 차트 및 지원 자료들의 품질 등의 전문적인 요소들을 고려해야 한다.

[그림 6-1] IP투자자들의 가치평가 기준

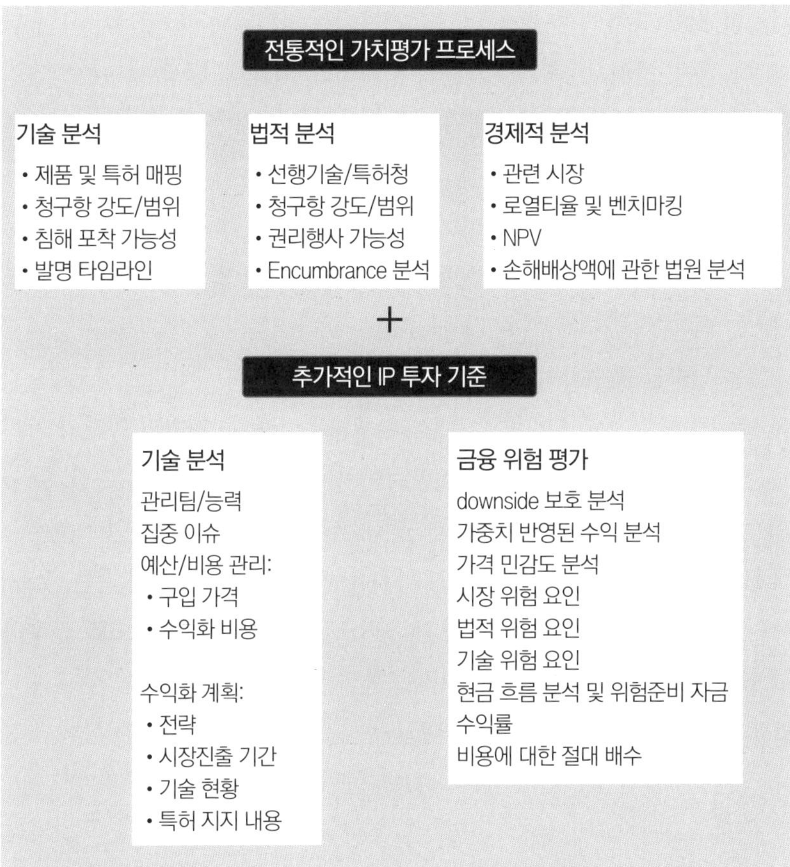

* 자료 : Peter D Holden, The ever-chaning IP monetization marketplace for PAEs, July/August 2013.

또한 법률적·기술적 위험요소들을 금융 수익 모델에 적용하는데 있어 좀 더 고도화된 접근법을 요구한다. 사모펀드와 헤지펀드와 같은 금융회사들로부터 투자를 받음에 따라 특허수익화 프로젝트 당사자인 사모펀드는 투자에 있어 좀 더 신중하고, 위험 및 불확실성을 평가하고, 자산의 가치를 산정하고, 위험요소에 조정된(risk adjustied) 수익을 계산하는데 있어서 전문적으로 훈련되어(disciplined) 있도록 압력을 받고 있다.[169)]

한편, M&A나 IP 담보대출 시의 특허가치는 해당 시장 참여자가 아닌 감정평가법인, 회계사 등 외부기관이 평가하게 되는데, 통상 개별특허권의 상·중·하를 정밀분석하는 권리분석적인 평가에 무게를 두지 않는 반면, 일괄적으로 특허 포트폴리오에 대한 평가를 반영하여 시장접근법 사용으로 개괄적이고 형식적인 가치평가를 하는 경우가 많다. 따라서 M&A대상기업의 인수가격에 IP 가치 부분을 전체 인수가격의 몇 퍼센트선에서 포함시키는 의례적인 가치평가일 때가 많다.

이는 역으로 매수자의 관점에서의 가격산정과는 차이가 많으며, 모든 건을 인수하는 입장에서 개별 건을 각각 정밀분석하여 "개별적 특허의 가치를 평가하지 않는다는 점에서" 일반적인 매매과정과는 다르다고 할 수 있다. 예를 들어서, 캐나다의 통신회사인 RIM社의 Blackberry 관련 운영시스템 또는 애플리케이션 관련 특허의 가치를 판단하고자 할 때에 기존 Nortel社의 특허매각 사례를 고려하여 대략적으로 20억 달러 이상으로 산정하고 있지만 반응은 Nortel의 3GPP 표준특허의 강도 및 LTE 표준특허강도와 RIM의 보유특허는 상대적으로 비표준특허가 많다는 점에서 RIM특허의 잠재적 인수자들의 Nortel 특허매각 때보다는 다소 냉담하다.

이는 Nortel의 대부분의 핵심특허들이 LTE나 Wi-Max등의 통신 표준특허인 반면에 RIM의 특허포트폴리오는 핵심특허로 간주될 수 있는 비교대상의 특허들이 대부분 운영시스템 관련 특허들이기 때문에 특허들의 각각의

169) Peter D Holden, The ever-chaning IP monetization marketplace for PAEs, Intellectual Asset Management, Jul/Aug 2013.

특징에 따른 업계의 합리적인 특허료(Reasonable Royalty) 적용에서의 가중치와 표준특허와 비표준특허사이의 미국법원의 비차별 FRAND(Fair Reasonable And Non-Discrimination)관련 판례들의 경향이 모두 반영되기는 어렵다. 또한 상이한 기술을 가지는 특허 포트폴리오의 상호 가치 평가의 차이를 기존 참고 값이나 가중치로 측정하는 것은 그 특허들의 기술적인 관점에서 비슷하다는 가정을 전제로 참고 값이나 가중치를 적용했기 때문에, 가정에 대한 도전적인 변화가 가능할 것으로 보인다.

만약, 실제 M&A에 있어 IP 자산이 해당 매각대상회사의 핵심 자산일 경우에는 이 역시 통상적인 M&A 검토상의 Due Diligence에 따른 가치평가를 적용하는 것보다는 통상적인 특허거래상의 Due Diligence를 거쳐서 매수자 관점에서의 활용도 측면의 실질적인 가치를 평가하여 거래하게 되는 것이 바람직하다고 할 수 있다.

[한국의 특허가치평가]

한국IP업계에서의 특허가치평가는 주로 기술담보대출시의 기업들이 보유한 기술이나 특허를 평가하는 가치평가모델에 기반한 평가가 주를 이루고 있었다. 최근 특허전문회사인 인텔렉추얼 디스커버리와 그 자회사 아이디어브릿지 및 아이디벤처스 등이 한국산업은행과 기업은행 등으로부터 출자받아 국내 중소기업에 대한 IP 기반 융자를 행할 때 IP 보유 기업에 대한 대출액 산정을 위해 특허가치평가 전문기관인 한국발명진흥회와 함께 대출 해당 중소기업 보유 특허를 평가하는 시스템을 구축하여 특허가치평가를 실시하는 사례가 나타나고 있다.

이러한 특허가치평가의 사례는 기존의 기술가치평가의 기술성평가 시각에서의 평가방식에 대한 보완적 측면으로 '특허권' 자체에 대한 실제적인 IP 자산으로서의 권리성을 평가하는 점에서 향후 기술금융 및 IP 금융 시장에서 좀더 활성화될 것으로 예상된다.

■ IP 가치평가에 대한 관점[170)]

IP에 대한 가치평가가 요구되는 것은 IP에 대한 거래를 전제로 하는 것이며, 거래의 상대방 또는 이해관계를 갖는 제3자에게 IP에 대한 내용과 그 가치에 대한 정보의 제공에 그 의의가 있다고 할 수 있다. IP 영역에서는 특허의 경우 기술개발과 권리화 및 사업화에 주된 관심을 갖는데 대하여, 금융영역에서는 기본적으로 위험-수익(Risk-Return)의 관점에서 금융자원을 어떻게 배분할 것인지 결정을 한다. 또한 금융전문가는 기술내용과 IP에 이해가 제한적인 것이 현실이다. 이러한 상황에서 IP 가치평가는 양자 간의 정보비대칭성을 극복하고 상호 영역에 대한 이해를 제고할 수 있는 기초를 제공하는 것으로 볼 수 있다. 투자자의 관점에서 IP 가치평가는 숨어있는 지식재산의 가치를 객관화 할 수 있는 척도이며, 회계 관점에서도 매우 의미가 있는 평가이다.

가치평가라는 것이 보편적인 공식을 통하여 입력값을 넣으면 항상 객관적인 답을 보여주는 과정은 아니다. 즉 가치평가를 하는 평가자의 해당 영역에 대한 노하우, 경험, 통찰력에 상당부분이 영향을 받는다. 미국 NPE도 각각 특화된 가치평가 모델들을 갖고 있지만 과학적으로 어디나 적용 가능한 객관적이고 포괄적인 가치평가모델이 있는 것 같지는 않고, 각자가 갖고 있는 가치평가 기법과 경험으로 축적된 노하우가 그 회사의 경쟁력의 주요한 원천이 된다.

가치평가사례와 관련한 데이터베이스의 형성이 중요할 것인데, 데이터베이스의 구축을 통하여 보다 현실적이고 수용 가능한 가치평가모형의 형성이 가능할 것으로 생각되고, 유연성 있는 평가기법 개발의 기초를 제공할 것으로 생각된다. 그러나 현재 특허거래 상황은 비밀유지 의무 하에 이루어

---

170) IP 가치평가를 통한 IP 금융활성화 방안, 지식재산정책지 6월회 좌담회.

지는 경우가 많고 거래당사자가 공개를 원하지 않는 경우가 많아, 공개되었거나 공개 가능한 IP 가치평가 사례가 제한적일 수 있다.

IP에 대해서 평가를 하겠다고 하면 기술과 IP의 차이점을 정확히 인식해야 한다. IP에 대한 가치평가는 IP가 가지는 권리적인 속성 즉, 권리의 존속기간이나 권리의 보호 강도에 대한 측정과 이를 반영하는 가치평가 구조가 포함되어 이루어져야 한다. 또 다른 차이점은 기술 분야별 특성에 따라 개별 IP에 대한 평가가 아니라 포트폴리오에 대한 평가를 해야 한다는 것이다. 예를 들어 생명공학(BT), 재료나 물질특허 등 화학 계열의 경우 하나의 개별특허 수준에서 가치평가를 하는 것이 필요하지만, IT의 경우 개별특허는 크게 의미가 없는 경우가 많다. IT의 경우에는 포트폴리오에 대한 평가 방법이 설계되어야 한다.

IP를 기초자산(underlying asset)으로 한 금융을 논의할 때, IP는 독립적으로 거래 가능한 자산(tradable asset class)의 성격을 갖게 된다. 예를 들어 은행이 IP에 대하여 담보권을 설정하고 융자를 해주었는데 채무자가 파산을 하였을 경우, 담보권을 실행하여 자금을 회수하기 위해서는 담보물인 IP의 효과적인 매각이 가능하여야 한다. 즉 IP가 자산으로서 거래되는 가치를 평가하는 측면에서 생각해 볼 수 있을 것 같다. 노텔(Nortel)의 파산 후 경매에서 통신특허 약 6천 건이 애플과 마이크로소프트의 컨소시엄으로 인수되는 과정에서 약 45억 불에 거래가 된 사례가 있다. 그러나 이러한 과정에서 IP 포트폴리오의 가치는 관련 산업의 경쟁구도와도 연결되어 있다고 볼 수 있다.

기술가치평가와 IP 가치평가는 차이가 있다. 기술 가치평가가 사업자에 의존적인 반면에 IP 가치평가는 사업자에 독립적이다. 평가결과의 활용 용도도 다르며, 결정적으로 IP는 법적 권리 문서 그 자체로서 일종의 상품이 되거나 법적 분쟁의 대상이 되기도 하기 때문에 명세서의 서술은 매우 중요하고, 따라서 특허 권리가 제대로 발휘할 수 있는 IP 권리인지에 대한 평가가 IP 가치평가에 반드시 포함되어야 한다[171)]

지식재산권의 경우에도 그 자산의 가치를 평가할 수 없다면, 이를 활용하기 위한 금융기법을 적용하는 것은 상당히 어려운 일이다. 즉 자산을 가진 기업에 투자하거나 자산을 담보로 대출하는 경우, 자산의 미래수익을 근거로 증권을 발행하는 경우 등 어느 경우에나 자금의 투자 대비 수익이 어느 정도 발생할 것인지를 예상할 수 있어야 투자·대출·유동화 등을 할 수 있는 것이다. 특히 객관적 신용평가가 수반되지 않은 상황에서 신용보강 등을 통해 유동화가 이루어질 경우, 자산보유자가 부실한 지식재산권을 대상으로 유동화를 시도하는 도덕적 해이를 초래할 수도 있다.

〈표 6-1〉 지식재산 가치평가 기법

구분	시장접근법	수익접근법	비용접근법
개념	자산의 가치를 시장에서 거래되는 가격으로 정의	자산의 가치를 해당 자산의 미래 기대수익으로 정의	자산의 가치를 해당 자산의 대체비용으로 정의
활용	실물자산 거래에 널리 활용	가장 널리 활용	회계 목적으로 널리 활용
단점	평가하려는 대상과 유사한 다른 대상의 거래가치를 찾기 어려움	미래현금흐름, 할인율 산정이 어려움	자산의 사용가치와 취득가치를 동일시하는 문제

* 자료 : 지식재산 가치평가·금융 정책협의회, "IP 가치평가 사례 DB 구축 및 활용 방안", 2013.

171) IP 가치평가를 통한 IP 금융활성화 방안, 지식재산정책지 6월회 좌담회.

[그림 6-2] 협상을 통한 가치 생성

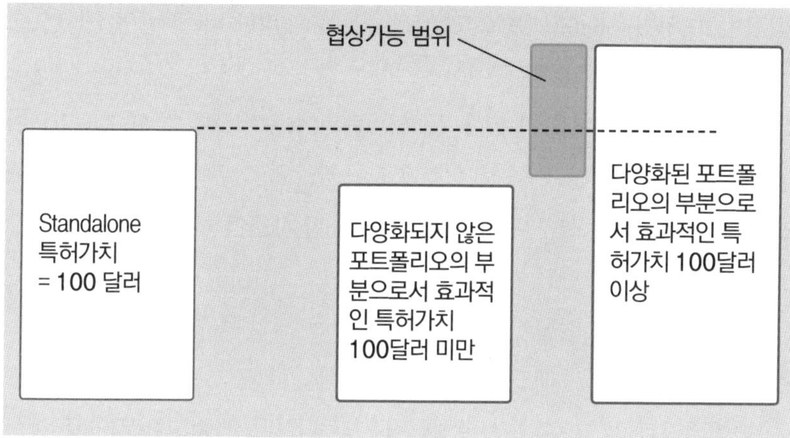

* 자료 : Stevan Porter, Viewing patents through a financial lens, Intellectual Asset Management, Sep/Oct. 2013.

■ IP 자산 가치와 고려사항

부동산의 경우 위치(location)가 가치를 좌우한다. IP 권리에 있어서는 컨텍스트(context)가 가장 중요하다.[172] 특허가 라이센싱 가치를 지니기 위해서는 단지 잘 구성되고 권리화될 뿐만 아니라 상당한 수익을 창출하는 발명에 실제로 읽힐 필요가 있다. 특허의 청구항이 잘 쓰여진 경우라도 거의 매출을 올리지 못하는 제품에만 읽히는 특허는 큰 의미를 지니지 못한다. 특허가 시장에서 성공한 제품에 대하여 읽히기는 하지만, 제대로 조사되거나(신규성 및 진보성 관점) 구성(명세서의 요건 및 청구범위 작성의 관점) 되지 못한 특허 또한 큰 의미가 없다. 의미가 있는 것은 특허 혹은 특허 패밀리의 청구항이 시장에서 성공적으로 판매되는 제품의 발명에 직접적 또는 균등하게 읽히는 것이다. 또다른 고려사항은 특허소송에서 침해를 증명하기 위해서는 상당한 정도의 비용, 시간이 소요되는 위험이 존재한다는 점이다. 청구금액이

172) Bruce Berman, From Assets to Profits, Competing for IP Value & Return, 2008.

25백만 달러인 사건에서 침해 입증에 4.5백만 달러의 비용이 소요된 경우도 있으며, 2005년 Karlin Medical Technologies를 대리한 Kirkland & Ellis가 승소한 14억 달러의 재판과 같은 많은 기간이 소요된 재판의 경우에는 62백만 달러의 비용이 소요된 바가 있다. 특허 소송은 소송 당사자의 시간과 비용이 상당히 투자되어야 한다. 특허 소송에 있어 승소하기 위해서는 사건 선택에 있어 신중해야 하며, 소송 비용을 감당할 재무적 자원이 있어야 한다.[173)]

많은 하이테크 기업들이 하는 것처럼, 수천 개의 특허로 이루어진 포트폴리오를 구성한다고 해도, 판매하는 제품에 읽힌다는 보장은 없다. 실제로, 종종 읽히지 않는 경우가 발생한다. 그러나 의도적이지는 않아도 자사가 판매하는 제품이 타인의 특허 청구항에서 읽혀지면 실시기업들은 특허 소송과 손해배상액 지불에 휘말리게 된다. 몇몇 NPEs는 이러한 약점을 파고들기도 한다. 문제는 NPEs 특허들이 유효하며 실제로 침해를 당했는지 여부이다. 미국 특허청의 심사적체로 인해 상황은 더욱 복잡해지고 있다. 몇몇 특허들은 등록받기 까지 5년의 기간이 소요되며, 등록받았을 경우 해당 특허들의 유효성은 종종 의심된다. 한편 특허 가치는 해당 특허가 보호하려는 발명이 시장에 나왔을 때에는 상당한 정도로 줄어들거나 사라질 수 있다. 발명이 제품에 실시됨에 따라 해당 발명을 커버하기 위해 출원된 특허들은 관련이 적어지거나 심지어는 관련이 없어지게 된다. 최초의 발명에 근거하여 출원된 특허에 포함된 청구항들은 실제로 판매되는 제품을 보호하는데 필요한 내용과는 다를 수 있다. 이로 인하여 심지어 특허청구항 작성에 주의깊은 기업들까지도 취약하게 된다. 현명한 IP 보유자들은 특허출원과 라이센싱을 통해 발명을 보호하는 것만이 아닌, 어떤 특허가 보유할 필요가 있는지, 그리고 없는지에 대해 주의도 기울여야 한다.[174)]

173) Ibid.

174) Bruce Berman, From Assets to Profits, Competing for IP Value & Return, 2008.

▨ Box 3 – 은행권 질문들 : 특허투자시 가격산정 및 특허무효시 책임소재

투자은행권 (재무적 투자자 Financial Investor)에서 나오는 질문 두 가지 :
질문1: 특허 투자시의 가치평가(특허의 가격)는 누가 어떻게 산정하는가?
질문2: 특허 가치평가에 대한 원금을 보장해줄 수 있는가?

1. 질문 1에 대하여

금융전문가들은 특허권의 성립기준이나 특허권의 침해 판단 · 무효가능성에 대한 이해가 제한적이기 때문에 특허가치평가에 대해 검토하기가 매우 어렵다고 한다.

부동산의 경우는 LH주택공사나 국민은행 홈페이지에서 쉽게 찾을 수 있는 공시시가와 같은 거래시장에서의 거래금액을 용이하게 알 수 있기 때문에, 거래대상인 부동산의 특징, 예를 들어서 햇빛이 잘 들어오는 남향인지 또는 선호는 층인지 또는 주위 교육환경 등 생활여건이 좋은지 등의 여부를 따져서 이에 따른 가격반영만 더 해주거나 빼주면 실제 거래가격에 거의 맞아 떨어진다.

하지만, 특허거래시장의 경우에는 해당기술의 시장성 및 해당제품에 대한 침해사용가능성의 강도에 따라서 그 가치를 정한다. 또한 해당 특허권이 세계최초의 발명으로서 특허성이 있는 특허인지 아니면 해당기술이 출원되기 전에 공지된 기술이 존재하는지에 대한 무효자료 검색을 통한 권리성 검증이 제대로 되었는지에 따라서 가치평가액이 크게 달라질 수 있다.

예를 들어서 해당특허의 기술분야가 3G/4G통신표준분야인 경우 처럼 고도의 IT기술에 해당되거나, 조기 암진단을 위한 바이오 마커와 같은 고도의 의학진단기술에 해당되는 경우처럼 통상의 지식으로 커버하기 어려운 분야에 대하여는 해당기술분야의 전문가에 의한 특허침해, 무효관련 자료에 대한 검증이 필수적으로 진행되어야 한다.

그런데 이때 주의해야 할 점은 해당특허와 관련된 침해사용가능성 · 무효성 관련 기술자료에 대하여는 기술전문가의 도움을 받아 검증하되 100% 의존하면 안된다. 왜냐하면 특허권리의 침해성과 무효성은 '권리범위해석'이 매우 중요한데 이는 특허법과 특허권리해석관련 판례들로서 정립된 법적해석에 근거하여 판단해야 하기 때문이다. 따라서 해당기술분야 특허전문가 또는 변리사나 특허전문변호사의 권리해석이 필수적으로 수반되어야 하며, 최종결론은 이들 특허전문가들의 판단에 맡겨야 한다.

이들 기술전문가와 특허전문가의 특허권리성에 대한 분석, 조사, 판단에 따른 최종판단이 나온 이후에는 해당 특허 사용가능성 제품에 대한 시장규모 및 업계 제조업체들의 제품물량 및 판매지역 등을 조사한 후 해당 특허권리가 등록된 국가별 제품판매 물량에 근거하여 해당제품과 규모를 규정해야 한다. 특허권은 각 국가별로 출원, 등록하는 '속지주의'원칙이 있기 때문이다. 발명자는 각 국가별 본인이 출원하고 싶은 국가의 소속 관청에 출원을 각각 해주어야 하며, 편의상 국제출원 시스템(Patent Corporation Treaty)인 PCT출원을 통하여 여러 국가를 초기 출원시 지정할 수 있는 등의 제도상의 편리한 방법은 있지만, 속지주의 원칙에 의하여 각국별 언어로 별도 번역서를 제출하여 해당 국가에서의 청구범위에 대한 권리범위 해석이 가능하도록 해당국가 언어별 명세서를 제출하여 등록하여야 한다. 특허사용가능성의 제품과 규모를 규정한 후에는 해당특허권의 기술분야에서 기존 특허계약에서의 로열티 율을 조사하여 해당산업계의 평균 로열티율 등을 감안한 'Reasonable Royalty'를 산정하여 전체 로열티 규모를 산정해내면 개략적인 특허가치평가가 나온다. 그러나 이러한 개략적인 특허가치평가는 규모만을 가늠할 수 있는 수치일 뿐 실질적인 수익으로 생각해선 안된다.

위와 같은 개략적인 계산에 의한 로열티 수익규모는 해당특허권리를 손에 넣는다고 자동적으로 얻어지는 보장된 로열티 수익이 아니라는 점이다. 특허권은 '독점적 배타권'을 허여하는 선언적인 권리 일 뿐이며, 이를 강제하거나 주장하여 실질적인 특허료 수익은 특허권자의 노력과 비용으로 얻어야만 하는 종이에 적힌 권리이며, 다른 말로 표현하자면, "건드리지 않으면 깨어나지 않는 잠자는 권리"라고 할 수 있는 특징이 있다는 것이다. 이 경우 자연스럽게 특허침해소송이 수반되어야 하는데 '특허소송'에 대하여는 별도로 논의하였다.

따라서 위에서 정한 제1단계 특허가치평가액 규모파악에서부터 다시 정밀한 분석을 통하여 해당특허권을 매입하는 것인지 아니면 전용실시권 만을 매입하는 것인지 등 권리의 성격을 규정해야하고, 취득하게 될 매수자가 실제적으로 매입한 특허권리를 강제할 수 있는 실력이 있거나, 그러한 경험을 가지고 있는지 또는 기존의 경쟁사와의 계약관계상 특허권을 강제할 여지가 남아 있는 것인지 또는 매수자가 제조업체가 아닌 특허관리전문회사(NPE)인지에 따라서 제2단계로 권리주장 가능액에 대한 평가를 하여야 한다.

권리주장가능액에 대한 평가방법은 출원자, 매도자, 매수자, 권리행사주체 등에 따라서 현실성있게 분석해주어야 한다. 또한 해당 특허권의 권리행사 방법으로서 예를 들어서 미국법원에서 특허침해소송을 선택할 때에는 최근의 판례 동향에 근거한 손해배상산정방법에 의거하여 정밀한 계산이 필요하다.

특허침해소송이 연간 약 3,000여건이 계류되어 있는 미국법원에서는 판사와 배심원들의 판결에 도움을 주는 '손해배상산정' 전문가들이 기업체 형태로 활동중이며, 제조업체의 특허팀에서 일했던 특허전문가, 회계사, 특허전문변호사, 기술전문가들로서 구성하여 소송의 당사자인 원고, 피고들의 요청에 의하거나, 법원의 판사의 요청에 의하여 '손해배상액 산정'을 용역서비스와 같이 실시하여 제출한다. 이들은 시간당 $200~$700 범위의 청구를 할 수 있는 고급인력들만의 고유영역으로서 한국에서는 감정평가법인들의 감정평가사들이 이러한 업무를 해내고 있는데, 최근 특허담보대출 업계가 조금씩 살아나면서, '한국발명진흥회의 특허가치평가팀'이 이러한 전문영역에 진출했고, 좀 더 특허전문적인 견해를 보강하여 나름대로 업계에 특허가치평가의 기준을 제시하고 있다. 인텔렉추얼 디스커버리도 최근 IP 담보대출 정책에 발맞추어 시중은행들의 IP 담보대출 시스템에 대한 보완책으로서의 가치평가 서비스 및 회수펀드 서비스를 제시하고 있다.

특허가치평가는 목적에 따라서 아래와 같이 분류할 수 있고, 각 목적별 특징에 대하여 설명할 수 있겠다.

[특허가치평가 목적별 분류 및 특징]

특허가치평가 목적별 분류	특 징
특허거래가격을 산정하기 위한 가치평가	권리무효에 따른 불확실성으로 인하여 매우 불안정한 가치평가임. 특허전문가별, 금융전문가별 그 평가액에 대하여 상호 불확실시성에 대한 공감이 쉽게 이뤄지지 않는 가치평가가 다수 발생함. 매도자 · 매수자간의 특허가치평가액이 큰 차이를 보이고, 특허거래를 당사자별로 유리하게 협상해나가기 위한 평가금액을 제시하는 것이므로 '공시시가' 개념과는 다른 '흥정'에 가까운 평가일 수 있는 특수성을 가지고 있다는 점을 이해해야 함. 특허기술을 제품제조 · 판매에 사용하여 사업상 취득하게 될 영업이익 산정 등이 필요하며, 특허권리성 평가 못지않게 "Encumbrance" 체크가 중요.
공정거래법상 특허거래 가격산정을 위한 가치평가	특수관계거래상 특허자산의 가치를 평가하여 세금이슈를 클리어시킴. 두 개 이상의 감정평가법인의 평가액이 필요함

특허담보대출을 위한 가치평가	사업상 필요한 대출금을 얻기위하여 보유 특허자산을 담보로 하고 대출금액을 산정
기업M&A시 특허자산평가액 산정을 위한 가치평가	특허권리 하나 하나의 정밀한 기술분석이나 권리성 분석보다는 해당 기업의 보유기술에 근거한 시장성을 주로 평가하여 산정 특허거래와 같은 권리성에 대한 위험은 상대적으로 낮음. 세금위험제거목적이나 회계처리목적이 더 큼.
특허침해소송에서의 손해배상액 산정을 위한 가치평가	네 가지 가치평가 분류중에서 상대적으로 안정적인 가치평가인데 이유는 특허침해가 확정되었다는 것을 전제로하여 침해자의 제품수량을 규정하고 해당특허의 강도나 기술의 기여도 및 특허 소유권자의 일실이익(lost profit) 또는 업계의 Reasonable Royalty 등을 모두 감안한 후 손해배상액을 산정. 원고나 피고의 기존 계약관계 등을 모두 감안하여 과거 침해대상물에 적용하고 침해할 대상물에 대하여 구분하여 당사자들로부터 해당 물량정보를 제공받아서 산정하는 금액이므로 가장 정확한 숫자를 제시함. 법원에서의 배상액 판결이 대표적 예시임.

예를 들어서, 아래 표는 최근 애플 vs. 삼성 소송의 배심원 평결에서의 손해배상액 산정의 결과를 보여주고 있다. 최종 배상액을 산정하는 데는 침해제품의 판매 수량과 가격의 합산에 로열티율을 곱하는 방식으로 산정하였다. 평결 직후 삼성 측의 이의 제기로 표에서 보는 바와 같이 일부 제품에 대해 배상액이 줄거나 취소되는 것으로 조정되었다.

< Apple v. Samsung Amended Verdict (11-cv-01846-LHK) >

Accused Samsung Product	Amount
Captivate (JX 1011)	80,840,162
Continuum (JX 1016)	16,399,117
Droid Charge (JX 1025)	50,672,869
Epic 4G (JX 1012)	130,180,894
Exhibit 4G (JX 1028)	1,081,820
Fascinate (JX 1013)	143,539,179
Galaxy Ace (JX 1030)	0
Galaxy Prevail (JX 1022)	57,867,383
Galaxy S (i9000) (JX 1007) 0	0 ~~40,494,356~~
Galaxy S 4G (JX 1019) 73,344,668	~~100,326,988~~
Galaxy S II (AT&T) (JX 1031)	40,494,356
Galaxy S II (i9100) (JX 1032) 0	0
Galaxy S II (T-Mobile) (JX 1033)	83,791,708
Galaxy S II (Epic 4G Touch) (JX 1034)	100,326,988
Galaxy S II (Skyrocket) (JX 1035)	32,273,558
Galaxy S Showcase (i500) (JX 1017)	22,002,146
Galaxy Tab (JX 1036)	1,966,691
Galaxy Tab 10.1 (WiFi) (JX 1037)	833,076
Galaxy Tab 10.1 (4G LTE) (JX 1038)	0 ~~219,694~~
Gem (JX 1020)	4,075,585
Indulge (JX 1026)	16,011,184
Infuse 4G (JX 1027)	44,792,974
Intercept (JX 1009)	0 ~~2,242,013~~
Mesmerize (JX 1015)	53,123,612
Nexus S 4G (JX 1023)	1,828,297
Replenish (JX 1024)	3,350,256
Transform (JX 1014)	953,060
Vibrant (JX 1010)	89,673,957

2. 질문 2에 대하여

우리나라 금융권에서는 특허 가치평가와 관련하여 특허 매각당사자인 제조업체가 평가금액에 대하여 보증을 제공해주기를 주장하는 경우가 있다. 만약 투자금액의 원금을 그대로 보장해주는 투자 건이 있다면 당장이라도 투자를 하고 싶을 것이다. 모든 투자자들이 자신들의 투자원금을 보장해준다면 누군들 투자를 망설이겠는가? 그렇게 쉬운 투자만을 원한다면 특허권과 같은 고위험도의 투자대상물은 시도조차 할 수 없을 것이다. 특허권 투자는 고도의 전문성에 기초한 high risk, high return 성격의 투자대상이기 때문이다.

투자에 대한 손실보전을 증권 · 부동산 투자에서는 요구하지 않고 투자위험을 감내하는 반면, 특허권에 대하여서는 투자손실에 대한 위험을 모두 전가하는 식의 풋옵션 등을 주장하는 경우가 많은데, 이는 특허권 투자가 성공적인 수익으로 이어지는 사례가 축적되고, 특허에 대한 이해가 높아지면 자연스레 해결될 것으로 본다.

미국의 수익성 높은 IP 펀드들은 투자결정에 대한 자기책임성으로 투자손실 발생에 대한 위험을 금융투자 구조나 비즈니스 모델 및 전문성이 높은 Due Diligence로 사전적 · 사후적으로 방지하는 시스템을 가동하고 있기 때문에, 가치높은 특허권에 투자하여 높은 수익률을 올리고 있다고 봐야 한다.

2 IP 금융 작동을 위한 인프라와 보조장치

미국, 유럽 NPE들은 벤처투자, 헤지펀드투자, 정책자금지원 등으로 IP투자에 매우 적극적이며, IP 금융구조(IP Financial Structure) 및 IP 투자(IP Investment)에서의 위험관리(Risk Management)의 노하우가 날로 발달되어 가고 있다. 그에 반하여 국내 지식재산 전문기업은 해외 NPE와 같은 전문성과 경험에 비교하여 아직까지는 많은 노력과 투자가 필요한 실정이다. 선진국 NPE에 효과적으로 대응하고, 중국의 자금력과 일본의 기술력에 대항하기 위해서도 한국IP를 강하게 만들고, 이를 적극 수익화 할 수 있는 모델 설계 및 지원이 필요하다.

■ IP 금융을 위한 한국 정부의 노력 – 정책금융의 공급

상업금융과 대비되는 정책금융이란 정부 재정을 직간접적으로 투입하여 특정산업에 대해 우대금융 조건으로 지원하는 것으로 시장실패를 보완하고, 시장안전판 역할을 하여, 시장선도 및 육성 · 지원하는 것을 의미한다.

한국의 경우, 2005년 7월 15일에 벤처기업육성에 관한 특별조치법에 따라 결성되어 운용중인 한국모태펀드가 잘 알려져 있다. 모태펀드는 정책효율성 제고를 위해 투자재원 공급은 특허청, 중소기업진흥공단, 문화체육관광부, 방송통신위원회 등 정부가 하되, 투자의사결정은 한국벤처투자(주)가 담당하고 있다. 2012년 12월말 기준 1조 4,791억원 규모가 조성되어 있으며, 운용기간은 30년이다. 이중 특허청이 출자한 특허계정의 경우 발명진흥법에 의한 발명활동의 진작과 발명성과의 권리화 촉진, 우수 발명의 이전알선과 사업화 등 특허기술사업화 기업에 투자하고 있다.[175)]

아이피큐브파트너스는 2009년 모태펀드 특허계정을 통해 "아이큐브투자조합1호"를 결성하여 산은캐피탈(주)이 운용을 맡아 결성된 지식재산조합이다.

2013년 1월 21일, KDB산업은행은 1,000억원 규모의 중소, 중견기업 보유 지식재산권 투자 펀드를 설립하였다. "KDB Pioneer 지식재산권 사모특별자산투자신탁"이란 이름의 펀드는 투자처를 사전에 특정하지 않는 블라인드 방식으로 7년간 운용되며, 주로 SLB(Sales & License Back) 방식으로 IP에 대한 투자를 진행하고 있다. 펀드 운용은 한국최초의 IP 자산운용사인 아이디어브릿지가 맡고 있고 인텔렉추얼 디스커버리의 자회사이다.

한편, 한국의 금융정책은 금융감독에 관한 최고 의사결정기구인 금융위원회에서 대부분 좌우되고 있다. 금융위원회의 14년 예산은 1조 1,182억원이며, 소관 8개 기금의 운용계획은 총 32조 7,317억원에 달한다.[176)] 또한 산

175) http://www.k-vic.co.kr/contents.do?contentsNo=83&menuNo=359.

176) 8개 기금으로는 공적자금상환기금, 농어가목돈마련저축장려기금, 신용보증기금, 기술신용보증기금, 농림수산업자신용보증기금, 주택금융신용보증기금, 예금보험기금채권상환기금,

하 공공기관에는 신용보증기금, 기술신용보증기금, 한국정책금융공사, 산은금융지주, 한국산업은행, 중소기업은행 등 13개 기관에 달하고 있다.[177]

〈표 6-2〉 기관별 주요 업무

대내	산업은행	산업자금 공급
	정책금융공사	중소기업 및 사회간접자본과 신성장산업
대외	수출입은행	수출입기업 자금지원
	무역보험공사	대외거래 위험 인수 통한 수출입기업 지원
중기	기업은행	중소기업 대출
	신용보증기금	담보가 부족한 중소기업에 대한 보증 제공
	기술보증기금	기술혁신형 중소기업에 대한 보증 제공

* 자료 : 금융위원회, 정책금융 역할재정립 방안, 2013. 8.

또한 지난 2013년 5월 15일 '벤처창업 자금생태계 선순환 방안' 발표로 금융위원회와 그 산하 공공기관의 주관으로, 향후 5년간 벤처 · 창업 생태계로 유입되는 투자자금이 10.6조원으로 확대될 것으로 추정된다.[178] '벤처창업 자금생태계 선순환 방안'은 벤처투자에 있어, 창업, 성장, 회수, 재투자 등의 단계별 순환이 막혀있는 상황에 있어, 창의적 자산을 기술창업, 기술혁신형 M&A를 지원하는 벤처자금 생태계의 선순환 구조마련을 목적으로 하고 있다.[179] 이에는 미래창조펀드, 성장사다리펀드 등의 조성 및 운용이 포함되어 있다.

구조조정기금 등이 있다.

177) 13개 기관에는 신용보증기금, 기술신용보증기금, 예금보험공사, 한국자산관리공사, 한국주택금융공사, 한국거래소, 한국예탁결제원, 한국정책금융공사, 코스콤, 산은금융지주, 한국산업은행, 중소기업은행, 금융감독원 등이 있다.

178) KB금융 지주 경영연구소, 2013.

179) 2013. 5. 15. 벤처, 창업 자금 생태계 선순환 방안, 관계부처 합동.

<표 6-3> 벤처 및 IP생태계 지원 정책펀드 사례

<table>
<tr><th>주체</th><th>펀드</th><th>결성시기</th><th>특징</th><th>규모</th></tr>
<tr><td>금융위원회</td><td>성장사다리펀드</td><td>2013~2016</td><td>창업, 성장, 회수 등 벤처 생태계를 아우르는 펀드</td><td>6조원</td></tr>
<tr><td rowspan="4">중소기업청</td><td>미래창조펀드</td><td>2013.8</td><td>초기기업과 중견기업에 투자</td><td>6,000억원</td></tr>
<tr><td>창업초기펀드</td><td>2013</td><td>우수 초기기업에 투자, 미래부와 함께 진행하는 후배육성펀드(1,000억원) 포함</td><td>2,200억원</td></tr>
<tr><td>외자유치벤처펀드</td><td>2013.8</td><td>미국 실리콘벨리 자금 유치, 해외진출 기업에 투자</td><td>2,247억원</td></tr>
<tr><td>벤처기업글로벌 진출펀드</td><td>2014</td><td>해외진출 기업에 투자</td><td>1,500억원</td></tr>
<tr><td rowspan="2">산업통상자원부</td><td>데쓰벨리 1호 펀드</td><td>2013.8</td><td rowspan="2">기술은 있으나 자금난에 봉착한 초기사업화 기업에 투자</td><td>250억원</td></tr>
<tr><td>데쓰벨리 2호 펀드</td><td>2014</td><td>150억원</td></tr>
</table>

* 자료 : 동아일보(2013. 10. 16일자), "벤처 생태계에 7조원 돈벼락"

성장사다리펀드는 연기금 등 민간 4.15조원, 한국정책금융공사를 비롯한 정책금융기관 1.5조원, 은행청년창업재단 0.335조원으로 3년간 총 6조원을 지원할 예정이며,[180] 성장사다리펀드 내에 지식재산권 유동화 자금공급 및 지식재산권 보호 등을 통한 지식재산권 보호 펀드 1,000억원을 조성할 계획에 있다. 창업부터 성장을 거쳐 궤도에 오르고 회수에 이르는 건강하고 연속성 있는 창조경제의 기업 성장 생태계 조성을 위해 2013년 8월에 결성되었다. 창조적 아이디어의 사업화에 있어 위험을 공유하는 창업금융, 성장단계별 자금공백을 메우는 체계를 형성하는 성장금융, 재도전, 중견 및 대기업으로 도약통로를 구축하는 회수금융 등으로 구성되어 있다.[181]

---

180) http://www.kofc.or.kr/kofc/business/medium_06.jsp

181) 손수정, 창조경제를 촉진하는 IP 금융 기반 구축, 2013. 9. 15.

성장사다리펀드 중 지식재산관련 펀드는 각각 500억 원씩 인텔렉추얼 디스커버리 그룹과 KB자산운용에 배정된 바 있다.

■ IP 유동화의 보조장치-IP 보험과 신용보강

● 로열티채권보험의 도입

지식재산권 유동화 구조 실현을 위한 과제 중 가치평가의 어려움과 신뢰부족의 문제, 현금흐름의 안정성 문제 등은 바로 지식재산권 유동화에 대한 투자자의 투자를 주저하게 만드는 중요한 요인이 된다.

지식재산권 유동화 거래를 도입함에 있어서 투자자의 불안을 잠재우기 위한 방안으로 현금흐름의 안정성을 담보해 줄 "로열티채권보험"의 도입을 생각해 볼 수 있다.

유사한 제도로 현재 신용보증기금에서 운용하고 있는 "매출채권보험" 제도가 있는데, 이는 중소기업이 물품 또는 용역을 제공함으로써 발생한 매출채권(받을어음 또는 외상매출금)에 대하여 보험에 가입하고, 향후 구매기업의 채무불이행(어음부도 또는 외상매출금 회수불능)으로 인한 손실이 발생할 경우 신용보증기금으로부터 보험금을 지급받는 제도이다.[182)]

매출채권보험은 물품 또는 용역의 판매기업(보험계약자)이 보험자(신용보증기금)에게 매출채권보험 가입을 청약하면 보험자는 보험가입심사를 거쳐 보험증권을 발급하게 된다. 이후 판매기업이 구매기업에 물품 또는 용

---

182) 설치근거법령 : 「소기업 및 소상공인지원을 위한 특별조치법」
제10조(중소기업매출채권보험계정의 설치) ①정부는 중소기업기본법 제2조의 규정에 의한 중소기업자가 상행위와 관련하여 보유하고 있는 약속어음 또는 환어음의 부도 및 매출채권에 대한 채무자의 채무불이행으로 인한 연쇄도산의 위험을 방지하기 위하여 신용보증기금 내에 중소기업매출채권보험계정을 설치할 수 있다.

역을 공급함으로써 발생하는 매출채권에 대해 구매기업의 채무불이행 즉, 보험사고가 발생할 경우 보험자인 신용보증기금은 지급심사를 거쳐 보험금을 구매기업에 지급하고, 해당 구매기업에 대해서는 대위권을 행사하게 된다.

[그림 6-3] 매출채권보험 흐름도

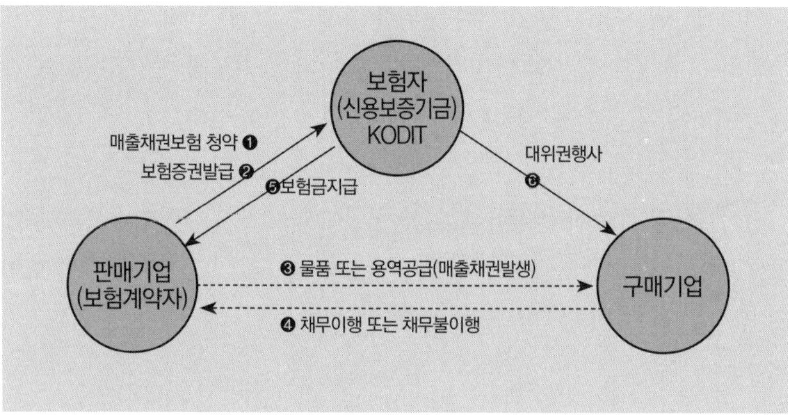

* 자료 : 신용보증기금 홈페이지(http://www.kodit.co.kr)

현재 매출채권보험 상품이 있는데, 그 중 대부분이 가입하는 다사랑보험의 경우 보험계약자와 거래하는 전체 구매기업을 대상으로 보험가입의 한도와 기간을 미리 정하여 운용하는 방식으로, 장래에 발생할 매출채권을 보험가입 대상으로 하고 매출채권이 발생할 때마다 보험에 가입하는 방식이 아니라 보험기간 동안에 발생하는 매출채권은 자동으로 보험에 가입하는 방식으로, 로열티채권보험으로 활용이 가능한 것처럼 보인다.

그러나 현재로서는 보험책임조건이나 결제기일조건 등으로 인해 로열티채권보험의 실용화는 다소 시간이 필요할 것이다. 이와 관련하여, 최근 미국의 4대 금융기관 중 하나인 Wells Fargo & Co.의 보험사업부인 Wells

Fargo Insurance는 산하의 전문 위험 그룹인 지식재산 위험 완화 부서로부터 "revENSURE"와 "ANDAfend"라는 상품명의 새로운 보험상품을 출시하였는데, 두 상품은 모두 기업의 지식재산을 판매하거나 라이선싱하는 데 대한 법적문제로부터 그 회사의 기대 수익을 보호하기 위하여 설계되어 있는 것이 특징이다.[183]

동 상품은 지식재산권을 판매하거나 라이선싱하는 상황에서 그에 대한 회사의 실제 수익 부족분에 대한 손해의 보상을 제공하고,[184] 그 수익에 영향을 미칠 수 있는 지식재산 소송에서 불리한 판결에 대한 헤지(hedge) 역할도 수행하게 된다.

로열티채권보험이 도입되어 적극적으로 활용된다면 유동화를 위한 기초자산인 지식재산권의 현금흐름의 안정성이 제고되어, 투자자와 금융기관 등 유동화 공급자측에 신뢰를 제공하고, 지식재산권 유동화 가능성을 한층 높여 줄 것으로 기대된다.

〈표 6-4〉 revENSURE 상품의 주요 내용

구 분	내 용
예상 위험	- 지식재산권의 무효 및 행사불능에 대한 외부의 공격 (최근 IPR(Inter Partes Review, 특허청 재심사와 유사) 제기건수 증가, IPR 건당 평균 \$500k ~ \$600k 소요) - 법적으로 하자 없는 소유권에 대한 공격 - 소유 상품이 제3자의 권리를 침해한 경우

183) INSURANCE JOURNAL news article(2013. 8. 5.), "Wells Fargo Insurance Launches Intellectual Property Financial Protection Products" (http://www.insurancejournal.com/news/national/2013/08/05/300755.htm)

184) 특히 ANDAfend 상품은 특별히 의약품에 대해 설계된 것으로, paragraph IV 조항(복제약이 관련 특허권의 보험범위 내에 속하지 않거나 해당 특허가 무효라는 것)의 결과로 인한 의약품 판매 또는 라이선싱의 손실에 대한 보상을 제공한다.

보상 한도	- 제품당 5000만 달러 (특정 상황에서는 한도 초과 가능)
보상 기간	- 36개월 또는 보상한도에 도달할 때까지
고려 사항	- 적용된 제품에 특허기간이 남아있는 중요한 특허의 존재 - 해당 지식재산권이 기대 수익의 중요 요인일 것 - 예상 수익의 범위가 1년에 1000만 달러에서 1억 달러일 것 - 그 외 제품 수명 주기, 회사 전체에 있어서 해당 특허의 중요도 등
언더라이팅 (underwriting) 과정	- 예비 평가 후 2단계 진행 - 1단계 : 간단한 설문 작성 후 보험사의 구속력 없는 조건 제시 - 2단계 : 제품, 판매, 지식재산권 등에 대한 관련 정보를 제공하는 신청서 제출 → 로이드 보험심사원과의 공동 인수심사 작업

* 자료 : wells fargo 홈페이지(http://www.wellsfargo.com)

● 신용보강

현금흐름의 불안정성에 대한 문제는 유동화 거래 구조상 발생할 수 있는 제반 위험을 적절히 분산하고 안정성과 환가성을 제고하기 위한 적극적 신용보강으로도 어느 정도 대처할 수 있다고 보인다. 다만 신용보강을 강화하는 방안을 늘릴수록 추가적인 비용 부담이 발생할 수 있으므로 목표 신용 등급을 전제로 한 총 자금조달비용 최소화를 도모하여야 한다.

일반적으로 신용보강 방법은 제3자에 의한 외부적 신용보강 방법(External Credit Enhancement)과 대상자산 자체의 현금흐름을 이용한 내부적 신용보강(Internal Credit Enhancement)으로 나눌 수 있다.[185)]

우선 내부적 신용보강 방법에는 가장 일반적으로 사용되는 후순위채를 설정하는 방법과 초과담보 설정, 내부유도방안 등이 있다. 후순위채를 설정하는 방식이란 지식재산권의 일부를 후순위채로 설정하여 선순위채

185) 신용보강 방법에 대한 설명은 손수정, 지식재산권의 증권화를 위한 탐색 연구보고서, 과학기술정책연구원, 2007을 주로 참조하였다.

권에 대한 원리금 지급의 안정성을 높이는 방법으로, 발행 구조에 따라 단일 채권 또는 복수 채권으로 설정할 수 있으며, 설정방식도 정액설정방식(Sequentially Paying Credit Structure : 선순위 만기까지 일정액 설정)과 정률설정방식(Pro.rata Paying Credit Struture : 선순위 미상환잔액에 대비 일정비율 설정)이 있다. 특성상 정액방식에 비해 정률방식에 대해 더 높은 신용보강 수준이 요구된다. 초과담보 설정은 SPV가 양도받은 자산의 가치가 자산유동화를 통한 예상 조달 금액을 상회하도록 하는 기법으로, 지식재산권의 가치보다 낮은 금액으로 ABS를 발행하고 초과분을 SPV에 적립함으로써 미래 현금흐름의 불확실성에 대비하는 방법이다. 이때 일부 외국의 경우 초과담보로 발생된 잉여자금에 대하여 발행자가 고수익 상품에 재투자하는 것이 허용되기도 한다.

마지막으로 내부유보 방법은 ABS 발행금액의 일부를 SPV에 유보하여 현금흐름 변동성에 대비하는 방안이다.

투자자 그룹 내에서 재무적 투자자(FI)성격의 투자자에게는 선순위 성격의 투자자는 후순위 회수권을 부여하는 것이 일반적이나, 예를 들어 수익배분 비율을 정하여 재무적 투자자의 원금 약50% 정도를 회수한 이후에는 재무적 투자자와 전략적 투자자(SI)와의 회수 순위를 동순위로 조정하는 것이 합리적이라 할 수 있다.

다음으로 외부적 신용보강 방법에는 전문보증기관보증(monoline insurance), 발행자 보증, 크레딧 라인(credit line) 등이 있다. 우선 전문보증기관보증은 가장 보편화된 방법으로 전문보험회사에 의한 지급보증 방식이다. 통상 투자적격등급(BBB) 이상의 현금흐름에 대하여 보다 높은 신용등급을 획득하기 위하여 이자 지급, 원리금 지급 또는 특정 채권에 대한 지급보증 등 다양한 형태로 제공된다. 다만, 지급 보증된 ABS의 신용등급은 신용보증회사의 신용등급을 상회할 수는 없다. 발행자보증 방식은 ABS 발행자가 직접 보증을 제공하는 형태이며, 보증인의 신용등급 변화에 따라 ABS 신용등급이 연동될 수 있으며, 국내의 경우 자산유동화법에서 허용하고 있는 하자담보 조항이 활용될 수 있다. 마지막으로 크레딧 라인의 경우 ABS 원리금 상환에 대하여 일정금액 한도까지 금융기관이 유동성을 제공하며 주로 AAA 은행의 신용공여(Letter of Credit)에 의해 이루어진다. 이것은 현재 국내 자산유동화 시장에서는 보편적으로 사용하고 있으나, 외국의 경우에는 일부 발행에만 사용되고 있다.

● 기타 방안

한편 관점을 달리하여 앞서 살펴본 로열티채권보험의 활용이나 적극적 신용보강 외에 지식재산권에 내재하는 자산으로서의 위험성을 투자대상자산이 가지는 투자위험으로 접근하는 것 즉, 위험 테이킹(risk taking)도 하나의 관점으로 고려될 수 있다. 즉, 지식재산권이 재산적 가치가 있고 미래 현금흐름을 발생시킬 수 있다는 것은 누구나 인정할 수 있는 사실이나 문제는 그 가치의 크기를 정하는 것이 어려우며 불안정하다는 것인데, 이는 다른 자산을 기초로 하는 자산유동화나 채권의 등급이 그 신용에 따라 설정되는 것을 생각해 보면 유사한 문제라는 것을 알 수 있다.

즉, 채권에도 우량채권이 있는가 하면 기업의 신용등급이 아주 낮아 회사채 발행이 불가능한 기업이 발행하는 회사채인 정크본드와 같이 고위험이 부가된 채권도 시장에서 거래가 되고 있다. 즉, 정크본드가 있는 시장은 고위험이 존재하는 시장이지만 그에 상응하여 고수익이 발생할 수 있는 시장이라는 특성을 지고 있다. 정크본드의 위험성은 채권의 종류에 따라서 달라지듯이 지식재산권 유동화에 있어서도 당해 지식재산권의 분야와 종류, 성격에 따라서 그 가치가 달라지는 것이라고 본다면 투자대상으로 하는 것도 가능하다.

이러한 관점은 외부에서 신용을 보강하는 방법에 비하여 자금조달에 있어서의 비용적인 측면에서 보다 유리할 것이다. 즉 시장에서 고위험에도 불구하고 고수익을 창출하기를 원하는 투자자들이 판단하여 투자가 이루어지듯이 지식재산권도 그 권리의 유형과 특성에 따라 자체적으로 신용이 보강되지 않은 상품으로 시장에 출시하고, 이에 따른 고위험이 발생하더라도 고수익에 대한 기대로써 투자자들이 이러한 위험을 감수하는 형태가 되는 것이므로, 이를 바탕으로 발행인은 증권의 발행 전에 신용을 보강할 필요가 없게 되어 신용보강에 필요한 비용이 절감되는 효과가 있다. 한편 이러한 성격의 투자대상자산에 대한 자산유동화의 위험에 대해서는 보험상품으로 해결할 가능성도 충분히 있으므로 지식재산권의 유동화에 따른 신용위험은 더 이상 극복하지 못한 위험은 아니라고 할 수 있다. 즉, 변동가능성이 높고 환가성이 어려운 지식재산권에 대한 투자가 실제로 이루어질 것이냐 하는 문제는 유동화 이후 금융시장에서 투자자들이 판단할 문제가 되는 것이다.[186]

특허권 중에서도 국제표준특허에 가입된 특허들은 일정금액의 특허료를 분기별로 받고 있기 때문에 유동화 하기에 적합하다. 표준 Pool에 등록된 특허는 무효성에 대한 변동없이 표준스펙에 대한 침해성만 인정받는 표준 Pool 평가 심사에 통과된 이후에는 일정규모의 특허료 수익이 발생하기 때문에 투자자 입장에서는 선불금을 일시에 지급후 이자 형태의 일정 금액을 특허권자와 배분하거나 전부를 취득하면서 원금 회수까지 전액 회수하고 이후에는 수익금액의 일정비율로 특허권자와 투자자 간에 배분된다.

이 외에도 유동화 증권의 기간을 단기간으로 설정하는 것, 다양화한 지식재산권 포트폴리오를 대상자산으로 하는 것, 최저보증금액이 포함된 라

186) 한국콘텐츠진흥원, 미국 콘텐츠 금융시스템 연구, 2012 참조.

이센스 계약을 이루어 내는 것 등의 극복방안을 생각해 볼 수 있다. 한편 장기적 관점에서 보면, 지식재산관련산업의 발전 규모와 속도를 생각할 때 이러한 현금흐름에 대한 예측가능성은 차츰 안정화 될 것으로 판단되며, 특히 최근 정부 차원에서 논의되고 있는 지식재산권 거래의 활성화가 이루어진다면 현금흐름의 예측가능성도 보다 높아질 것으로 보인다.

■ IP 담보 대출의 부실화 및 회수펀드의 역할

최근 금융계에서는 현 정부의 핵심정책추진테마인 '창조경제'를 실현하는 방안으로서 벤처, 중소, 중견기업에 대한 금융지원을 IP 자산을 담보로 하는 대출지원을 다양한 방법으로 시도하고 하고 있다. 이는 다수의 중소, 중견기업들의 신용도가 낮거나 담보를 제공할 만한 여력이 없는 경우가 많기 때문에 기존의 일반기업대출이 여의치 않은 기업들에 대하여 새로운 대출방안으로서 제시되는 것이 'IP 담보대출'이다.

그러나 IP 자산을 담보로 하는 대출은 IP 자산이 담보력을 가지고 있을 때는 대출기업의 부도나 이자상환이 안 되는 경우에도 은행의 수익성에는 큰 문제가 없을 것이나, IP 자산의 현금화 실현성이나 수익성이 없다면 부실채권화가 되는 것이기 때문에, IP 담보대출에 있어서도 IP 자산에 대한 전문적인 가치평가가 제대로 이뤄져야 하며 만약 가치평가 결과 IP 자산의 담보력에 문제가 있다면 IP 담보대출이 이뤄지지 않아야 하는 것이 정석이다.

그러나 국내기업들의 현실을 감안할 때 담보력을 충분히 갖추고 있는 IP를 보유하고 있는 기업들이 많지 않고, 금융기관의 IP에 대한 이해가 제한적이기 때문에 정부의 지원정책 하에 일정 부분 위험을 정책기관이 공유하면서 대출되는 경우가 많다. 이 경우 IP를 대상으로 한 담보권을 행사하여 채권을 회수할 수 있는 정책형 회수펀드가 필요하다.

예를 들어서, 미국의 IP 담보대출 전문회사인 "IP Navigation Capital"은 대출신청 당시 당장 클레임차트가 없는 IP 자산에 대한 대출심사는 어렵다는 내부기준을 가지고 있다. 즉, IP 자산의 담보가치를 증빙하는 근거로서 클레임차트를 요구하고 있는 것이다. 이는 대출을 신청한 기업에 대한 기업대출이 아니고, 순수하게 IP 자산만을 평가하여 대출하는 IP 담보대출의 전형적인 형태라고 할 수 있다. 이러한 담보대출이 가능하기 위해서는 먼저 담보로 제공되는 IP 자산의 품질이 높아야 하며 담보된 실행을 위해 IP 자산을 처분할 수 있는 2차시장이 발달하여야 한다. 따라서 이러한 IP 담보대출시에 발생될 수 있는 부실채권을 어떠한 시스템으로 처리하여 대출에 대한 부실을 방지하거나 부실을 최소화할 수 있을 것인가에 대한 방안이 필요해 보인다.

물론 부실 최소화 문제를 시장의 순기능에 맡겨야 한다는 의견도 있다. 하지만 시장성만 따진다면 우리나라 현실상, 시장형 IP 담보대출 시스템 자체가 작동되기 어렵고 정책형 IP 담보대출도 정부 출연 은행인 산업은행과 IBK기업은행의 주도로 시행되고 있는 것이 현실이다.

한국금융계에서 현재 시도하고 있는 IP 담보대출에서는 향후 채권의 디폴트가 발생할 경우 IP 자산관리기업이 관리해주는 회수전문기업을 설립하는 안이 그 대안으로서 제시되고 있다. 이때 부실채권만을 전문적으로 회수하여 향후 수익화 시도를 하는 투자상품을 회수펀드라고 명명할 수 있는데, 이 회수펀드는 부실채권을 일부 또는 전부를 회수해주는 펀드를 말한다. 금융기관에서 IP를 담보로 대출하였으나 채무자가 부도 또는 파산 등으로 인하여 원금상환이나 이자지급을 못할 위험성 높은 채권을 부실채권이라 한다. 부실채권은 은행의 수익성을 하락시키고 또한 유동성 부족을 가져와 은행의 부실화를 초래하게 된다. 그러므로 은행은 현금을 조기에 회수하기 위해 부실채권을 자산관리회사에 실제 채권액 보다 싼 값에 매각하게 되며 자산관리회사는 해당 부실채권을 IP 거래시장에서 향후 수익화를 위한 거래를 통해 대출원금대비 일정비율의 수익을 얻을 수 있으며, 이를 통하여 대출원금의 일부를 회수할 수 있기 때문에 IP 담보대출의 부실화를 완화하는 보완적인 투자상품이라 할 수 있다.

▨ Box 4 - IPBC 소개

IPBC는 IP Media Group의 한 부문인 Intellectual Asset Management(IAM) 주관으로 매년 세계 각지에서 개최되는 IP업계의 최대 컨퍼런스이다. 2013년 11월에 싱가폴에서 개최된 IPBC에서는 LG전자, 삼성 디스플레이, ETRI, 현대자동자, SK하이닉스, Intel, Google, Microsoft 등 글로벌기업의 IP 전문가를 포함하여 Transpacific IP, Rockstar, Acacia, Intellectual Ventures 등 대형 NPE 책임자들이 아시아에서의 주요 IP이슈를 주제로 다양한 프리젠테이션과 토론을 진행하였다.[187)]

IPBC가 여타의 IP 관련 컨펀런스보다 의미가 있는 것은 글로벌 IP 비즈니스의 Top Player들이 한자리에 모이는 드문 기회이며, IPBC 주최측에서도 이를 감안하여, 다양한 행사를 통해 서로간 네트워킹 할 수 있는 기회를 제공해 주고 있다는 것이다. 언론이나 보고서 등을 통해 접할 수 있는 거의 모든 업체 담당자들이 한자리에 모여서 행사에 참가한 모든 사람들과 한번씩 얘기를 나누기 위해 열정적으로 자기를 소개하고 얘기하는 모습은 인상적이었다.

---

187) http://www.ipbusinesscongress.com/Asia/2013/

필자들은 2013 IPBC 싱가폴 행사에 참여하여 IP 비즈니스의 현장을 접할 수 있는 기회를 가졌다. 새로운 IP 공급처로서의 일본, 부상하는 중국의 역할, 국경을 넘어서는 IP 비즈니스의 이슈, 대형 NPE 특허 소송의 특징, 효과적인 포트폴리오 관리 및 가치평가 이슈 등 주요 사안들에 대한 의견을 접하고, IP 금융의 글로벌 플레이어들을 직접 만날 수 있는 의미 있는 기회였다.

(왼쪽부터) 최철 교수, 장원준 차장, 배동석 본부장

또한 IPBC 주최측인 IAM에서는 글로벌 IP 비즈니스에 공로가 있는 기업 및 기관을 선정하여 감사패를 전달하였다. 앞으로도 수상자들의 활약을 기대해 본다.

(왼쪽부터 위 · 아래 순으로) ETRI 신정혁 실장, 김동리 변리사, 삼성디스플레이 김광준 전무, 우경익 수석, LG전자 김주섭 상무, 인텔렉추얼 디스커버리 배동석 본부장, SK 하이닉스 이진호 수석, 현대자동차 신언율 이사, 윤승현 파트장

3 NPE 관련 규제 동향

일부 NPE 비즈니스 모델에서 나타난 바와 같이 일명 "Trolling"을 통한 소액의 화해금액을 목표로 소규모 상인들(retailer)을 대상으로한 특허침해 소송에 대한 특허권남용은 문제가 제기되었던 바, 권리의 유효성과 범위에 문제가 있는 특허 포트폴리오를 가지고 화해금만을 목표로 했던 NPE는 규제의 대상이 되어야 한다는 목소리가 높아지고 있고, 이를 반영하는 입법안이나 행정부의 규제안들이 미국에서 나오고 있다. 하지만 미국의회는 이러한 규제법안에 신중한 입장을 취하고 있으며, 부실한 IP로 소송을 제기한 NPE 소송을 대응하는 데 소요된 비용을 패소 당사자인 NPE에게 부과할 수 있다는 "fee shifting"관련 법안도 보류된 바 있다.

IP 비즈니스모델 및 IP 금융시장에서 중요한 중개자(Intermediary) 역할을 하는 NPE 자체를 일방적으로 규제할 수는 없을 것으로 보인다. NPE의 비즈니스 모델은 법적 테두리 안에서의 합리적이고도 합법적인 Tool을 통하여 IP와 관련된 법적 권리의 실현과 수익창출을 동시에 해내는 구조를 제공하고 있기 때문이다.

특허료를 지불해야 하는 실시기업 입장에서는 산업의 혁신을 해치고 산업계에 피해를 준다는 측면을 강조하면서 NPE가 규제의 대상임을 주장하고 있으나 NPE들이 특허시장에 특허거래를 자극하고 정당한 특허료를 요구할 수 있는 적극적인 수단을 제공할 수 있고 정당한 법적 구제를 받을 수 있는 특허소송을 가능하게 할 수 있다는 측면에서 IP 금융의 중요구성요소가 된다.

금융투자업계는 미국 서브프라임 위기 속에 투자시장이 위축된 이후 여러 가지 돌파구를 모색하고 있는 가운데 IP투자를 주목하게 되었다. 서브프라임 위기 이후 IP 거래시장의 일련의 대규모 거래(Nortel 4.5조원, Kodak 6천억원, Motorola 12조원, Aware 900억원, Unwired Planet 약1,000억원) 들이 발생하면서 이들 특허자산을 거래하는 중개회사, 투자은행, 평가기관, 관리로펌 등이 핵심역량을 내재화 할 수 있었고, 이를 바탕으로 현재 여러 관련 전문업체들이 시장에 포진하고 있고, 수많은 IP 비즈니스 모델들을 검토하고 있다.

〈표 6-5〉 NPE 규제 관련 주요 법안 및 행정명령

No.	법안 및 관련 규제	제출 또는 시행일	주요내용
1	America Invents Act (AIA)	2011.9.16 부터 단계적 시행	선출원주의, 등록후 이의신청, 당사자계 무효심판 제도, 보충심사, 제3자에 의한 정보제공, 선사용에 의한 권리 등
2	SHIELD법안 (Saving High-Tech Innovators from Egregious Legal Disputes Act(H.R.845))	2013.2.26 제출	특허침해 소송에서 원고인 특허괴물이 패소하는 경우, 그 원고에게 소송비용을 부담하도록 함
3	특허품질 개선법안 (Patent Quality Improvement Act(S.866))	2013.5.5 제출	「영업방법 특허에 관한 한시적 프로그램」3)의 적용 범위를 모든 형태의 사업에 관한 영업발명으로 확대하고, 동 프로그램을 상설 프로그램으로 전환함
4	익명의 특허 종료법안 (End Anonymous Patents Act(H.R.2024))	2013.5.15 제출	특허권자를 불분명하게 하여 특허권 침해를 유발한 후 침해자에게 권리 주장하는 것을 방지하고자, 권리자의 투명성을 제고하기 위한 조치를 포함하고 있음
5	특허남용 제한법안 (Patent Abuse Reduction Act(S.1013))	2013.7.9 제출	특허남용 제한법(안)과 유사한 내용을 담고 있으며, 특허괴물과 제조업체 간 소송에서 최종 결정이 내려지기 전까지는 최종 소비자에 대한 소송의 정지를 허용함
6	혁신법안 (Innovation Act (H.R.3309))	2013.10.22 제출	특허의 투명성 증대를 위한 조치, 패소자의 소송비용 부담 등, 이전의 법안에서 제기된 모든 내용은 포괄하고 있음

#	법안 및 관련 규제	제출 또는 시행일	주요내용
7	오바마 의회 입법권고 및 행정명령	2013.6.4. 발표	실질적 특허권리자의 공개, 특허소송 승소자의 소송비용 보전 등의 의회입법권고, 실질적 권리자의 소송당사자화 등의 행정명령

* 자료 : Jason J. Keener, Mondaq(www.mondaq.com), 2014. 1.

최근 특허괴물 규제의 목소리가 높아지고 있는 가운데, 미국에서는 미국 의회와 정부 차원에서 관련 법안 및 행정 규제의 움직임이 활발해 지고 있다. 초기에는 특허괴물이라는 용어가 편향적이라는 비판에 따라, 중립적인 의미로 특허 비실시 기업을 의미하는 NPE(Non-Practicing Entity)가 보편적으로 사용되고 있다. 하지만 NPE의 범위가 너무 넓다는 지적에 따라 NPE 중 침해소송 위주의 권리행사를 통해 비즈니스를 영위하는 기업을 PAE(Patent Assertion Entity)라 칭하면서 이를 주 규제 대상으로 규정하고 있다.

● AIA (America Invents Act)

60년 만의 대대적인 개정이라 불리는 미국특허법 개혁안에는 광범위한 개정 내용을 포함하고 있다. 이 법안은 글로벌 환경에 맞는 특허시스템으로 개조하고 특허분쟁을 줄이며, 등록특허의 품질을 향상하면서 혁신장려를 통하여 일자리 창출하는 것을 목적으로 한다. 그러나 해당 법안을 도출하기 까지 이해관계자간의 이견이 컸었고, 해당 법안의 영향력이 워낙 광범위하여 2011년 9월 16일 부터 단계적으로 시행하고 있다.

1) 선출원주의(First Inventor to File System)

선발명주의를 고수하던 미국은 산업계의 요구 및 글로벌 환경에 맞게 선출원주의를 도입하였다. 2013년 3월 16일 부터 시행되고 있으며, Derivation 절차를 신설하여 선발명자가 아닌 단순한 선출원인은 특허 받을 권리 없다는 입증할 절차를 두었다. 또한 미국만이 아니라 세계 어느 지역의 판매 또는 공연실시도 선행기술로 인정하였다.

2) 등록 후 이의신청 제도(Post Grant Review)

2012년 9월 16일 시행된 등록 후 이의신청 제도는 특허권자 이외의 제3자가 특허심판원(Patent Trial and Appeal Board, PTAB)에 특허등록 후 9개월이 경과하지 않은 특허의 취소를 청구하는 절차(대상 : 우선일이 '13년 5월 15일 이후인 특허 또는 모든 영업방법특허(한시적))로, 일정한 범위 내에서 증거개시(Discovery) 절차 및 신규성, 진보성의 무효사유 외에 기재불비, 이중 특허 등의 무효사유도 주장 가능하다.

3) 당사자계 무효심판 제도(Inter Partes Review, IPR)

2012년 9월 16일 시행된 당사자계 무효심사 제도는 기존의 당사자계 재심사 제도(Inter Partes Reexamination)를 개편한 것으로, 특허권자 이외의 제3자는 특허심판원(PTAB)에 당사자계 무효심판(Inter Partes Review)을 청구하여 기존의 2년에서 3년 정도의 기간이 아닌 1년 이내 심결로 판단 받을 수 있다. 구법과 같이 무효사유는 특허법상 신규성과 진보성 요건에 제한되며, 선행자료 역시 선행 특허와 간행물에 한정된다.

4) 보충심사(Supplemental Examination)

2012년 9월 16일 시행된 보충심사는 특허권자가 특허청에 특허와 관련성이 있다고 판단되는 정보를 특허등록 이후에 제출하고, 특허청이 그 자료를 고려하여 추가로 심사할 것을 요청할 수 있는 제도로, 구법 하에서 재심사를 통하여 진행된 것을 이번에 제도화 한 것으로 보인다.

5) 제3자에 의한 등록 전 정보제공(Pre-Issuance Submission of Prior Art by 3rd Parties)

2012년 9월 16일 시행되었으며, 누구든지 일정한 기간 내에 등록 이전의 특허출원에 대해 심사관에게 선행기술 자료를 문헌 수에 제한하지 않고 제출할 수 있도록 허용하는데, 그 경우 각 선행기술별로 관련 설명을 제출하도록 하고 있다.

6) 선사용에 의한 권리(Prior User Rights)

2011년 9월 16일 시행되었으며, 종래 영업방법 발명에 대해서만 인정되던 선사용을 근거로 한 침해에 대한 항변을 모든 기술분야로 확장하였다. 특허권 우선일로부터 1년 이전에 미국에서 해당 기술을 상업적으로 실시하고 있었던 경우 비침해로 판단하며, 이는 한국 특허법의 선사용에 의한 법정실시권과 유사하며, 2011년 9월 16일 이후에 등록되는 특허에 대해 적용된다.

이 외에도, 공동소송을 제기할 수 있는 피고들의 범위를 엄격하게 제한함으로써 하나의 소송으로 묶어 비용을 줄이고, 소송을 쉽게 관리하고자 하는 특허괴물의 부담을 증가시켰다. 또한 침해자인 피고가 전문가의 의견을 구해야 할 의무 제거하여 고의침해 성립 범위 좁혔다.

하지만, 특허침해 손해배상액을 정형화하고, 고의침해에 의한 징벌적 손해배상(Punitive Injunction)을 삭제하는 주장은 개정안에 반영되지 못하였다.

- SHIELD Act (Saving High-Tech Innovators from Egregious Legal Abuse Act)

2012년 8월 및 2013년 2월에 각각 제안된 법안으로 '첨단기술 개척자들을 극심한 법적분쟁으로부터 구하는 법', '특허괴물 죽이기 법안' 등 두 가지 버전(H.R.6245와 H.R.845)이 제안 되었다.

H.R.6245(2012년 8월)

승소의 합리적인 가능성이 낮음에도 불구하고 소송을 제기하는 특허괴물 원고에게 피고의 변호사 비용 등을 부담시키되, 이러한 조치를 소프트웨어와 컴퓨터 하드웨어 특허에 관련한 것에 한정하였다. 그러나 피고의 변호사 비용까지 부담시키는 문제는 미국의 헌법과의 충돌여부와 함께 미국의회의 다양한 반대목소리도 있어서 법안통과에 대하여는 누구도 장담할 수 없는 상황인 것으로 파악된다.

H.R.845(2013년 2월)

초기 H.R.6245의 '승소의 합리적인 가능성'이라는 모호한 표현 및 그 적용대상을 소프트웨어와 컴퓨터 하드웨어 특허로 한정한 점에 대한 개선하였다. 피고가 원고에게 변호사 비용 등을 부담시킬 수 있는 경우를 '원발명자, 특허이용자, 대학 또는 기술이전기관이 아닌 원고'로 확대하여, 승소한 피고는 원고의 승소 가능성이 낮았다는 점과 원고가 특허괴물이라는 점을 입증하지 않더라도 변호사 비용 등을 보전받을 수 있도록 하였다. 그리고 피고에 의해 특허괴물로 지목된 원고가 120일 이내에 자신이 특허괴물이 아님을 입증하지 못하면 담보를 제출하게 하고 있다. 법안의 적용대상을 소프트웨어와 컴퓨터 하드웨어 특허로부터 무제한으로 넓혔으며, 변호사 비용 등의 부담에 대하여 법원이 최종 판단하는 절차를 상세하게 규정함으로써 실질적인 구제방안이 되도록 하였다.

- 특허품질 개선법안(Patent Quality Improvement Act (S.866))

2013년 5월 5일 제안되었으며, 법원이 아닌 특허청이 직접 허술한 청구범위를 심사할 수 있게 한 것이 특징이다. 이는 AIA의 등록 이후 재심사제도(Post-Grant Review)의 특칙인 CBM(Covered Business Method) 특허에 관한 한시적 프로그램을 영구적 금융 관련 영업발명에서 모든 영업발명으로 대상 확장하고자 하고 있다.

● 익명의 특허 종료법안(End Anonymous Patents Act (H.R.2024))

2013년 5월 15일 제안되었으며, 명의신탁 · 소송신탁 등의 방법으로 특허권리자를 불분명하게 한 다음 공격을 시도하는 특허괴물의 공격 형태를 방지하기 위해 출원 · 권리취득 · 양도시 실질적인 권리자를 명의자로서 등록 · 공개하도록 의무화하고 있고 공개 · 등록 의무자의 범위를 되도록 넓혀서, 부정확하고 불완전한 미국 특허청의 등록원부에 대한 투명성을 높이고, 이를 기초로 합법적인 라이선스 계약을 촉진시켜 특허침해 소송이나 분쟁 수를 줄이고자 주력하였다.

실제로 대표적인 특허괴물인 IV(Intellectual Ventures)는 2,000개의 자회사(shell companies)를 운영하고 있다고 알려졌는데, 이렇게 누가 권리자인지 등록원부만으로 파악이 안 되는 관계로 라이선스가 필요한 특허들을 파악하기가 힘들어 의도하지 않게 특허권을 침해하는 현상도 발생하고 있는 점을 보완하고자 하는 법안이다.

● 특허남용 제한법안(Patent Abuse Reduction Act(S.1013))

2013년 5월 22일 제안된 법률로, 원고인 특허괴물의 청구 내용은 명확하게 정리 · 특정하여야 하고, 피고는 관련성 있는 자회사를 묶어서 소송을 진행할 수 있으며, 원고의 청구내용이 어느 정도 명확하게 밝혀질 때까지 디스커버리 절차를 본격적으로 개시하지 않고, 패소 당사자는 변호사 비용을 포함한 소송비용을 승소 당사자에게 지급하게 하는 내용을 골자로 하고 있다. 단, 변호사 비용 지급시 피고 기업의 이전 합의 전력은 고려하지 않는다.

이 법안이 통과되면, 모호한 청구에 대하여 끊임없이 추측을 하면서 방어를 하여야 하는 피고의 고충이 해결될 수 있으며, 특허괴물의 여러 자회사를 이용한 소모성 소송 관행을 막을 수 있고, 디스커버리 절차 개시를 유보시킴으로써 방어기업의 불필요한 비용발생을 방지할 수 있으며, 소송비용 패소자 부담 원칙에 따라 특허괴물의 소송비용에 대한 진지한 고려가 생기게 될 것으로 예상된다.

● 혁신법안(Innovation Act (H.R.3309))

2013년 10월 22일 제출되었으며, 특허의 투명성 증대를 위한 조치, 패소자의 소송비용 부담 등, 이전의 법안에서 제기된 모든 내용은 포괄하고 있다. SHIELD법(Saving High-Tech Innovators from Egregious Legal Disputes Act), 익명의 특허 종료법안(End Anonymous Patents Act), 특허남용 제한법(The Patent Abuse Reduction Act) 등이 혁신법안에 포함되었다.

● 오바마 의회 입법권고 및 행정명령

2013년 6월 4일 발표된 내용으로, 백악관은 특허괴물 규제 및 특허법 제도 개혁을 위한 7개의 의회입법권고 및 5개의 행정명령을 발의하였다.[188] 그 배경 설명을 위한 정부보고서(Patent Assertion and US Innovation)에 의하면 특히, 무분별한 특허소송과 광범위한 특허청구항의 권리범위의 문제점을 자세하게 언급하고 있다.

---

188) FactSheet : White House Task Force on High-Tech Patent Issues.

1) 의회입법권고

실질적 특허권리자의 공개, 특허소송 승소자의 소송비용 보전, 특허괴물 규제를 위한 특허청의 각종 한시적 프로그램 확장, 특허소송에서의 소비자 보호절차 준비, 금지청구 인용을 위한 ITC(미국국제통상위원회) 기준의 변경, 남용적 소제기 억제를 위한 경고장(demand letter)의 투명성 제고 등의 내용이 포함되어 있다.

2) 행정명령

실질적 권리자의 소송당사자화, 기능적 청구항의 엄격화, 제작자 외의 제품사용자들의 권리 강화, 혁신달성을 위한 지원과 연구 확장, 수입금지명령 집행절차의 강화 등의 내용이 포함되어 있다. 특허소송에서 불가피하게 발생하는 소비자들의 고충 해결, 금지청구와 관련된 ITC 기준의 개선 등을 추가로 언급하고 있다.

● 최근의 규제방안

2013년 여름 Patent Litigation and Innovation Act 및 Stopping Offensive Use of Patents Act(STOP)가 추가 발의되었으며, 미국의 소비자보호 기관인 FTC(연방거래위원회)의 특허괴물에 대한 조사가 시작되었다.

다만 이들 NPE 규제와 관련된 방안들은 미국 헌법과 미국 특허법에서 보장하는 독점적 실시권으로서의 특허권을 정당하게 주장하는 것에 배치될 수는 없다. 다시 말해서 산업계에서 사용하는 특허권을 정당하게 주장하는 법적조치(침해소송, 가처분 신청, ITC 제소 등)는 여전히 규제대상이 아니다. 이들 법적조치의 주체가 제조기업이든, 연구소이든, NPE이든 차별화할 법적 근거는 아직 제시되고 있지 않는 것 같다. 현재에도 NPE들이 제기한 침해

소송들은 활발히 진행되고 있다.

미국소송 데이터베이스인 "Docket Navigator"에 따르면 2013년도 지방법원에 제기된 특허침해소송은 총 6,000여 건이고, ITC(미국 국제무역위원회)에 제기된 침해소송은 약 50여 건으로, 이들 중 약 50~60%가 NPE에 의해 제기되고 있다. 특히, 특허 재심사(Reexamination) 및 IPR(Inter Partes Review) 제기 건수의 약 50%가 NPE가 소유한 특허들을 대상으로 하고 있다.

▨ Box 5 – IP 금융 관련 국내외 전문가 의견

▶ 국내 전문가 의견

1. 현재 미국 중심으로 IP 금융이 대두되고 있는데, 그 배경과 이유는 무엇인지 의견 부탁드립니다. 한국에 대한 영향에 대한 의견도 함께 부탁드립니다.

- (하경우 하이자산운용사 팀장) 일반적으로 IP 금융이라 함은 IP 기반의 기술금융이나 IP유동화보다는 NPE 사업을 지칭하는 경우가 많은데 이와 관련하여 미국의 특허관련 정책이나 미국에서의 특허소송 결과가 타국에서의 특허소송 결과에도 상당한 영향을 미치므로 NPE의 사업성과에 영향을 미치기 때문에 미국 중심으로 IP 금융이 대두되고 있다는 표현이 나온 것 같습니다.

- (정의환 김앤장 변리사) 미국, 일본 등은 IT 업계 위주로 점차적으로 제조업 분야에서 (중국과 비교하여) 경쟁력을 잃어가고 있습니다. 특히, 미국에서는 특허, 저작권 등의 IP 보호 강화를 통해 자국의 이익을 실현하고자 하며, 미국 자본도 자국의 IP를 투자 대상으로 인식하기 시작한 것입니다. 또한, 투자할 수 있는 자본력에 비해 투자처가 제한적이므로, IP가 매력적인 투자처로 재발견된 것입니다.

한국으로서는 아직 제조업을 포기할 수 없는 상태이고, 미국은 큰 시장이므로 미국 시장에 진입할 수밖에 없고, 미국 시장에서 살아 남으려면 미국의 IP를 상대하여야만 합니다. 한국 제조업체로서는 미국에서의 IP 분쟁, 라이센싱 등의 과정은 당연히 거쳐야만 하는 수순인 것입니다.

- **(조범규 산은캐피탈 팀장)** 자본시장은 매우 유기적으로 움직이며, 정확한 예측은 거의 불가능하다. 다만, 한 가지 확실한 방향성은 있는데, 자본은 같은 위험도면 더 높은 수익률을, 같은 수익률이면 더 낮은 위험도의 투자대상을 찾아 움직인다는 것이다.

IP 금융이 활성화된 이유는 그것이 자본투자의 가치가 있기 때문이다. 특히, 미국은 한국과 달리 정책적으로 IP 금융을 지원한다거나 활성화를 위해 특별히 노력해온 것이 아닌 자본시장 내에서 자생적으로 투자가 늘어왔다는 점이 중요하다. 상당수의 NPE가 NASDAQ 및 장외시장에 상장/등록되어 거래되고 있고, 이들을 투자대상으로 하는 펀드가 다수 존재하는 등 대체투자자산(부동산, PEF, NPL, VC 등을 가리키며, 전통적인 투자자산인 채권, 상장주식과 구분됨) 영역에서 일정수준 자리매김을 한 것으로 보인다.

IP 금융은 투자수익을 목적으로 하므로, IP로부터 현금 창출을 위해 필연적으로 라이선싱 협상과 그에 따른 법적 논쟁을 수반하게 된다. 특히, 당사자가 전문투자기관(NPE도 어떤 의미에서는 투자수익을 추구한다는 의미에서 IP투자기관의 범주에 넣어야 할 것이다)이라는 점에서 기업들의 대응이 어려워진다.

과거 기업간 상호라이선싱이 주였던 IP 거래는 수익창출 측면에서는 별다른 실익이 없었다. 그런데 이를 별도의 제3자인 투자자에게 맡기면 현금창출이 가능해지니 자연스레 일반기업에서 전문투자기관으로 IP 금융의 주도권이 넘어간 것이다. 특히, R&D기반이 강한, 한때 시장을 주도했던 기업들이 경쟁에서 밀려 퇴출될 경우 잔여자산 중 활용도가 높은 것은 IP 자산이고 이를 통한 가치극대화는 투자자 입장에서는 당연한 선택이다. 기술수명이 짧아지고 글로벌 경쟁이 일상화된 요즘 글로벌 기업들의 변동성이 더 커질 수밖에 없어 현재로서는 특별한 변화가 없다면 IP 금융은 더욱 성장하고 고도화 될 것이 확실하다.

최근 특허소송 전문업체들로 인한 시장 비효율 증가에 따라 이에 대한 미국정부의 규제강화 의지가 꾸준히 언급되고는 있고, 이로 인해 IP 자산의 투자가치 하락으로 인한 자산가치 하락동향이 감지되고 있다. 다만, 대부분의 전망은 이러한 움직임이 혁신을 보호하는 IP의 본질적인 가치를 부정한다거나 합리적인 로열티 청구를 극단적으로 제한할 것으로 보지 않는다. 오히려, 지나치게 과열되었던 시장이 적절한 균형을 찾아가는 과정으로 보는 것이 타당하겠고, IP 금융 역시 환경에서 자리잡아가며 발전할 것으로 보인다.

한국을 포함해 기업들의 입장에서 이러한 IP 금융의 영향을 그나마 줄이려면 가급적 R&D단계부터 제조, 유통에 이르기까지 이러한 IP환경을 고려해 회피설계, 특허선점출원, IP의 시장매입/라이선싱을 통한 위험헷지 등 다양한 대응책을 동원해야 한다.

2. 전자신문 미래기술 연구센터(ETRC)에 따르면, 한국기업의 국제 특허분쟁은 2010년 이후 빠른 속도로 증가하고 있으며, 2015년까지 국제 특허분쟁이 2배 이상 증가할 전망입니다. 이에 따라 한국 산업계의 로열티 적자가 상당한 수준인데, 이를 개선할 수 있는 방안은 무엇이며, 그 방안 중 한국 IP금융 모델 활성화를 통한 방안도 포함시켜서 의견을 주시면 감사하겠습니다.

– (하경우 팀장) ('로열티 적자'를 특허 라이센싱 비용 증가라는 표현으로 이해

한다면) 원천적으로, 로열티 관련 비용을 줄이는 것은 R&D를 통해 자체 기술을 개발하고 개발한 특허로 시장을 선점하는 방법 외에는 대안이 없다고 봅니다. 그리고 미국과 같이 국가적으로 산업을 보호하기도 하는 상황에서는 오히려 국내 관련 업체들 간 기술을 서로 공유하고 업체들 스스로를 보호할 수 있도록 업종별로 특정 형태의 특허 카르텔을 만드는 것도 한가지 방법일 수 있으며, 이런 특허 카르텔을 통해 IP 금융을 활용하는 것도 가능할 것으로 생각됩니다.

- **(정의환 변리사)** 미국, 일본 등의 회사들 중 일부는 제조업을 포기하고 IP 금융으로 방향을 선회하는 곳이 늘고 있습니다. 그러나, 반도체, 통신, 자동차 등 제조업에 치중하고 있는 한국의 실정을 보면, 앞으로도 로열티 적자가 쉽게 개선되기는 어려운 실정입니다.

현재 한국에서는 산업통상자원부 주도의 Intellectual Discovery, 특허청 주도의 IP Cube 등의 방어적 개념의 NPE가 IP를 매집하여 한국 기업 보호에 나서고 있으나, 이들 조직은 이윤 창출과 정부의 중소기업 지원 정책 등을 함께 고려해야 하는 이중적 성격의 사업으로 인해 국제 경쟁력을 확보하고 있지 못합니다. 또한, 자본 규모나 실력/실전 경험 등을 비추어 볼 때 큰 기대를 하기는 어려운 실정입니다. 따라서, 미국, 유럽의 NPE와 같이 순수한 이윤 창출을 추구할 수 있는 민간 주도의 NPE가 탄생하여 활동할 수 있는 기반을 마련하는 것이 필요합니다. 다만, 최근 NPE에 대해 규제하는 법안이 미국에서 제출되었고, 한국도 그러한 제재를 고려하고 있기 때문에 쉽지 않은 문제입니다.

또한, 한국에서는 산업은행, 신용보증기금 등을 중심으로 IP 담보 금융을 개시했으나, 기존의 대출 시스템과 별반 다르지 않고, 벤처 기업의 획기적 지원으로 보기는 어렵습니다. 1993년 자본이나 담보 능력 없이 아이디어만으로 출발하는 창업가들을 위해 만든 이스라엘의 요즈마펀드와 마찬가지로, 기술력 있는 벤처에 과감이 투자할 수 있는 풍토를 만들고 손실이 발생하면 일정 부분(예컨대, 요즈마펀드와 같이 40% 정도)은 정부에서 부담하는 획기적 시스템을 도입하는 것이 바람직해 보입니다.

- (조범규 팀장) 기업간 분쟁에 대응하기 위한 단기적인 대응 방법은 IP 거래시장에서 IP를 매입하거나 유력한 IP포트폴리오를 갖춘 기업을 M&A하는 방법 등을 통해 강력한 IP포트폴리오를 지속적으로 확보해나가는 것이다. 이는 상대 기업의 분쟁 유발시 강력한 보복을 암시해 분쟁을 예방할 수 있으며, IP 금융시장에서 잠재적인 매물로 나와 장래 분쟁을 유발할 수 있는 가능성을 사전 차단하는 의미도 있다. 이러한 대응 모델을 사업화 한 기업 중 하나가 유명한 RPX Corp.이다. 하지만, 이러한 방법은 충분한 자본력을 갖춘 대기업에서나 가능한 방법이라는 한계가 있다.

중소기업 입장에서 이러한 대응에는 분명한 한계가 있다. 다만, 특허분쟁은 제품생산단계 이후로 갈수록 고비용이 소요되고, 초기 R&D단계에서는 상대적으로 적은 자본으로 효율적으로 가능하다. R&D단계의 탄탄한 특허전략을 짜 놓으면 IP 금융이 고도화될수록 향후 글로벌 경쟁기업이나 대기업과의 경쟁/협상에서 우위에 설 수 있다. 실리콘밸리에서 창업초기기업에 대한 M&A가 활발한 것은 잘 갖춰진 특허포트폴리오 때문인 점을 유의할 필요가 있다. 또한 중국 등에 비해 제조부문 경쟁력 약화가 명약관화한 현시점에서 국내기업들이 우수한 인적자원을 기반으로 R&D집약적인 고도화된 산업구조로 시급히 바뀔 필요가 있는 현시점에서 가장 적절한 비즈니스 전략이기도 하다.

아쉽게도 한국에서는 아직 특허권자가 적절한 수준으로 보상받을 수 있는 제도적 환경이 갖춰져 있지 않은 것으로 보고 있다. 이는 본질적으로 특허권 침해에 대한 충분한 수준의 배상이 이뤄져야 하고 이것이 합리적인 예측이 가능한 수준으로 판례/사례로 정립될 때 R&D단계에서 세계적으로 경쟁력 있는 IP를 만들어내기 위한 투자 논리가 만들어질 수 있다. 이는 여러 시장참여자들과 정책입안자의 공감대가 형성되어야 하고 장기적으로 해결해 나가야 하는 문제이다.

다행히 특허는 속지주의적 특성으로, 단순히 생각하면 시장규모에 따라서 특허의 가치가 정해진다. 또한 동일한 연구자는 한국특허 외에도 같은 아이디어로 미국을 포함한 해외특허 출원이 동시에 가능하다. 즉, 한국특허가 우선이 아니라 특허권자 보호가 강력한 선진국특허를 우선목표로 해야 한다. 미국시장을 최우선 타깃으로 하고, 잠재적인 시장규모를 고려해 중국시장도 대비해야 한다.

정부의 정책적인 지원도 장기적으로는 특허권 보호를 강화하는 데 관심을 가져야 하겠으나, 단기적으로는 해외출원 지원정책이 가장 효율적이다. 단순히 출원기간 단축이나 출원건수 증가 등의 지표는 진검승부가 이뤄지는 특허분쟁에서는 의미가 퇴색된다. 오히려 심도 있는 선행기술조사를 통해 무효가능성을 낮추고, 넓은 권리범위 확보를 위해 2~3년 해당국 특허청과의 지리한 논쟁을 버틸 투자가 이뤄지도록 지원해야 한다.

3. 한국에서 IP 금융 모델이 성공하기 위한 조건, IP 금융을 위한 특허 발굴 측면에서 활성화시킬 만한 방안이 있으시면 의견 부탁드립니다.

- **(하경우 팀장)** IP 관련 비즈니스를 논할만한 업체들은 대부분 글로벌 기업들이며 대부분 자금력이 있는 편이므로, 대기업보다는 오히려 가능성 있는 국내외 중견기업이나 중소업체나 그들이 가진 특허에 투자하여 R&D에 지출되도록 독려하여 양질의 특허가 나올 수 있도록 유도하고, 해외 시장과 연계하여 글로벌 특허시장을 먼저 선점할 수 있도록 하는 것이 특허 경쟁력을 키우기

위하여 장기적으로 필요하다고 생각합니다.

- **(정의환 변리사)** 한국 시장이 작고 한국에서 IP가 제대로 보호 받고 있는 실정도 아니므로, 한국 IP만으로 한국에서 IP 금융이 성공하기는 어렵습니다. 먼저, 한국 내에서 IP가 제대로 보호 받을 수 있도록 손해배상금의 현실화, 특허 무효율 감소 등 제도적 뒷받침이 있어야 할 것입니다. 또한, 기업체에서는 고급 IP 창출 및 해외 IP 창출에 힘을 써야 할 것이고, 국가적으로는 기술력 있는 벤처에 과감히 투자할 수 있는 시스템을 도입해야 할 것입니다.

- **(조범규 팀장)** 정책금융기관의 앵커역할이 필요하다. 미국 금융시장이 경쟁력이 있는 것은 실물경제가 같이 발전해왔기 때문이다. IP 금융 시장도 우수한 IP가 투자가치가 있다는 것이 오랜 기간 검증되어왔기 때문에 계속 발전하고 있는 것이다. 한국은 이러한 기간을 압축해 따라잡아야 한다. 한국에 세계 초일류기업들의 제조업 기반이 있고 그에 따른 수많은 우수 인력 및 중소기업 생태계가 형성되어 있는 점은 우수 IP가 만들어질 수 있는 토양으로 충분하다. 다만, 그간 경쟁력 있는 IP를 만들어 낼 수 있는 IP 중심의 R&D가 이뤄졌는지는 검증되지 않았기에 본격적인 금융투자기관의 일차적인 관심 대상이 될 수 없었고, 시장에 투자대상으로서 IP가 나오더라도 찻잔 속 태풍에 그치고 말아왔다.

정책적인 IP투자는 두 가지 관점에서 이뤄져야 한다. 첫째는 우수 IP를 발굴하기 위한 자금이다. 상대적으로 IP 거래 시장이 활성화된 미국에 비해 한국에서는 원활한 IP딜소싱이 어렵다. 현재로서는 진흙 속의 진주를 찾는 심정으로 임해야 하는데, 극단적으로는 실시간 가격을 확인하면서 증권사 HTS만 설치하면 거래할 수 있는 주식과 비교해 볼 때, 유일한 존재로서 가치평가가 쉽지 않으면서도 거래 대상 자체도 희귀한 IP가 투자대상이 되기 얼마나 어려운지 짐작할 수 있다. 따라서, 공공기관, 대학, 기업을 막론하고 자기가 보유한 우수한 IP에 대해서는 적절한 마케팅이 필요하고, 이러한 준비를 할 수 있도록 국내외전문 중개기관의 평가를 받기 위한 투자가 필요하다.

둘째는, IP 금융 펀드를 위한 앵커 역할이다. 국내에 있고, 국내외 전문기관으로부터 유망한 것으로 평가받은 특허라 할지라도 국내 금융투자기관으로부터 투자 받기는 쉽지 않다. 통상 IP 금융은 펀드 구조를 통해 이뤄지는데, 이러한 펀드에는 은행, 증권, 보험, 연기금 등 다양한 출자자들이 투자를 하게 된다. 이러한 국내 투자자들 입장에서는 생소하고 검증되지 않은 IP 펀드에 선뜻 투자할 리 없다. 따라서 정책금융기관에서 마중물 역할이 필요한데, 다만 해당 펀드가 제도권에서 수용가능한 수준의 위험관리, 투자자보호, 운용성과달성 가능성 등을 갖췄는지 신중하게 펀드 운용사를 평가해야 한다. 이는 해당 정책금융기관에서 IP 금융에 대한 별도의 연구와 조사를 통해 펀드 운용사에 대한 평가역량을 확보해야 한다는 전제가 있음은 물론이다.

4. 한국의 IP플레이어들이 글로벌 IP 금융시장에 주요 플레이어로서 참여하기 위한 조건은 무엇이라 생각하십니까?

- **(하경우 팀장)** 좋은 특허를 개발하거나 확보하여 글로벌 IP 시장을 선점하고, 보유한 특허의 경쟁력과 Market Share를 키울 수 있도록 이스라엘이나 유럽 등 국가의 기술개발 산업과의 네트워크를 만드는 것이 필요하다고 생각합니다.

- **(정의환 변리사)** 자금력, 실력(어학, IP 창출/확보), 글로벌 플레이어들과의 네트워크 등을 갖추어야 할 것입니다.

- **(조범규 팀장)** 결국 IP 금융은 IP 펀드 운용사를 통해 구현된다. IP 거래를 성사시키고 수익을 만들어내기 위한 다양한 참여자-변리사, 변호사, 기술분석

기관, 중개인 등이 있으나, 이를 종합하여 투자와 수익창출의 구조는 IP 펀드를 통해 이뤄지고, IP 펀드의 성공적인 투자수익 창출이 또다른 IP 펀드에 대한 투자로 이뤄지는 선순환이 완성되어야 한다.

한국의 IP 금융과 관련해서 기존의 펀드운용인력과 같은 금융인들이 IP 금융전문가로서 육성되는 것이 가장 필요하다. 이는 펀드와 같은 금융구조를 통해서 투자자들의 투자가 이뤄지고 투자자들은 이를 통해 성과를 얻기에 IP 전문가가 아닌 금융전문가가 투자자와의 접점에 있을 수밖에 없기 때문이다. IP 금융 종사자는 다른 투자펀드와 마찬가지로 해당 IP 자산에 대한 전문성을 갖출 필요가 있다. 특허자산의 특성에 대해 충분히 이해하고, 특허로부터 수익이 만들어지는 과정, 라이선스협상, 소송진행 방법론, 특허거래의 특징 등 운용에 있어서 발생할 수 있는 많은 경우의 수에 익숙해 있어야 한다. 필요에 따라 변리사, 변호사, 기술전문가들도 능숙하게 활용할 수 있어야 하기 때문이다.

반면, 변리사나 기업의 경험 많은 특허전문가들의 제도권 금융업에 대한 이해도 필요하다. 금융업은 오랜 역사로 감독규제와 법률제도가 잘 정비되어 있고, 투자자와 금융기관을 비롯한 모든 시장참여자들은 반드시 이러한 방대한 규제체계를 잘 이해하고 충실히 따르는 것이 매우 중요하다. 단순히 IP에 투자해서 대박을 내겠다가 아니라 위험-수익과의 상관관계, 적절한 분산 포트폴리오, 투자자보호 우선, 이해상충예방 등 다양한 목적을 위한 체제 내에서 금융상품으로서의 IP 자산을 구성할 수 있도록 충분한 이해가 되어야 금융전문가와 적절한 협업이 가능하다.

결국은, 특허전문가와 금융전문가가 상대방 분야에 대한 충분한 이해를 바탕으로 서로 원활한 협업이 조성되어야 IP 금융에 적합한 조직이 될 것이다.

▶ 해외 전문가 의견

1. What is the background and reason of the rising of strong IP financing practice in the US, in comparison with other part of the world (European and Asian countries)? Any factors, you consider, contributed the rise of US IP financing practice.

- **(Peter Holden CEO, IP Create)** There are several factors leading to the rise in IP financing in the USA in particular:

a) increased supply of high quality IP from corporations as they realize that IP, as an uncorrelated company asset, can generate liquidity and/or future revenues for the company.
b) external shareholder activism of US public companies putting pressure on the CEO to divest their IP assets (eg Motorola, Nokia, Dupont, etc);
c) liquidation of failed public companies such as Kodak, Nortel, etc
d) impressive performance of IP driven funds and businesses - especially given the lack of IPOs/M&A markets up until recently. There are several companies now consistently generating top-quartile, private-equity like returns
e) increased buy-side demand from Asia. Many US IP companies continue to have great success in selling IP to fast-growing companies in China, Taiwan, Singapore as well as Korea and Japan.
f) Finally, and importantly, there is an increased supply of risk capital to these US IP companies, whether through convertible loans, securitized loans, access to public markets through small cap IPOs and finally from

corporations wishing to syndicate in deals.

- **(Kevin Fiur CEO, Innovestion)** Investors in the US are seeking substantial, uncorrelated returns after the collapse of the market in 2008. Intellectual property is seen as an alternative asset class, with a high risk, high reward profile. With several high profile IP sales in recent years, and several recently successful publicly held patent holding companies making news, investment in IP has become a trendy transaction attracting mainstream capital into what was previously a niche investment in the US.

2. There is a comment that a number of IP finance funds are due to be liquidated for the next couple of years in accordance with the fund's agreement. Some commentator observes that patent assertion activities will be increased to enhance the fund's financial performance before the anticipated liquidation, and there will be more rigorous patent litigation initiated by NPEs. Your comments on this would be appreciated.

- **(Peter Holden)** As funds come to the end of their life, they will try to secure "quick wins", stop costs and sell-off assets in order to close off expenses and liquidate their holdings. As such, we will see quite a few opportunities to buy assets at attractive prices as well as NPEs being much more flexible in terms of out-of-court settlement amounts. Some funds, such as IV, have not even returned their principal investment amount back to investors and so are under much pressure to aggressively sell-off assets in order to recover this principal amount. There is also the prospects of "secondary" deals where new money buys-out existing licensing programs from IP funds (not just IP assets) at much reduced prices, but then takes over the risks and obligations of these licensing programs.

- **(Kevin Fiur)** It is quite possible that patent litigation by NPEs could increase for a number of reasons, including more pure play IP companies being formed and funds due to be liquidated. However, this speculation should be balanced against the increasing scrutiny of NPEs. increasing legislation designed to curb NPE activities, and a lack of quality assets available for acquisition. Many studies have shown that NPEs are not by themselves responsible for an increase in patent litigation and my expectation is that NPE activity will remain somewhat constant as new entrants come into the market but at the same time others fail to perform and disappear.

3. In the context of patent assertion by NPEs, there is an observation that the most profitable soft targets are being exhausted in the market and the litigation costs are rising. In this circumstance, together with the stringent regulatory regime on NPEs reviewed by the US Congress, do you consider the traditional assertion based IP business model will be sustainable? Is there any possibility that IP Funds would turn to low risk-low return (relative to litigation financing) financial products, such as IP collateralized financing or IP ABS (asset based security)?

- **(Peter Holden)** My strong personal view here is that "extortion based licensing" where the plaintiff demands fees equivalent to the costs of defending a law suit will significantly be reduced, especially if "loser pays" legislation is passed. I think there will be a lot of consolidation and restructuring of the NPE marketplace as companies try to increase the scale of their operations and diversify into multiple strategies for IP monetization, and not just do litigation. There is also a flight to much higher quality law suits (many patents, many claims charts, much strong pedigree of the patent holder). Successful NPEs in future will blend high risk strategies such as litigation with friendlier licensing approaches, debt-like IP returns of lower risk but lower returns, patent sales and even IP Venturing (where IP is swapped for equity stakes in promising start-up ventures). This is no different that were you to manage your personal finances in which you have a diversified portfolio of investments, each with different risks and returns as well as time-to-money.

- **(Kevin Fiur)** The value of IP in my opinion will always be driven in large part, if not exclusively, by its enforceability and potential and actual litigation damages. While it is anticipated that there will be an increase in creative financing vehicles tied to IP, at the end of the day if quality IP is being used by the marketplace, the owners of the IP will be entitled to payment in the form of a license or damages proven in litigation. Again, I expect it to be more difficult to finance and enforce low quality patents. There will always be value, and therefore a market, related to quality IP, regardless of attempts to water down enforceability and NPE activities.

4. What would be the requirements or appropriate approach for the Korean IP players, such as Intellectual Discovery or other Korea NPEs, to participate in the global IP financial market and build up successful presence in the international arena of IP finance world? Any advice will be appreciated.

- **(Peter Holden)** For Korean IP NPEs to be successful, they must strive to have the following attributes:

a) International deal-flow, contacts and relationships (not just Korean)
b) World-class IP licensing and monetization teams with a proven track record of IP returns. In the short term this may require recruiting from overseas
c) Access to low-cost equity-based or fund-based capital
d) A reputation for being honest, fair and reasonable, even in difficult negotiations (never burn bridges otherwise your pool of future companies will diminish over time)
e) Smart investors and partners that understand your business and investment model, the risks and opportunities
f) True independence from strategic and governmental interference – the NPE should be purely market-driven and ROI focused.

- **(Kevin Fiur)** In my opinion, Korean companies need a strong US based partner with three characteristics: a track record of successfully monetizing IP in all three phases (licensing, litigation and secondary sales); well capitalized or alignment with a strong financial partner; and knowledge and experience working with Korean firms. In addition, I would add that the reputation of the US based principals managing such an entity needs to be very positive, without the stigma many NPEs have developed due to questionable activities in the market. Korean firms should view themselves as the source of high quality assets, the key element, and rely on their US partners to navigate the changing landscape for IP monetization and use best practices for monetizing those assets both in the US and other meaningful jurisdictions around the world.

5. If there is any issue on IF finance not dealt with in the above questions, please feel free to let us have your comments. Any opinion or comment will be appreciated.

- **(Peter Holden)** here are some things I also think you should cover in your report:
  a) different models of IP finance / IP monetization (debt based, equity based, liquidity based or value-creation based, etc)
  b) How NPEs are changing their business models to reflect changing legislation
  c) Future markets - Germany, China, Singapore etc since they will become more important for IP trading in future
  d) The role of Korean Gvt and COrporations in supporting the growth of the IP marketplace in Korea

- **(Kevin Fiur)** It is important not to get distracted by the latest clever ideas and proposals to monetize IP. The most important factors are the people involved (there are good and bad actors across the IP landscape), the quality of the assets and the utilization of the technology in the marketplace. Valid, enforceable patents created by leading companies with an eye toward market needs will always have strong value, whereas weaker assets will face an uphill battle as all parties in the market become more experienced and sophisticated.

에필로그
Festina lente

"Festina lente"라는 말은, '서둘러라'는 의미의 festina와 '천천히'를 의미하는 lente의 상반된 어휘가 결합된 말(oxymoron) "천천히 서둘러라"라는 의미를 갖는 라틴어 격언이다. 로마의 역사가 수에토니우스(Suetonius)에 의하면 로마 황제 아우구스투스(Augustus)는 이 말을 좌우명으로 여겼으며 당시 발행된 화폐에도 이 경구의 의미를 담은 이미지를 새기기도 하였다.

지식재산은 혁신적이며 창의적인 아이디어와 연구 활동을 통해 창출되는 지식자본이며, 이는 인적자본, 물적자본, 금융자본, 자연자본 등과 더불어 경제성장을 위한 주요 투입 자원으로 인식되고 있다. 혁신형 지식기반 경제사회에 있어서 지식재산의 경제성장 기여도는 높다. 한국과 같이 자연자본이 취약하고 인구성장의 한계에 직면하고 있는 국가가 지속 가능한 성장을 추진하는데 있어 지식재산이 갖는 가치는 더욱 크다고 할 수 있다. 따라서 한국은 지식재산 창출을 위한 노력을 강화해왔고 GDP 대비 R&D 투자 비중은 세계 1위의 국가라는 위상을 갖고 있으며, 특허창출 역시 세계 5위권에 진입하는 성과를 가져왔다.

이러한 가시적인 성과에도 불구하고, 한국의 지식재산사용료 수지에서 나타나는 적자는 더욱 심화되고 있으며, 한국은행이 발표하는 통계에 따르면, 2013년 기준 55억불의 적자를 기록하였다. 특히 OECD의 Main Science & Technology Index에 따르면, 2012년 기준 국가 총R&D 투입(GERD) 대비 기술사용료 수입 비중은 미국 26.5%, 일본 22.5%, 독일 61.5% 등에 비해 한국은 8.1%를 기록하고 있다. 결국 투입되는 R&D 규모에 비해 생산성이 기대에 못 미치고 있다는 것이다. 이처럼 한국은 지식재산 중심의 경쟁력에서 보면, 투입되는 자원이나 노력에 비해서는 미흡한 수준의 경쟁력을 갖고 있다고 할 수 있다.

지식재산에 기반한 경쟁력 제고를 위해서는 지식재산 창출과 활용이 연계될 수 있는 IP 금융 생태계의 구축이 필요하다. IP 금융의 활성화 조건으로서 IP 자산의 품질에 관한 문제가 제기되고 있는데, IP 자산이 투·융자의 대상으로서 평가되기 시작하면 R&D의 결과물로 산출되는 IP의 품질과 경제적 가치에 대한 인식이 높아지게 된다. 특허의 경우 청구항 문언의 작은 차이에 따라 권리의 범위와 가치가 달라질 수 있는데 특허출원비용에 대한 예산의 제약과 인식 부족으로 부실한 특허가 생산되는 사례가 많다. IP 금융을 통하여 자산으로서의 평가가 강화되면 특허의 가치를 좌우하는 출원과정에 대한 투자도 강화되어 특허의 가치를 높이게 된다. 특히 출원비용이 높은 해외특허 확보에 대한 투자가 확대되어 투자가치가 높은 IP의 창출에 기여할 것이다. 이는 결국 IP 자산시장에서 거래 가능한 품질의 지식재산 공급이 확대되고 IP생태계가 성장하는 기반을 제공하게 된다.

IP 금융은 기존의 전통적 금융영역에 비해서 정보비대칭성의 문제가 더 크게 나타난다. 위험-수익의 관점에서 투자대상을 평가하는 금융의 영역과 기술개발 및 권리화의 관점에서 접근하는 지식재산의 영역을 이해하고 이를 연계시킬 수 있는 매개자(intermediary)의 역할이 IP 금융의 활성화를 위해서 핵심적인 사안이 된다. 이를 해결하기 위해서는 인재풀 형성과 실거래 경험의 축적 및 제도적 기반 형성이 필요하다. IP 금융이 실현되는데 있어 가장 큰 어려움은 제도적 장애 못지않게 IP에 대한 금융전문가의 인식과 이해가 대단히 제한적이라는 점이다. IP 자산 보유자와 금융 제공자 간의 정보비대칭성을 완화하기 위하여 가치평가제도의 개선도 중요하나 궁극적으로 투융자의 의사결정은 제3자의 평가뿐만 아니라 투자자 자신의 투자대상자산에 대한 이해와 판단에 달려 있다는 점에서 IP와 금융의 논리를 이해할 수 있는 인재풀과 전문성을 가진 매개기관의 형성이 필요하다.

우리나라가 경제성장 동력의 한계와 경쟁국의 약진에 따른 정체의 늪(positioning trap)에 빠져 어려움을 겪고 있는데 반해, 지식재산을 둘러싼 글로벌 비즈니스 환경은 빠르게 변화하고 있다. IP 금융이 활성화되기 위해서는 기본적으로 IP 자산거래시장이 먼저 활성화되고 이를 바탕으로 IP 금융시장이 구축되는 것이 바람직하나 현실적으로 이러한 구조를 갖고 시장원리에 의해 작동하고 있는 국가는 고도화된 금융시장과 IP 거래 역량을 축적한 미국을 제외하고는 대단히 제한적인 실정이다. 이러한 상황에서 IP 거래시장과 관련 금융시장의 연계 성장을 촉진하기 위하여 각국 정부는 정책적 연구와 기반형성을 위한 노력을 경주하고 있다. 우리나라 역시 IP 거래시장 형성 및 IP 금융기반 확충을 위해 관련 데이터베이스 구축, 가치평가 체제개선, 위험분산을 위한 신용보강 제도를 강화하는 등 정책적 지원을 하고 있으며 IP 금융 전문기업도 설립하였다. 근래에는 우리나라 기업과 금융기관도 IP 자산 가치의 활용에 관심을 갖고 참여하고 있으며 이와 관련된 거래사례가 축적되기 시작하고 있다.

IP 자산 가치와 법제도의 밀접한 연계성, 보수적 성향이 강한 금융기관의 IP 금융 참여를 가능하게 하는 제도적 보완의 필요성 등을 고려할 때 IP 금융 활성화를 위한 정책적 접근은 필요하다. 그러나 지속가능한 IP 금융 생태계의 형성을 위해서는 궁극적으로 시장성을 지향해야 한다. 따라서 정책적 접근의 경우, 한정된 자원 투입의 효율성을 위해 민간과의 연계 노력, 시장왜곡을 초래하지 않기 위한 적정선을 유지하기 위한 노력 등이 필요하며, 시장 참가자들의 거래 환경을 조성해주기 위한 인프라 중심의 접근이 효과적이라고 할 수 있다.

IP 금융에 관한 이 책을 마무리하면서 *Festina lente*라는 말을 제시한 것은 연구, 정책, 실무 영역 등 다양한 관점에서 IP 금융을 접근함에 있어서 많은 시사점을 줄 수 있다고 보기 때문이다. 본격적인 IP 금융은 아직도 도입 단계에 있다고 볼 수 있으며 앞으로의 성장 방향성도 기술, 금융, 법제도적 환경, 시장 참여자들의 상호작용에 따라 많은 변화가 있을 것이다. 그러나 가치활동(value activity)의 중심영역과 기업의 핵심 자원이 유형(tangible)자산에서 무형(intangible)자산 기반으로 전환되는 현상을 인정한다면 IP 금융은 우리가 필수적으로 주목하고 참여해야 할 영역이다. 급변하는 글로벌 경제 상황에 대응하여 우리 경제가 생존하고 한 단계 더 도약하기 위해서는 IP 금융 생태계의 형성에 실기하지 않도록 서둘러야 한다(*festina*). 그러나 이러한 노력은 궁극적으로 시장성을 지향하면서 시장참여자의 역량축적과 시장구조의 성숙도를 고려한 점진적인(*lente*) 접근 또한 필요하다. IP 금융 체제를 형성하고자 하는 국가들 가운데 우리나라가 결코 뒤처져 있다고 볼 수는 없으며 미국을 제외하면 여타 국가에 비해 앞서 실천해 나가고 있는 영역도 있다. 우리나라의 경제단계상 더 이상 추적자(Fast Follower)의 입장을 고수할 수는 없으며 선도자(First Mover)로 역할을 전환해야 함을 고려할 때, 세계적으로도 도입기에 있는 IP 금융 영역에서 우리나라가 주도적으로 새로운 IP 금융의 모델을 형성하여 나가길 기대한다.

금융사(金融史)로부터의 교훈 (2)

● 금융에 의한 신용확대와 자산건전성

금융은 기본적으로 재무적 위험을 다루는 영역이며, 금융기법의 개발은 위험을 어떻게 분산, 변형, 흡수할 수 있는지에 대한 문제와 연계되어 있다. IP 금융에 있어서 투 · 융자 대상자산이 되는 IP 자산에는 기본적으로 부동산과 같은 기존의 전통적 유형자산에서는 존재하지 않는 불확실성과 다른 형태의 위험이 존재함을 유념해야 한다. 즉 IP 권리성의 효력과 범위에 대한 판단이 선행되어야 하며 이러한 IP가 창출할 수 있는 경제적 가치에 대한 평가가 필요하다. IP관련 금융기법의 발전이라는 것은 결국 위험의 평가와 분산, 흡수 구조의 진화과정으로 볼 수 있다.

새로운 금융기법의 도입과 확대는 실물경제에 대한 자금지원의 측면에서 기여하는 바 있으나 또한 경제시스템의 불안정성을 증폭시키는 역할을 하기도 하였다. 이는 2007년 미국 서브프라임 주택담보 대출 문제에서 촉발된 글로벌 금융위기에서도 여실히 나타난 바 있다. ABS(Asset-Backed Securities)를 통한 유동화 기법의 확산과 부채담보부채권(CDO: Collateralized Debt Obligation)의 발행 증대, CDS(Credit Default Swap) 등 금융파생상품 시장의 급격한 성장은 신용팽창에 따른 자산버블의 형성과 붕괴를 초래하여 글로벌 금융위기를 촉발하였으며 세계경제에 심대한 영향을 주었다.

새로운 금융기법에 대한 이해의 부족과 급속한 신용팽창은 금융건전성의 문제를 초래할 수 있으므로, IP 금융에 있어서도 금융기법과 대상 자산에 대한 이해가 선행되어야 한다. 이를 위해서는 현실적 거래 사례의 축적을 통하여 금융시장 참가자들이 관련 금융기법에 대한 이해를 제고하도록 하고, 금융시스템에서 수용 가능한 위험 범위 내에서 시장원리에 부합하는 방향으로 성장할 수 있도록 하는 것이 필요하다.

감사의 글

지식재산금융에 대한 관심을 갖고 대학, 연구소, 실무계에서 활동해온 필자들이 이 분야에 관한 책 저술을 시작할 때의 의도는 지식재산금융의 전개과정과 전체적 구조를 조망하고 각론 분야에 대한 이론적 틀과 실무적 문제를 다루고자 하였다. 그러나 시간적 제약과 긴박하게 진행되는 현업에서의 업무 등으로 이 책에서는 범위를 제한하여 IP 비즈니스의 대표적 모델을 중심으로 금융과 결합되는 구조와 실제적 이슈를 서술하였다. 이 책의 출간은 작업의 마무리가 아니라 독자 여러분의 의견 청취와 향후 연구를 위한 출발점이라고 생각된다.

책 저술과정에서 많은 분들의 도움이 없었다면, 이 책의 출간은 어려웠을 것이다. 특히 현장의 목소리를 담기 위하여 관련 분야 국내외 전문가들의 인터뷰도 담았다. 인터뷰에 참여해준 Peter Holden CEO of IP Create, Kevin Fiur CEO of Innovestion, 정의환 김앤장 변리사, 조범규 산은캐피탈 팀장, 하경우 하이자산운용사 팀장에게 감사드리며, 원고의 검토 과정에 참여한 윤권순 지식재산역사연구소 소장, 함수영 원니스 대표, 김삼수 변리사, 남정길 변리사, 신용수 LG전자 차장, 이영민 회계사, 강남기 한국기업법무협회 과장, 교정에 참여한 한국외대 로스쿨 지식재산권법/IP금융학회 회원 여러분에게도 감사의 뜻을 전한다.

집필진 모두 현업에서의 바쁜 일정으로 저술과정에서 주말회의가 연이어 진행되었다. 그동안 주말을 희생하고 책 저술에 격려의 마음을 보내준

필자들의 가족 여러분, 특히 최율, 배원익, 배민재 그리고 앞으로 태어날 아기에게도 감사와 사랑의 마음을 전한다. 프롤로그에서 소개된 바와 같이 프리드리히 리스트는 미래세대에 대한 책임을 언급하고 있다. 과중한 입시경쟁과 취업경쟁 속에 놓여있는 우리의 젊은 세대들이 그들이 갖고 있는 창의력과 소질을 발휘하여 뜻을 펼칠 수 있는 환경이 형성되길 기원한다.

이 책이 출간되기까지 지원과 배려를 해주신 **한국지식재산연구원**과 **신론사**에 감사의 뜻을 표한다.

참고문헌

한국문헌

고영희, 김철호, 박성필, 지식재산전략, 한국발명진흥회, 2011. 5. 30.

고정식, 지식재산 경영의 미래, 한국경제신문.

권재열, "지식재산권 증권화를 위한 자금조달", 한국증권법학회 정기세미나, 2004.

김석관, 글로벌 혁신 네트워크와 한국 제약산업의 추격 전략, 2014. 4. 9.

마이클 콜린, 글로벌 지식재산전략, 2012.

배동석, 특허소모 원칙과 묵시적 실시권, 2004, 연세대학교 법무대학원.

서주원, 한국의 지식재산 서비스 산업 현실과 향후 전망에 대한 조사 연구, 특허청 2009. 12.

손수정, 임채윤, 장병열, 유헌종, 박미영, 지식재산비즈니스 모델 전망과 성장동력화 방안, 2011, 과학기술정책연구원.

손수정, 창조경제를 촉진하는 IP 금융 기반 구축, 2013. 9. 15.

송지영, 자본시장-금융투자와 금융투자업, 2009.

아이디어브릿지 자산운용, 한국시장에서의 IP펀드 운용, 2012. 6. 22.

이성상, 지식재산 비즈니스 활성화를 위한 지식재산 생태계 조성에 관한 연구, 2013. 5.

이원일, NPEs 비즈니스 모델 분석을 통한 IP 투자기법 연구, 2012.

정연덕, 특허기술거래 활성화를 위한 Invention Capital 도입 필요성 검토, 특허청, 2008. 12.

최철, IP금융을 보는 전환기적 관점, IP Insight, 2013.

IP 가치평가를 통한 IP금융활성화 방안, 지식재산정책지 6월회 좌담회.

관계부처 합동, 벤처, 창업 자금 생태계 선순환 방안, 2013. 5. 15.

금융위원회, 정책금융 역할재정립 방안, 2013. 8.

지식재산 가치평가 · 금융 정책협의회, "IP 가치평가 사례 DB 구축 및 활용 방안", 2013.

한국산업재산권법학회 (IPMS IP금융분과), IP펀드와의 전략적 파트너십, 인텔렉추얼 디스커버리, 2012. 7.
한국콘텐츠진흥원, 미국 콘텐츠 금융시스템 연구, 2012 참조.
한국콘텐츠진흥원, 한국과 일본의 콘텐츠 산업 금융투자 시스템 비교 분석, KOCCA 포커스, 2012. 2.

외국문헌

Bruce Berman, From Assets to Profits, Competing for IP Value & Return, 2008.
Bruce Rubinger, Global Prior Art, Inc Using effective IP due diligence to guide an IP Monetization strategy, I AM Magazine.
David Jarczyk, Value creators, Intellectual Asset Management Sept/Oct 2013.
Jack Ellis, You can call me troll, Intellectual Asset Management Jan/Feb 2014.
Jason J. Keener, Mondaq(www.mondaq.com), 2014. 1.
Jay H. Eisbruck, "Credit Analysis of Intellectual Property Securitization", in Bruce Berman ed., From Ideas to Assets: Investing Wisely in Intellectual Property, 2002.
Joseph Schumpeter, Capitalism, Socialism and Democracy(Haper, 1975).
Miyuki Monroig, patent funds, Intellectual Asset Management Jul/Aug 2012.
Niall Ferguson, Empire : How Britain Made the Modern World, Basic Books, 2003.
Niall Ferguson, The Ascent of Money: A Financial History of the World, Penguin Press HC, 2008.
Pat Kennedy, Play the game, Intellectual Asset Management May/Jun 2012.
Peter D. Holden, The ever-chaning IP monetization marketplace for PAEs, Intellectual Asset Management Jul/Aug 2013.
Peter D. Holden, IP monetization 2010 & Beyond, IPMS Seminar, 2010. 3. 30.
Stevan Porter, Viewing patents through a financial lens, September/October 2013.
Tomoya Yanagisawa and Dominique Guellec, The Emerging Patent Marketplace, 2009. 9.
Vincent Pluvinage, IP business models past, present and future, Intellectual Asset

Management July/August 2011.

FactSheet : White House Task Force on High-Tech Patent Issues.
GTT Group Annual Patent Deal Review, 2012 Year Petrospective.
iam blog, Asia's patent funds : who they are, what they do, 2013.8.23.

Georgia-Pacific Corp. v. U.S. Plywood Corp. 446 F.2d 295 (2nd Cir. 1971)
Microsoft v. Motorola, Case No. C10-1823JLR (W.D.Wa, April 25, 2013)

참고웹사이트

http://en.wikipedia.org/wiki/Coller_Capital
http://en.wikipedia.org/wiki/Fortress_Investment_Group
http://en.wikipedia.org/wiki/IPCom_GmbH_%26_Co._KG
http://en.wikipedia.org/wiki/Structured_finance
http://finance.daum.net/rich/news/finance/photo/MD20130917163310788.daum
http://ibridgefund.com
http://m.hankyung.com/apps/news.view?category=general&aid=2010060264641
http://news.mk.co.kr/newsRead.php?sc=60100119&year=2013&no=48212
http://news.mk.co.kr/newsRead.php?sc=60100119&year=2013&no=51155
http://news.mk.co.kr/newsRead.php?sc=60100119&year=2013&no=60953
http://pendrell.com/about/overview
http://www.bloomberg.com/news/2013-08-28/ex-microsoft-cto-to-seek-3-billion-for-patent-fund.html
http://www.fnnews.com/view?ra=Sent0901m_View&corp=fnnews&arcid=201309050100051240002673&cDateYear=2013&cDateMonth=09&cDateDay=04
http://www.fosspatents.com/2013/06/patent-firm-ipcom-settles-with-t-mobile.html
http://www.hankyung.com/news/app/newsview.php?aid=2010053108381
http://www.iam-magazine.com/blog/Detail.aspx?g=87902868-1d0e-4bad-999b-6ac09f533613

http://www.insurancejournal.com/news/national/2013/08/05/300755.htm

http://www.investopedia.com/terms/s/spv.asp#axzz28NU1iFb4

http://www.ipbusinesscongress.com/Asia/2013/

http://www.ipcheckups.com/npe-tracker/npe-tracker-list

http://www.ipvalue.com/company/

http://www.ipvalue.com/partners/round-rock-research.php

http://www.kodit.co.kr

http://www.kofc.or.kr/kofc/business/medium_06.jsp

http://www.k-vic.co.kr/contents.do?contentsNo=83&menuNo=359

http://www.oceantomo.com/productsandservices/investments/indexes/ot300

http://www.reuters.com/article/2014/03/20/us-unwired-lenovo-sale-idUSBREA2J2DA20140320

http://www.theregister.co.uk/2010/01/19/ipcom_patents/

http://www.wellsfargo.com)

http://www.zdnet.com/microsoft-nokia-deal-quick-facts-7000020146/

https://www.patentfreedom.com/subscriptions/stats/

https://www.patentfreedom/com/about-npes/holdings/

http://www.rpxcorp.com

|저자 소개|

최 철

주요이력
- 서울대학교 경영대학 및 동대학원 졸업(국제경영학 전공)
- 영국 런던대 법과대학원 졸업(LLM, 지적재산권법/국제금융법 전공)
- 영국변호사(Barrister-at-Law, England and Wales)
- 영국 Allen & Overy 로펌, 변호사(런던본사 : 국제금융)
- 국무총리실 지식재산정책협의회 전문위원회 위원
- 국가지식재산위원회 전문위원회 위원
- 현, 한국외대 법학전문대학원 교수

주요저술
- IP Finance: Translating IP into Finance, IP금융국제컨퍼런스, 2014
- IP금융을 보는 전환기적 관점, IP Insight, 2013
- 저작권 유동화 사업 타당성 연구, 2013
- 지식재산의 수익화와 금융구조에 관한 연구, 2011

배동석

주요이력
- 연세대학교 법무대학원 졸업 (법학석사)
- LG그룹 기술협의회 모스크바기술센터 주재원 (원천발명, 특허매입)
- LG전자 특허센터 부장
- 한국금융연수원 지식재산금융과정 강사
- 국가지식재산위원회 IP금융분과 간사총괄
- 서울과학대학원대학교 IP-MBA과정 겸임교수
- 현, 인텔렉추얼디스커버리 IP전략본부장

주요저술
- IP금융을 이용한 특허자산활용 방안, 기술과 경영, 2014
- 특허청구범위 해석론, 발명과 특허, 2012
- "IP Market Place", AIPLA (미국지재권변호사협회), 2011
- 특허소모원칙과 묵시적실시권 (미국판례중심), 연세대학교, 2004

손수정

주요이력

- 성균관대학교 대학원 졸업 (경제학 박사)
- 국회예산정책처(NABO) 예산분석관
- 현, 과학기술정책연구원(STEPI) 연구위원

주요저술

- 창조경제를 촉진하는 IP 금융 기반 구축, STEPI, 2013
- 지식재산인프라 경쟁력 제고 방안, STEPI, 2012
- 글로벌 특허전쟁 위기 극복을 위한 대응방안, STEPI Insight, 2012
- 지식재산 비즈니스 모델개발 및 성장동력화 전략, STEPI, 2011

장원준

주요이력

- 경희대학교 경제학과 졸업
- 이노텍플러스(서천석 국제특허사무소 부설) 전략기획/정보개발 팀장
- 한국특허감정원(우리특허사무소 부설) 평가팀 팀장
- 한국지식재산보호협회 IP-Desk/기반정보팀 팀장
- 국가지식재산위원회 IP금융분과 간사
- 현, 인텔렉추얼디스커버리 전략본부 차장

주요저술

- NPEs 비즈니스 모델 분석을 통한 IP 투자기법 연구, KIIP, 2012
- 특허전문관리회사(NPE)의 현황과 국내기업의 대응방안, 산업재산권, 2010
- 판례를 통한 쟁점별 특허소송 실전가이드, 특허지원센터, 2006

지식재산금융

IP 비즈니스와 금융의 결합 : 구조와 실제

2013년 12월 24일 초판 인쇄
2013년 12월 27일 초판 발행

지은이 최 철·배동석·손수정·장원준
발행처 한국지식재산연구원
편집·제작처 新論社
등록번호 제10-308호(1989.3.4)

보급판매처 새문사
등록번호 제1-273호(1977.9.19)

한국지식재산연구원

주소 : 서울시 강남구 테헤란로 131 한국지식재산센터 3, 9층
전화 : (02)2189-2600 팩스 : (02)2189-2694
website : www.kiip.re.kr

新論社

주소 : 서울시 마포구 대흥로6길 6-12
전화 : (02)715-7232(代) 팩스 : (02)715-7235
website : www.saemoonbook.com

ISBN : 978-89-7411-378-0 93360